“十三五”职业教育国家规划教材

国际经济与贸易专业高职高专系列教材

经济学基础

（第五版）

张红智　严　方　司　骞　主　编

王立志　刘希全　贾　嘉　副主编

对外经济贸易大学出版社

中国·北京

图书在版编目（CIP）数据

经济学基础 / 张红智，严方，司骞主编. -- 5 版. 北京 ：对外经济贸易大学出版社，2025. 2. -- （国际经济与贸易专业高职高专系列教材）. -- ISBN 978-7-5663-2687-4

Ⅰ. F0

中国国家版本馆 CIP 数据核字第 2025PT4902 号

经济学基础（第五版）

张红智　严　方　司　骞　**主编**

责任编辑：高　卓

出版发行：对外经济贸易大学出版社
社　　址：北京市朝阳区惠新东街 10 号
网　　址：www.uibep.com
资源网址：www.uibepresources.com
邮政编码：100029
邮购电话：010－64492338
发行部电话：010－64492342
E-mail：uibep@126.com

成品尺寸：185mm×260mm
印　　张：17.75
字　　数：410 千字
ISBN 978-7-5663-2687-4
印　　刷：北京市泰锐印刷有限责任公司
版　　次：2025 年 2 月北京第 5 版
印　　次：2025 年 2 月第 1 次印刷
定　　价：48.00 元

前　言

“经济学基础”课程是经济类专业中一门重要的专业基础课程。近几年来，为进一步提升经济学课程的教学质量与育人效果，国内众多高等院校相继对该课程进行了教学改革。本书的编写旨在配合经济学教学改革、培养高素质复合型社会主义经济人才。

本书依据《国家教育事业发展“十四五”规划》以及高等院校应用技能型人才培养目标和培养模式的要求，注重学生应用能力、实践能力和创新能力的培养。在保持课程理论系统性的同时，注重教学内容的适用性、实用性和应用性，合理优化和整合经济学原理，体现高职课程设计的“必需、够用”理念。我们着重培养学生掌握经济学的基本思维方式，并为他们提供分析经济现象和解决现实经济问题的理论知识、分析方法和思路，从而为学生的专业知识、职业技能及综合素质提升打下坚实的理论基础。

本书具有以下创新点：

(1) 体系规范，思政融合。本书在遵循传统经济学理论规范性的基础上，以引导学生树立正确的世界观、人生观、价值观和培养良好的品德、职业素养为指导理念，深入挖掘经济学原理中相关思政元素，将育人理念融入教材设计，使学生在掌握知识和提升能力的过程中习得、领悟素养和思政育人的目标并内化提升。

(2) 结构新颖，栏目丰富。本书在结构上进行创新，力求激发学生的学习兴趣和热情。全书包括十个模块，每个模块的开篇为“知识目标”“能力目标”“思政目标”，以“故事导入”创造授课情境，引导学生在做中学、在学中思考；课后安排了“互动训练”“学以致用”“拓展阅读”“单元感悟”“模块知识自测”及“知识梳理”，体现了本书的实践性、应用性特色。

(3) 与时俱进，紧跟时事。本书在编写过程中较多地采用了国内外最新数据、实例、经济政策和市场发展的最新素材，突出时效性、前沿性、热点性。

(4) 学练结合，学以致用。为了便于学生及时巩固所学的经济学基础知识，本书在课后设计的“互动训练”等内容有利于引导学生“学中做”和“做中思”，在学习经济学基本原理的同时，将理论应用于实际，充分体现出“应用型人才”的课程培养目标。

本书编写团队深入研究学习了党的二十届三中全会精神，结合党的二十大精神进教材工作的要求，对本书进行了补充。尤其是针对“学以致用”和“拓展阅读”部分进行了修订和充实，将党的二十届三中全会精神融入教材，同时也丰富了思政元素。

本书由张红智、严方、司骞担任主编，王立志、刘希全、贾嘉担任副主编。具体编写分工如下：张红智，模块一 、模块二 、模块三；严方，模块四、模块五、模块六；贾嘉，模块八、模块九；刘希全，模块七、模块十；王立志完成本书各模块知识目标、能力目标、素质目标的撰写，并对全书各模块中“故事导入”“情景教学”“拓展阅读”的部分内容进行了更新、增加了最新素材；司骞负责各模块“学以致用”“模块知识自测”等内容的编写及教学资源整理工作。张红智、司骞完成全书统稿工作。

为方便读者学习，本书配有在线课程资源（https://wljx.sdwm.cn/meol/jpk/course/layout/newpage/index.jsp?courseId=10667），欢迎读者登录课程网站学习交流。也可登录出版社资源网（www.uibepresources.com）或扫描封底二维码获取教学视频及教学课件等资源。

本书既可以作为高等院校学生学习经济学的教材，也可以作为广大青年、经济理论工作者、经济管理人员学习经济学的参考书 。

本书在编写过程中，参阅了国内外大量相关的著作和教材，吸取了其中一些有价值的成果，在此对有关作者表示感谢。另外，在本书的编写过程中，山东外贸职业学院刘静华教授给予了极大的帮助，在此深表谢意。限于编写人员的知识水平和教学经验，本书的缺点在所难免。由于经济学是一门不断发展的学科，本书的内容会随着时间的推移进行更新和修订。希望读者能够随时向编写团队提出宝贵意见，共同推动本书的进一步完善。

目　　录

模块一

走进经济学

【知识目标】

1. 理解经济学十大原理，重点掌握稀缺性、选择的含义。
2. 掌握经济学的研究对象，掌握机会成本和生产可能性曲线的含义。
3. 熟悉循环流量图。
4. 熟悉西方经济学的内容体系，了解微观经济学与宏观经济学。

【能力目标】

1. 能辨别现实生活中的微观与宏观经济问题。
2. 能从机会成本角度进行分析和选择。
3. 能初步利用边际分析、均衡分析等知识解释经济现象并能处理相关的经济问题。

【思政目标】

1. 增强节约资源、保护生态的意识，树立正确的价值观。
2. 珍惜时间这一稀缺资源，养成合理规划时间的良好习惯。
3. 关注时事、国家大政方针和经济发展。
4. 关注个人发展与国家命运，将个人追求与社会价值认可相互结合，强化社会责任感和民族使命感。

【故事导入】

一杯咖啡的经济学

想象一下，你坐在一个咖啡馆里，点了一杯拿铁。香气扑鼻，咖啡从你的杯中冒出袅袅热气。这一杯咖啡不仅让你提神醒脑，还蕴藏着整个世界的经济故事。你可能没想到，这杯咖啡的背后，有着全球供应链的复杂协作，还有无数双手的默默付出。

首先，看看制成这杯咖啡的咖啡豆。它可能来自巴西的咖啡种植园。那里的农民在清晨采摘咖啡樱桃，这些咖啡樱桃经过挑选、烘干，再由中间商买下、加工，并装箱发往全球各地。这是一条跨越了国家的供应链，咖啡豆从农场到杯子的每一个环节都需要人力、物流和技术的支撑。你手中的这杯拿铁，凝聚了不同国家的劳动者（巴西的农民、物流公司的员工、当地烘焙师等）的劳动价值。

其次，看看牛奶。它或许来自新西兰的牧场。为了保持质量，新鲜的牛奶通过冷链运输送到当地，再配送到咖啡馆，确保每一杯拿铁的口感。牛奶的价格受到奶农、气候、供应链等因素的影响。

而当你加上一勺糖时，又是另一段旅程：这些糖可能来自印度的甘蔗种植园。甘蔗经过收割、榨汁、提纯等工序，最终成为甜味十足的白糖。

那么，为什么你要花 15 元或更高的价格买这杯咖啡呢？这背后，是供需关系的作用。在城市的快节奏生活中，人们需要便捷的咖啡，而咖啡馆提供了一个让人们停下脚步、享受片刻宁静的空间。这种“需求”推高了咖啡的价格。同时，咖啡馆的租金、人力成本、设备维护等费用也决定了它不可能以原材料价格出售。

此外，市场竞争也影响了价格。星巴克、瑞幸等连锁品牌和本地咖啡馆之间的竞争，为顾客提供了更多选择。在这种竞争环境下，咖啡馆不仅要考虑咖啡的口感和品质，还需要考虑店面设计、服务态度，以吸引顾客。这也是价格的一个组成部分。

最后，这杯咖啡的价格中包含了税收。政府将税收用于维持公共设施、保障社会福利。通过销售咖啡，企业支付员工薪酬，带动了当地的就业，促进了经济发展。

所以，一杯看似简单的咖啡，实际上讲述了一个复杂的经济学故事。从资源的有限性、供需关系，到国际贸易、市场竞争，甚至是税收政策的影响，这杯咖啡是如何从农场到达你手中的，正是经济学的缩影。

经济学就是这样一门学科：它不仅关心价格和数字，还关注人们的选择、资源的分配以及背后的复杂关系。下一次，当你端起一杯咖啡时，或许你会发现，这不只是一杯饮品，更是一扇通向全球经济的窗。

单元一　经济学十大原理

【情景教学】

一、准备教学道具

两个小鱼缸，一个鱼缸中放入一条鲇鱼，另一个鱼缸中放入多条沙丁鱼。

二、教学目的

通过观察鲇鱼及沙丁鱼各自的游动以及把两者放入一个鱼缸后各自游动情况的变化，学生们能够理解为什么竞争的市场充满生机。

三、教学活动组织

1. 把鲇鱼及沙丁鱼分别放入不同的鱼缸，请同学们观察两种鱼的游动情况。

2. 把鲇鱼及沙丁鱼放入同一个鱼缸，请同学们观察两种鱼的游动情况。

四、活动总结

1. 活动结束，请一个学生说说把鲇鱼及沙丁鱼分别放入不同的鱼缸以及放入同一个鱼缸后，两种鱼游动情况的变化。

2. 请一名学生说一下为什么把鲇鱼及沙丁鱼放入同一个鱼缸后，沙丁鱼游动比之前活跃了？

3. 请全体学生参与讨论，为什么竞争的市场充满生机？

【故事导入】

一位收藏家准备用 30 万元收藏 20 世纪 50 年代美国著名的小提琴手之一的约翰·迈尔的头发。条件是：必须亲自从他头上摘下来，录下全过程，用琥珀进行密封。而这位小提琴手却对头发非常反感，头发一长出来就剃光了，事情的确有难度。留在澳大利亚谋求发展的吴女士决心试一试。她上网查资料，了解约翰·迈尔的脾气、为人处世原则以及生活规律。然后，她利用自己弹得一手好吉他的技艺，反复练习那位小提琴家的成名曲，寻找机会，终于与她梦寐以求的小提琴家熟识，并成为忘年之交。当约翰·迈尔知道事情的始末后，很受感动，答应了她的请求。4 个月后，当吴女士从约翰·迈尔浓密的头发中取下一根收藏好后，约翰·迈尔再次剃光了头，而且当着吴女士的面把头发烧掉。吴女士感动得掉下了眼泪，因为她明白，她手中的这根头发是约翰·迈尔在世上的唯一珍品，不会再有第二根了。

这个故事给你带来了什么启示呢？

资料来源：陈伟，顾子元．经济学基础．北京：国防工业出版社，2012.

【经济学原理】

一、原理一：选择无处不在

我们对经济学的学习，要从认识生活中的权衡取舍开始。

为了得到自己喜爱的一样东西，我们往往不得不放弃另一样自己喜爱的东西。这是为什么呢？因为社会资源是有限的。我们把这种社会资源的有限性称为稀缺性。经济学是一门研究社会如何管理稀缺资源的学科。

对于一位在校大学生来说，最宝贵的资源当属他的时间了。他可以把所有的学习时间用于学习经济学，也可以把所有的学习时间用于学习英语，还可以把学习时间在这两个学科之间进行分配。对于他来说，学习一门课的每一个小时，都意味着他要放弃本来可以用来学习另一门课的一个小时。进一步说，他用于学习功课的每一个小时都意味着他要放弃本来可以用于睡觉、看电影或是课余时间打工赚点零花钱的一个小时。

做出决策就是要求我们在一个目标与另一个目标之间进行权衡取舍。

当人们进入社会时，人们面临着各种不同的权衡取舍。一个典型的权衡取舍发生在“大炮”与“黄油”之间。当一个社会的支出更多地用于大炮（国防）时，其用于提高国民生活水平的黄油（消费品）的支出就必然会减少。

社会面临的另一个典型的权衡取舍发生在效率与公平之间。效率是指社会能从其稀缺资源中得到的最大利益。公平是指将这些资源平均地分配给社会成员。在设计政府政策时，这两个目标往往是不一致的。

人们只有了解所面临的选择，才有可能做出更好的决策。因此，我们对经济学的学习，要从权衡取舍开始。

二、原理二：机会成本是为了得到某种东西所必须放弃的东西

由于人们时时处处面临选择，所以要做出相对较优的决策，就要对可供选择的方案进行权衡，比较其成本与收益。

我们是否要接受大学教育呢？要对这个问题做出正确的回答，首先要考虑上大学的成本与收益。接受大学教育最主要的利益是丰富知识，使自己拥有更好的工作机会。上大学的成本是什么呢？有的同学可能想到了学费、书费、住宿费、伙食费等。实际上，上述成本中某些花费并不是上大学的真正成本，因为即使你不上大学，仍然需要吃饭、睡觉。因此，只有在大学的住宿费和伙食费比其他地方贵时，贵的这一部分花销才是上大学的成本。其实，上大学的最大成本并不是上述费用，而是同学们的时间。当你把一年的时间用于听课、读书和写文章时，你就不得不放弃工作。对于绝大多数学生而言，为上大学而不得不放弃的工作收入是他们接受高等教育的最大单项成本。

机会成本是指为了得到某种东西所必须放弃的其他东西。当做出一项决策时，决策者都应当意识到这一决策所带来的机会成本。有的运动员可能会面临上大学与退学从事职业运动而获得丰厚报酬的选择。通常，这些人都能认识到，他们上大学的机会成本极高。因此，他们通常会选择从事职业运动而放弃上大学，这其实不足为奇。

三、原理三：理性人善用边际分析

理性人是指系统而有目的地尽最大努力实现其目标的人。经济学家通常认为，人是理性的。理性人认为，生活中的很多决策绝非纯粹黑与白的选择，而往往是介于两者之间。当临近期末考试时，同学们的决策不是在放弃考试与一天学习 24 个小时之间选择，

而是是否多花一小时复习功课而不是玩耍。

经济学家用“边际”这个词来描述对行动计划的微小增量调整，即边缘的调整。边际分析方法体现了向前看的决策思想。理性人通常通过比较边际收益与边际成本来做出决策，而且仅当一种行为的边际收益大于边际成本时，一个理性的决策者才会采取这种行为。这个原理可以很好地解释为什么航空公司愿意以低于平均成本的价格卖票。

例如，一家民航公司从青岛到上海的航班上，每位乘客的全部成本为300元，那么，当飞机有空位时，它能不能以较低的票价（如每张200元）卖给学生呢？人们往往认为不行，理由是每个乘客的支出若低于300元就会导致该次航班亏本。但根据边际分析法，在决策时不应当使用全部成本（包括飞机维修费用以及机场设施和地勤人员的费用等），而应当使用因学生乘坐飞机而额外增加的成本。这种额外增加的成本在边际分析法中被称作边际成本。在这里，因学生乘坐而引起的边际成本是很小的（如30元），它可能只包括学生的餐费和飞机因增加载荷而增加的燃料支出。因学生乘坐而额外增加的收入被称作边际收入，在这里，就是学生票价收入（200元）。在这个例子中，边际收入大于边际成本，说明学生乘坐飞机能为航空公司增加利润，所以按低价让学生乘坐飞机对公司仍是有利的。

将上述结论应用到企业经营上，企业在进行决策时判断某项业务活动对企业有利还是无利，不是根据它的全部成本（包括过去已经支出的或本来就要支出的费用）的大小，而是应当把由这项活动引起的边际收入和边际成本相比较，如果前者大于后者，就对企业有利，否则就不利。

四、原理四：人们会对激励做出反应

激励能够引起一个人做出某种行为。理性人通过比较成本与收益做出决策，因此，他们会对激励做出反应。在经济学研究中，激励起着重要作用。

在分析市场如何运行时，激励是至关重要的。例如，当鸡蛋的价格上涨时，消费者决定少吃鸡蛋；同时，养鸡户决定雇用更多的工人并多饲养母鸡，因为出售鸡蛋的收益增加了。也就是说，市场上的高价格提供了买者少消费和卖者多生产的激励。

在政府制定政策时，激励也是必须考虑的重要因素，因为很多政策改变了人们面临的成本与收益。如果政策制定者忘记激励，这些政策往往会带来始料未及的结果。

20世纪60年代，拉尔夫·纳德的著作《任何速度都不安全》引起美国国会高度重视，最终通过立法将安全带作为新汽车的标准配置。这项法律的直接影响是：发生车祸时，司机存活的概率提高了。但这项法律通过激励产生的不太明显的间接影响却是：司机死亡人数减少得很小，而行人死亡人数增加了。为什么会出现这种情况呢？因为这项法律通过激励改变了人们的行为。司机在开车时会（无意识地）比较缓慢而谨慎开车的边际收益与边际成本。在使用安全带以前，司机通过比较边际收益与边际成本，宁愿耗费时间和精力，决定更慢、更谨慎地开车；在使用安全带以后，由于安全带降低了司机伤亡的概率，减轻了司机的车祸代价，也就是说，安全带减少了缓慢而谨慎开车的收益，最终司机决定更快、更放肆地开车，使车祸的次数增加了，而开车谨慎程度的下降又使行人遇上车祸的概率上升了。最终，汽车安全带法律虽然减少了每次车祸死亡的司机人数，但却增加了车祸的次数。司机死亡人数的变动很小，而行人死亡人数却增加了。

上述分析告诉我们，在制定政策时，我们不仅应当考虑它的直接影响，而且还应当考虑通过激励产生的不太明显的间接影响。政府改变激励就会使人们改变自己的行为。

五、原理五：贸易使每个人的状况更好

贸易使人们可以专门从事自己最擅长的活动，同时可使人们用较低的成本获得物品与服务。

我们来看一个关于学习的例子。首先，同学之间的学习存在竞争，学习成绩优异的同学有更多的机会获得奖学金，毕业时有更多的机会获得更好的工作。尽管有这种竞争，但把每位同学与其他的学生隔离开来并不会使其学习成绩更好。例如，小张与小王是同学。小张的英语成绩优异，但数学成绩差；小王的数学成绩好，但英语成绩不够理想。如果两人达成协议，小张帮助小王提高英语成绩，小王帮助小张辅导数学功课，那么期末考试时，两人都会从中受益。反之，如果把两人隔离开来，两人期末考试的成绩都不会太理想。

上述原理同样适用于家庭和国家。虽然不同家庭的成员在择业与购物等方方面面都会存在竞争，但家庭之间的交易却可以避免每个家庭自己种粮食、自己做衣服、自己盖房子、自己造汽车。显然，家庭之间的交易使每个家庭受益匪浅。同样，贸易可以使每个国家专门发展自己最擅长的产业，并享有种类更多的物品与服务。中国人与美国人、德国人、法国人一样，在世界经济中，大家既是竞争对手，又是合作伙伴。

六、原理六：市场是配置资源的有效方式

市场经济是相对于计划经济而言的。

计划经济运行的前提假设是政府官员能够最佳地配置经济中的稀缺资源，只有政府才能以促进整个社会经济福利的方式组织经济活动。在计划经济中，中央计划者决定生产什么物品和服务、生产多少以及谁来生产和消费这些物品和服务。20 世纪 80 年代以苏联解体和东欧剧变为标志，很多国家放弃了计划经济，代之以发展市场经济。

市场经济是指当许多企业和家庭在物品和服务市场上相互交易时，通过它们的分散决策配置资源的经济。在市场经济中，中央计划者的决策被千百万个企业和家庭的决策所取代。企业决定雇用哪些员工和生产哪些物品或提供哪些服务；家庭决定向哪家企业出售自己的劳动以及用自己的收入购买哪些物品或服务。这些企业和家庭在市场上相互交易，价格和利己引导着他们的决策。

早在 1776 年，经济学家亚当·斯密在他的著作《国民财富的性质和原因的研究》（简称《国富论》）中就提出，家庭和企业在市场上相互交易，它们仿佛被一只“看不见的手”所指引，并产生了合意的市场结果。在任何一个市场上，当买者决定需求多少时，他们盯着价格；当卖者决定供给多少时，他们也盯着价格。尽管市场上存在的是分散的决策和千百万利己的决策者，但作为买者与卖者决策的结果，市场价格既反映了一种物品的社会价值，也反映了生产该物品的社会成本。价格通过自

发调整，指引着单个买者和卖者，在大多数情况下，实现整个社会福利的最大化。事实证明，市场经济在以一种促进总体经济福利的方式组织经济活动方面非常成功。

七、原理七：政府有时可以改善市场结果

既然市场是配置资源的有效方式，我们还需要政府吗？答案是肯定的。

政府制定的规则和制度是市场经济得以正常运行的有力保证。产权是指个人拥有并控制稀缺资源的能力。它是市场经济得以正常运行的保障。我们作为消费者和生产者，如何维护自己的产权呢？很显然，我们需要政府提供法律机制。

我们需要政府的另一个原因：虽然“看不见的手”是强有力的，但并不是无所不能的。政府干预经济并改变人们自己选择的资源配置可以提高效率和促进公平。

市场失灵是指市场本身不能有效配置资源的情况。外部性和市场势力是市场失灵的典型原因。所谓外部性，是指一个人的行为对旁观者福利的影响。外部成本的经典例子是污染。当企业向周围环境排污时，其真正的生产成本有一部分被社会承担了，构成了外部成本。所谓市场势力，是指单个经济活动者（或一小群经济活动者）对市场价格有显著影响的能力。例如，一所学校如果只有一个食堂，而每位学生又不得不到这个食堂用餐，那么这个食堂的经营者就不会面临残酷竞争的局面，而通常情况下，“看不见的手”正是以竞争来约束个人的利己行为的。在存在外部性和市场势力的情况下，通过政府设计的良好公共政策可以提高经济效率。

市场经济根据人们向社会提供其他人愿意购买的物品与服务的能力来给予其报酬，但这往往会造成经济福利上巨大的不对称。世界上最优秀的电影演员赚的钱比世界上最优秀的教师赚的钱多，只是因为人们愿意为看电影付出更多的钱。“看不见的手”并没有保证每个人都有充足的食物、华丽的衣服和必要的医疗。上述种种不平等要求政府进行干预。政府通过制定诸如所得税和福利制度等，可以实现更平等的经济福利分配。

政府虽然有时可以改善市场结果，但它并不是总能这样。如果政府制定的政策促进了效率或公平，我们认为它是正确的；反之，我们就认为它是不正确的。

八、原理八：国家的富裕程度取决于其生产率

世界各国生活水平的差异是惊人的。根据国际货币基金组织（IMF）公布的2023年全球各国的人均国内生产总值（GDP）数据，中国人均GDP约为1.25万美元，世界排名第69位；美国人均GDP约为8.16万美元，世界排名第6位。这种平均收入的巨大差别会反映在生活质量的各种衡量指标上。高收入国家的公民比低收入国家的公民人均拥有更多的汽车、更好的营养、更好的医疗保健以及更长的预期寿命。

用什么来解释各国之间生活水平的巨大差异呢？答案就在于各国生产率的差异。所谓生产率，是指每一单位劳动投入所生产的物品与服务数量。在那些每一单位时间工人能生产大量物品和服务的国家里，人们往往享有较高的生活水平；相反，在那些工人生产率低下的国家里，大多数民众则不得不忍受贫困。

生产率与国民生活水平之间的关系虽然简单，但意义却极为深远。当我们责问为什

么我们的生活水平还不够理想时，生产率是我们首先要考虑的因素。因此，要提高一国国民生活水平，就必须首先设法提高该国的生产率。那些把国民生活水平过低归责于国外竞争等因素的想法是站不住脚的。

此外，生产率与生活水平之间的关系对于公共政策的选择与评价也有深刻的意义。当我们选择或评价一项公共政策如何影响国民生活水平时，关键问题就在于该项政策如何影响工人生产物品与服务的能力。决策者应当让工人接受良好的教育、拥有生产物品和服务必备的工具以及获取更好、更精湛的技术来提高生产率，最终实现国民生活水平的提高。

九、原理九：通货膨胀根源于政府发行过多本国货币

通货膨胀是指经济中物价总水平的上升。由于高通货膨胀率会让社会付出各种代价，所以世界各国都把保持低通货膨胀率作为宏观经济政策的目标之一。

究竟是什么原因引起了通货膨胀呢？世界各国的历史无数次告诉我们：在大多数严重或持续的通货膨胀情况下，罪魁祸首是货币量的增长。当一国政府发行了大量本国货币时，货币的价值就下降了，人们需要用更多的货币表示物品与服务的价值，因而物价随之就上升了。

中华人民共和国自成立以来，大致经历了三次通货膨胀，并且这三次通货膨胀都是因生产建设的扩张需要投放大量货币，从而引起价格过度上涨。

1984 年，我国进行了金融体制改革，贷款以上年为基数。1984 年下半年，为了扩大经济规模，中国银行、中国工商银行、中国农业银行、中国建设银行争贷，致使当年我国全年货币投放多达 262 亿元，比 1983 年猛增 49.4%，导致 1985 年我国商品零售价格指数上涨 8.8%、居民消费价格指数上涨 11.9%。

1988 年，我国工业比 1987 年增长 20.8%；投资比 1987 年猛增 1 000 多亿元，增长 25.4%。工业和建设迅猛扩张，需要投放大量货币。1988 年，我国货币投放多达 679 亿元，比 1987 年猛增 46.7%，引起价格猛涨。1988 年和 1989 年，商品零售价格分别上涨 18.5%和 17.8%，居民消费价格指数分别上涨 18.8%和 18%，连续两年出现两位数的通货膨胀率。

20 世纪 90 年代初期，银行每年投放货币 1 000 多亿元，增速高达 30%多，致使经济过热，通货膨胀开始出现。1993 年至 1995 年，物价指数连续三年为两位数，1994 年最高（商品零售价格指数为 21.7%，居民消费价格指数达 24.1%）。

通过以上数据我们发现，这三次通货膨胀都是在国际形势大体稳定的情况下，由央行的宽松信贷政策带来的，而且无一例外都是由银行快速投放货币、信贷巨幅增加开始的。

十、原理十：失业与通货膨胀是社会面临的短期权衡取舍

大多数经济学家都认为，社会面临一种在整个经济范围内的最终的权衡取舍，即失业与通货膨胀之间的短期权衡取舍。

短期内，随着货币投放量的增加，社会整体支出水平提高，进而增加了对物品和服

务的需求；随着时间的推移，需求的增加又会引起企业提高物价，与此同时，企业也会雇用更多的工人，并提供更多的物品与服务；企业雇用更多的工人，意味着更少的失业。上述推理过程意味着，在一两年的时间内，许多经济政策朝着相反的方向推动失业与通货膨胀。

失业与通货膨胀之间的短期权衡取舍关系在分析经济周期中起着关键的作用。经济周期是指就业和生产等经济活动的波动，通常用生产的物品与服务量或雇用的人数来衡量。一国政策制定者在运用各种政策工具时，可以利用失业与通货膨胀之间的这种短期权衡取舍关系。决策者可以通过改变政府税收量、支出量、发行的货币量来影响对物品和服务的总需求；总需求的变动又影响经济在短期内所经历的失业和通货膨胀的组合。鉴于这些经济政策工具具有如此巨大的潜在力量，因此，一国政策制定者应如何正确运用这些工具调控经济就成为一个备受关注的议题。

互动训练

资料分析——请利用网络查找并研读有关全球资源稀缺状况和资源发展趋势的资料

项目要求：

1. 认真研读网络资料。
2. 小组讨论：全球资源稀缺状况、资源发展趋势预测。
3. 小组派代表陈述小组讨论的主要观点：经济学需要解决的问题是什么？
4. 教师对各小组讨论结果进行归纳和点评。

学以致用

随着人们变得富裕，时间成为人们越来越稀缺的资源。有位企业家曾经开玩笑说："如果我发现路上有 100 元，我不会弯下腰去捡。"试用机会成本的概念解释该企业家的想法。由此，试析穷人和富人在时间利用上有何不同，并解释形成这种不同的原因。（选自曼昆《经济学原理》）

拓展阅读

比尔·盖茨为何早早退休

对于人类而言，人才的选择就是机会成本颇具代表性的个案。如果企业鉴于情面或压力而没有选拔出优秀的员工，其机会成本将难以估量。不仅如此，商品的合同条件、交易对象、市场营销等所有的决策必定伴随着机会成本。

比尔·盖茨作为微软公司的创始人，成就了微软，也为自己挣下了千亿美元家财。早在 1990 年，也就是在盖茨 35 岁的时候，他就已经辞去了微软首席执行官的职务，而隐退幕后。2008 年，他正式宣布退出微软的日常管理工作，把精力全部集中于自己所钟爱的慈善事业。他为什么会选择早早就退居幕后，把发展很好的事业拱手让人呢？

事实上退休时间的衡量和机会成本紧密相关。盖茨选择早早退休的主要原因在于他工作的机会成本过大。如果继续经营微软，那么盖茨就必须选择牺牲享受生活的时间，而这其实就构成了盖茨经营微软的机会成本；如果他选择后者，那么他必须放弃继续经营微软可能给自己带来的利润，这也就成为自己退休的机会成本。其实，要做的选择很简单，那就是盖茨需要衡量判断这两个选择的机会成本的大小，进而做出对自己来说机会成本最小，或者说对自己最有利的选择。显然就盖茨的选择而言，他认为自己退休所要付出的机会成相对更小一些。

在分析人们对待退休年限的不同态度中，我们也会发现，机会收益的大小和可靠程度最为重要。如果在职的相对收益不高，就意味着退休的机会收益率更大。因为在职的收入即使表面上要比退休金多一些（按一般人的退休金为原工资的90%或95%计算），但要得到在职的工资及奖金、补贴，却必须投入大量工作时间和付出相当的辛劳。

资料来源：栾振芳．经济学——越简单越实用．北京：中国华侨出版社，2018.

单元感悟

知识方面：

____

____

素养方面：

____

____

单元二　像经济学家一样思考

【情景教学】

一、准备教学道具

可用于教学活动的货币和小商品，如2元钱、可口可乐、面包等。

二、教学目的

营造两个市场环境：物品与服务市场、生产要素市场。让学生分别以家庭和企业身份参与到两类市场的交易中来。通过真实的购买、销售体验，引导学生了解物品与服务流向和货币流向，体会并思考循环流量图。

三、教学活动组织

1. 把教室布置成两个市场：物品与服务市场、生产要素市场。
2. 学生分别扮演家庭和企业两类身份。
3. 学生作为家庭成员，拿 2 元钱去超市（物品与服务市场）购买了一瓶可口可乐；超市把 2 元钱以报酬方式（在生产要素市场上）发给员工；员工又作为家庭成员，拿 2 元钱去超市购买了一个面包……2 元钱通过物品与服务市场和生产要素市场在家庭和企业之间流动。

四、活动总结

1. 通过本次活动，请学生思考物品与服务流向、货币流向。
2. 通过讨论，请学生体会并思考循环流量图。

【故事导入】

资源分配与生产可能性边界

小明和小美是一对表兄妹，他们决定在自家院子里种植蔬菜，卖给邻居赚点零花钱。他们有两种选择：种植番茄和黄瓜，但因为院子的面积有限，他们必须在种植番茄和黄瓜之间做出取舍。小明偏爱番茄，认为番茄可以卖得更贵，而小美则认为黄瓜的产量更高，能吸引更多的顾客。

为了做出决定，他们画了一张图，假设如果只种番茄，可以种植 100 株，如果只种黄瓜，可以种植 150 株，但如果两者兼顾，数量就会有所减少，比如种 50 株番茄时只能种 75 株黄瓜。这张图让他们看到了不同的资源分配方案，也展示了在有限资源下，两种作物之间的权衡关系。

这时，小美想到，他们画的图其实就是经济学中的生产可能性边界（PPF）。她向小明解释说，生产可能性边界表示在既定资源条件下，能生产的两种产品的最大组合。任何在边界上的点都表示资源的最优利用，而在边界内的点则表示资源未充分利用。

通过这个边界，小明和小美意识到，要实现更多的收益，他们必须找到一个平衡点，而不是只偏向种植一种蔬菜。小美进一步说明，如果他们扩大种植面积（即增加资源），就能将生产可能性边界往外扩展，种更多的番茄和黄瓜。

【经济学原理】

一、观察、理论和进一步观察

无论是自然科学还是社会科学，都需要运用“观察—理论—进一步观察”的科学方法，经济学也不例外。

一位经济学家若生活在一个物品和服务的价格迅速上升的国家里，他就可能受到这种观察的刺激，提出一种通货膨胀理论。也许，这种理论会指出，高通货膨胀的根源在于政府过量发行货币。为了检验这一理论，这位经济学家可以收集并分析世界各国价格和货币量的数据。如果这些数据的检验结果能够表明货币量增长与通货膨胀的密切关系，这位经济学家就会更加相信自己的理论；反之，他就会开始怀疑自己提出的通货膨胀理论的正确性。

由于在经济学研究中进行实验往往是很困难的，而且有时是不可能的，因此，经济学家往往不得不使用这个世界向他们提供的数据。为了寻找实验室实验的替代品，经济学家十分关注历史所提供的自然试验。例如，当中东战争中断了原油运输时，全世界石油价格飞涨。对经济学家来说，它提供了一次研究重要自然资源对世界经济影响的绝佳机会。因此，在本书的其他模块中，我们也会多次提及历史事件，因为它们既能让我们了解过去的经济，也能让我们对当前的经济理论做出准确的说明和评价。

二、假设

无论是自然科学还是社会科学，常常运用假设来研究和解决问题，经济学也不例外。假设可以使复杂的世界简单化，而且使解释这个世界变得更为容易。例如，为了研究消费者效用最大化，我们可以假设：单位货币的边际效用是相等的，不受边际效用递减规律的影响。当然，在现实中，单位货币的边际效用也受边际效用递减规律的影响。但通过假设单位货币的边际效用是相等的，我们可以集中思考问题的实质。一旦我们了解了这种简化了的假想世界中的消费者效用最大化，我们就可以更好地理解我们生活在其中的、更复杂的现实世界中的消费者效用问题。

科学思考的艺术，就在于决定做出什么假设。经济学家往往用不同的假设来回答不同的问题。

例如，货币主义者（经济学理论的分支之一）想研究失业与通货膨胀之间的交替关系。这一分析的一个重要内容是工人预期的通货膨胀率与实际发生的通货膨胀率之间的关系。根据工人在不同时间内对通货膨胀的预期，货币主义者做出了不同的假设。在短期内，货币主义者假设工人来不及调整通货膨胀预期，预期的通货膨胀率可能低于以后实际发生的通货膨胀率。通过这一假设，他们得出短期内失业与通货膨胀之间存在交替关系，进而说明在短期内引起通货膨胀率上升的扩张性财政与货币政策是可以起到减少失业的作用的，即宏观经济政策的短期有效性；在长期内，由于工人根据实际发生的情况不断调整自己的预期，因此，货币主义者假设工人预期的通货膨胀率与实际发生的通货膨胀率是一致的。通过这一假设，他们得出长期内失业与通货膨胀之间不存在交替关系，进而说明，在长期内以引起通货膨胀为代价的扩张性财政与货币政策并不能减少失业，即宏观经济政策的长期无效性。

三、经济学模型之一——循环流量图

经济学家通常用由图形和公式组成的经济模型来了解并解释世界。为了使我们获得真正重要的信息，经济学模型通常会忽略很多细节，也就是说，经济学模型不包括经济的每一个特征。

经济学模型都是建立在一些假设之上的。经济学家利用假设撇开与所研究问题无关的许多经济细节，以便于加深我们对现实世界的理解。

循环流量图是一个说明货币如何通过市场在家庭与企业之间流动的直观经济学模型。通过这个经济学模型，我们可以用普通的术语来解释经济是如何组织起来的，并能说明经济的参与者如何相互交易，如图 1-1 所示。在这个模型中，经济由家庭和企业这两大类决策者组成。企业用劳动、土地和资本（建筑物和机器）这些投入品来生产物品和服务。我们通常将上述投入品称作生产要素。家庭则拥有生产要素并消费企业所生产的物品与服务。

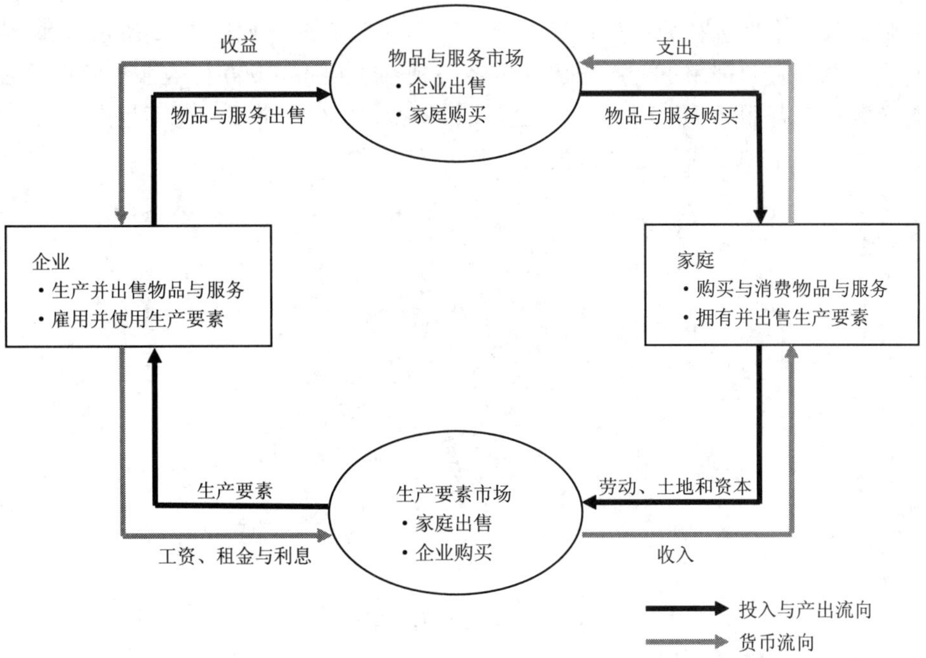

图 1-1 循环流量图

家庭和企业在两类市场上相互交易。在物品与服务市场上，家庭是买者，而企业是卖者。在生产要素市场上，家庭是卖者，企业是买者。循环流量图提供了一种把家庭与企业之间发生的所有经济交易组织在一起的简单方法。

循环流量图的两个环形既相互区别又相互联系。内层环形代表家庭与企业之间投入与产出的流向。家庭在生产要素市场上把劳动、土地和资本出售给企业使用，企业再用这些要素生产物品和服务，这些物品和服务又会在物品与服务市场上出售给家庭。我们可以看出，生产要素从家庭流向企业，物品与服务由企业流向家庭。外层的环形代表相应的货币流动。家庭支出货币向企业购买物品和服务，企业则用销售收入的一部分支付生产要素的报酬，如工人的工资，剩下的则是企业所有者的利润，而企业所有者本身也是家庭的成员。

我们假设你的钱包里有 1 元钱，你想买一支雪糕，于是，你就拿着这 1 元钱到经济中的一个物品与服务市场，如去学校超市购买。当这 1 元钱进入超市的收银机时，它就成为企业收益。但这 1 元钱不会在超市停留太久，因为企业会用它在生产要素市场上购买投入品。超市最终用这 1 元钱为工人支付了工资。于是，这 1 元钱又成了某个家庭成员的收入，再次回到某个人的钱包里。此时，经济循环流量图中的交易又一次开始了。

四、经济学模型之二——生产可能性边界

生产可能性边界（Production Possibilities Frontier）是一个最简单的经济数学模型。它表示在可得到的生产要素与生产技术既定时，一个经济社会所能生产的产品数量的各种组合。

我们假设一个经济社会只生产两种物品：面包与衣服。如图 1-2 所示，如果这个经济社会把全部资源都用于生产衣服，该经济社会将生产 1 000 件衣服而不生产面包；如果把全部资源都用于生产面包，该经济社会将产出 5 000 个面包而不生产衣服。生产可能性边界的两个端点代表这两种极端情况。

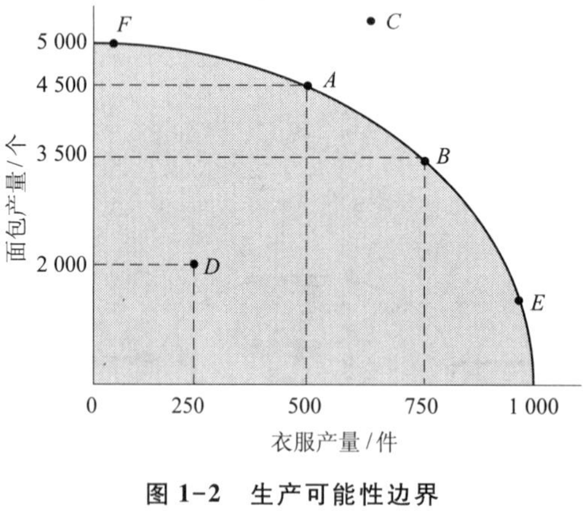

图 1-2 生产可能性边界

如果一个理性的经济社会把资源分配在两个行业中，生产可能性边界上就会出现其他点。例如，该经济社会可以生产 500 件衣服和 4 500 个面包，如图中 A 点所示。通过调整资源在两个行业的配置，把一部分生产要素从面包行业转向制衣行业，该经济社会可以生产 750 件衣服和 3 500 个面包，如 B 点所示。

由于资源的稀缺性，并不是任何一种资源的配置都是可行的。例如，无论资源如何在两个行业配置，经济社会都不可能生产出 C 点所代表的衣服和面包。经济社会可以用它所拥有的资源在生产可能性边界上和边界内的任何一点进行生产，但它不能在这条边界线以外的任何一点进行生产。

如果经济社会从它可以获得的稀缺资源中获得了它能得到的全部东西，我们就称这种经济是有效率的。生产可能性边界上的各点代表了有效率的生产水平。当经济社会在生产可能性边界上的任意一点，例如，在 A 点进行生产时，如果不减少一种物品的生产，就没有办法生产出更多的另一种物品。D 点代表经济无效率的结果，因为此时产量小于它从资源中所能得到的最大可能产量。如果人们能够消除经济无效率的来源，如失业等因素，经济社会就可以增加这两种物品的产量，例如，经济社会可以从 D 点移动到 A 点，衣服和面包的产量就能由原来的 250 件和 2 000 个分别增加到 500 件和 4 500 个。

生产可能性边界表明了社会面临着权衡取舍。一旦我们达到了该边界上有效率的各点时，为得到更多的一种物品的唯一方法就是减少另一种物品的生产。这种权衡取舍有助于我们对机会成本的理解。生产可能性边界表明了用一种物品来衡量的另一种物品的机会成本。当经济由 A 点移动到 B 点时，为了得到增加的 250 件衣服，就必须放弃 1 000 个面包，也就是说，这 1 000 个面包是 250 件衣服的机会成本，每件衣服的机会成本是 4 个面包，它等于生产可能性边界的斜率。

生产可能性边界的形状决定了生产衣服的机会成本。由于生产可能性边界的斜率随其形状发生变化，因此，生产衣服的机会成本也是变化的。例如，在 E 点时，由于生产可能性边界比较陡峭，生产衣服的机会成本较高；在 F 点时，由于生产可能性边界比较平坦，生产衣服的机会成本较低。

五、微观经济学与宏观经济学

根据研究层次的不同，经济学通常被划分为两个分领域：微观经济学（Microeconomics）和宏观经济学（Macroeconomics）。微观经济学研究家庭和企业如何做出决策以及它们如何在市场上相互交易。宏观经济学研究整体经济现象，包括通货膨胀、失业和经济增长。

一个微观经济学家可以研究不同物品与服务在市场上的价格决定、消费者如何做出最优的消费决策、生产者如何控制成本和决定产量、外国竞争对本国某行业的影响或者接受义务教育对工人收入的影响。一个宏观经济学家可以研究一国政府借债的影响、经济中失业率随时间推移的变动、提高一国居民生活水平的不同政策以及抑制通货膨胀的宏观经济政策等。

微观经济学和宏观经济学是密切联系的。整体经济的变动产生于无数单个决策者的行为，因此，要理解宏观经济的发展，就必须考虑相关微观经济决策。例如，宏观经济学家必须考虑个人所得税的减少将如何影响单个家庭把多少钱用于购买物品和服务的决策，才能正确研究分析个人所得税的减少对物品与服务产生的影响。

虽然微观经济学和宏观经济学之间存在着密切联系，但这两个领域是不同的。它们强调不同的问题，并且每个领域都有自己的特有经济学模型，因此，通常会在不同的课程中进行讲授。

六、实证分析与规范分析

关于世界的描述一般有两种类型：实证表述（Positive Statements）和规范表述（Normative Statements）。实证表述是描述性的，是指试图描述世界是什么样子的观点。规范表述是规范性的，是指试图描述世界应该是什么样子的观点。

例如，假设有两个人正在讨论猪肉的价格，你可以听到如下两种表述：

小张：猪肉的价格超过每千克 40 元了。

小王：政府应该控制猪肉价格。

小张的表述是实证的，而小王的表述则是规范的。

实证表述和规范表述之间的关键区别是我们如何判断它们的正确性。原则上，我们可以通过检验证据而确认或否认实证表述。例如，我们可以通过分析某一时期内猪肉价格变动的数据来判断小张的表述。但是，对规范表述的评价则涉及价值观和事实，它不仅是一个科学问题，还涉及伦理、宗教、政治哲学等范畴。仅仅依靠数据我们不能对小王的表述做出判断。

实证表述与规范表述基本上是不同的，但在一个人的观念中它们通常相互联系。我们关于世界如何运行的实证观点将影响我们关于什么政策合意的规范观点。如果小张关于猪肉价格的表述是正确的，这就会使他很容易接纳小王关于政府应当控制猪肉价格的结论。但是，我们的规范结论并不能仅仅根据实证分析，还要涉及价值判断。

同学们，在学习经济学时，要牢记实证表述与规范表述的区别，这将有助于你将精力集中在手头的任务上。经济学的许多内容是实证的，它们不仅在努力解释世界如何运行，但经济学家们通常有规范的目的：致力于如何改善经济。

互动训练

案例分析——盖茨和姚明的选择

比尔·盖茨于 1973 年进入哈佛大学法律系学习。他不喜欢法律，但对计算机十分感兴趣。19 岁时他面临两种选择：是继续学习直至毕业，还是辍学创办软件公司。继续学习会失去创业的最佳时机，而辍学办公司又拿不到多少人向往的哈佛大学毕业文凭。他义无反顾地放弃了学业，创办了自己的软件公司。他终于成功了，在 1999 年《福布斯》杂志评选中，比尔·盖茨以净资产 850 亿美元荣登世界亿万富翁榜首。

中国的体育明星姚明，在面临上大学和去打美国篮球职业联赛（NBA）的选择时，他选择了后者。他与休斯敦火箭队签了 5 年 7 000 万美元的工作合同，加上广告收入，据说年收入可突破 1 亿美元。如果他上了大学，这些收入都将失去。

项目要求：

1. 认真阅读案例。

2. 个人思考：如果比尔·盖茨当初选择完成学业，姚明选择先上大学，请分析他们的机会成本。两人的选择明智吗?

3. 小组归纳和总结：案例中对机会成本的论述和观点。

4. 小组讨论：你面临身边大大小小的选择，你是如何进行抉择的？每次选择时考虑的机会成本分别是什么？

学以致用

假设学生A有8个小时的时间用于准备即将到来的数学和英语考试。在给定学生资源的条件下，试画出其分数的生产可能性边界。如果该学生学习缺乏效率，那么相对于他的生产可能性边界而言，他的分数“产量”在何处？如果该学生用于复习的时间从8小时增加到10小时，那么他的分数可能性边界会发生何种变化？(选自曼昆《经济学原理》)

拓展阅读

为什么要学点经济学？

经济学是经济学家提供给社会大众的一种改进生活、认识世界的武器。或许你并不想做一名经济学家。但即使如此，你仍然应该学点经济学。

首先，学习经济学有助于你做出更好的个人决策。在你的一生中，因为你的资源是有限的，所以你需要做出各种各样的经济决策。为了避免决策失误，你需要一些理论的指导。经济学是有关个人选择的科学。学习经济学有助于你做出更好的决策。

其次，学习经济学有助于你理解你所生活的世界是如何运转的。你的生活状况不仅取决于你自己的决策，而且依赖于其他人的决策，以及周围环境的变化。理解你周围的世界如何运行，自然有助于改进你的决策。经济学是有关人们之间的决策如何相互作用的科学。学了经济学，你就可以明白市场这只“看不见的手”如何使自利的个人为大家服务。

再次，学习经济学有助于你理解政府政策的优与劣。每个社会都离不开政府。学习了经济学，你会明白我们为什么需要政府，什么是政府应该做的，什么是政府不应该做的。我们需要政府，是因为在面对诸如外部性、公共产品时，依靠市场不能达到资源的有效配置。政府的政策选择不仅影响整个社会的资源配置效率，而且影响包括你在内的每个公民的福利。所以当你希望政府制定某种政策的时候，你必须谨慎考虑这种政策的不利后果。经济学常识有助于你思考这样的问题。经济学家告诉你世界上没有免费的午餐。常识可能会误导你，经济学会使你不过于迷信政府。

最后，学习经济学可以改进你的思考方式。经济学家通过观测现实经济现象归纳经济规律。经济学家有自己的语言和思维方式。诸如需求、供给、弹性、消费者剩余、机会成本、比较优势、外部性、信息不对称、均衡等，是经济学的基本语言。掌握了这些经济学语言，你就可以更好地思考你周围的世界是如何运行的。

资料来源：张维迎．为什么要学点经济学?. https：//www. bimba. pku. edu. cn/wm/xwzx/xm/edp_ xm/429553. htm.

单元感悟

知识方面：

____

____

素养方面：

____

____

【模块知识自测】

1. 西方经济学是研究（　　）。

A. 企业如何赚钱的一门社会科学

B. 如何实现稀缺资源有效配置的一门社会科学

C. 如何用数学方法建立理论模型的一门社会科学

D. 政府如何管制的一门社会科学

2. 人们在进行经济决策时，必须做出某种选择，这是因为（　　）。

A. 选择会导致短缺

B. 人们在决策时面临的资源是有限的

C. 人是自私的，所做出的选择会实现自身利益的最大化

D. 个人对市场的影响是微不足道的

3. 你上大学实际上意味着你做了一种选择，（　　）是你上大学的机会成本。

A. 你因上大学而损失的在皮鞋厂打工所得的 20 000 元

B. 你因上大学而损失的在手表厂打工所得的 15 000 元

C. 你因上大学而损失的在收音机厂打工所得的 15 000 元

D. 你因上大学而损失的在成衣厂打工所得的 13 000 元

4. “资源是稀缺的”是指（　　）。

A. 世界上大多数人生活在贫困中

B. 相对于资源的需求而言，资源总是不足的

C. 资源必须保留给下一代

D. 世界上资源最终将由于生产更多的物品和劳务而消耗光

5. 下列属于规范经济学研究的范畴的是（　　）。

A. 电冰箱在夏季热销的原因分析

B. 早些年，我国东西部地区的差距日益拉大并影响了国民经济的持续、健康发展，对此，政府应该采取一些措施

C. 对中国经济实现经济增长率超过 8% 的研究

D. 失业人员的再就业问题研究

6. 微观经济学和宏观经济学研究对象的区别在于（ ）。

A. 微观经济学研究个体经济单位的经济行为，宏观经济学研究社会总体的经济行为及其后果

B. 微观经济学研究厂商行为，宏观经济学研究政府行为

C. 微观经济学研究产品市场，宏观经济学研究失业问题

D. 微观经济学研究范围狭小，宏观经济学研究涉猎广泛

7. 一国生产可能性曲线以内一点表示（ ）。

A. 通货膨胀

B. 失业或者说资源没有被充分利用

C. 该国可能利用的资源减少以及技术水平降低

D. 一种生产品最适度产出水平

8. 下列命题中哪一个不是实证分析命题？（ ）

A. 1982 年 8 月美联储把贴现率降到 10%

B. 1981 年失业率超过 9%

C. 美国联邦所得税对中等收入家庭是不公平的

D. 社会保险税的课税依据现在已超过 30 000 美元

9. 下列会导致生产可能线向外移动的是（ ）。

A. 失业 B. 通货膨胀

C. 有用性资源增加或技术进步 D. 消费品生产增加，资本品生产下降

10. 作为经济学的一个分支，宏观经济学主要研究（ ）。

A. 作为总体经济组成部分的个体的行为

B. 经济总体状况，如失业和通货膨胀等

C. 市场经济

D. 单个消费者和企业的相互作用

【知识梳理】

请大家通过复习，梳理出本模块的知识脉络图。

模块二

把握价格规律

【知识目标】

1. 掌握需求和供给的基本概念及需求定理、供给定理。
2. 了解需求和供给的影响因素，掌握需求和供给的变动规律，重点掌握需求和需求量的变动。
3. 了解均衡价格及其变动，掌握供求定理，了解价格政策的含义。
4. 掌握弹性的基本理论，重点掌握需求价格弹性理论，了解其他弹性理论。
5. 掌握弹性理论的应用，能用弹性理论分析一些简单经济现象。

【能力目标】

1. 能够熟练掌握需求或供给变动的图形表示。
2. 会计算各种弹性。
3. 能运用价格理论解释生活中常见的经济问题。
4. 掌握弹性理论的应用，能用弹性理论分析一些简单经济现象。

【思政目标】

1. 培养学生思考在某些特殊情况来临时，政府为什么需要对一些商品采取限制价格等方式以维护市场秩序。
2. 客观地思考、认识和评价中国市场经济发展形势和所面临的问题。

【故事导入】

哪封信有可能会值钱？一封是亚伯拉罕·林肯写的，而另一封则是刺杀他的人约翰·威尔基斯·布斯写的。林肯是伟大的总统之一，许多人收集他写的东西。看起来对林肯写的信的需求肯定比布斯写的信的需求大得多。然而，当 R.M. 史密斯公司在同一天拍卖一封林肯写的信和一封布斯写的信时，布斯写的信售价是 31 050 美元，而林肯的信售价只有 21 850 美元。

你能运用需求、供给原理解释布斯的信为何比林肯的信市场价格高吗？

资料来源：时应峰．经济学基础．北京：人民邮电出版社，2014.

单元一　需求与供给

【情景教学】

一、准备教学道具

可用于教学活动的小商品，如 20 个果冻等。

二、教学目的

营造一个市场环境，以商品销售方式，让学生参与到购买活动中来。通过真实的购买体验，学生能够认识需求和供给，体会并思考供求规律。

三、教学活动组织

1. 把讲台布置成一个简单的销售柜台，摆放好用来销售的果冻。

2. 教师扮演售货员的角色，学生扮演消费者。

3. 销售活动开始，教师按从高到低的价格逐渐展开销售，每开出一个价格，都要记录愿意购买该商品的“消费者”人数，直到所有准备的果冻被全部卖出为止。

四、活动总结

1. 请每一个价格水平下购买商品的“消费者”谈一下购买动机和消费心理。

2. 通过本次销售活动，请学生思考“需求和价格的关系”及“供给和价格的关系”。

3. 通过讨论，请学生分析影响消费者需求的因素和影响生产者供给的因素。

【故事导入】

2013 年 12 月 28 日中午，习近平主席来到北京市西城区庆丰包子铺月坛店，排队买包子，还自己买单、端盘子、取包子。习近平主席所点午餐为：2 两猪肉大葱馅的包子，1 碗炒肝，1 份芥菜，共消费 21 元。不少市民专程慕名而来，点用“主席套餐”，并合影留念。

习近平主席排队吃包子的消息引发了京城百姓热议，“赞”声不断，市民争相“吃包子”，也让该店铺周末生意红火。根据媒体报道，之后庆丰包子铺的咨询电话更是被打“爆”了，全国各地都有人在打听如何在自家门口加盟开一家庆丰包子铺。庆丰包子铺总部在官网上详细介绍了加盟连锁店的流程、标准和投资费用等相关要求。

资料来源：连有，曾嘉，伦墨华．经济学基础．南京：南京大学出版社，2014.

【经济学原理】

一、需求

（一）需求

需求（Demand）是决定价格的关键因素之一。那么，什么是需求呢？

需求是指消费者在某一特定时期内，在每一价格水平时愿意而且能够购买的商品量。需求是购买欲望和支付能力的统一，缺少任何一个条件都不能成为有效需求。这也就是说，需求是消费者根据其欲望和购买能力所决定的计划购买量。例如，只有我们既愿意购买钻石戒指又能够按钻石戒指的价格支付得起时，才构成我们对钻石戒指真正的需求。

（二）需求表

需求表（Demand Schedule）是一个表示在其他影响消费者想买多少某种物品的任何一件事都不变的情况下，一种物品价格与需求量之间关系的表格。需求表是以数字表格的形式来表述需求这个概念的。下面我们用一个例子来说明需求表的含义。

例如，消费者赵某对雪糕在不同价格时的不同需求量如表 2-1 所示。

表 2-1 赵某对雪糕的需求表

雪糕的价格/元	雪糕的需求量/支
0.0	12
0.5	10
1.0	8
1.5	6
2.0	4
2.5	2
3.0	0

表 2-1 表示在不同的雪糕价格时，赵某每个月买雪糕的数量。如果雪糕是免费的，赵某要 12 支雪糕。在每支雪糕价格为 0.5 元时，赵某买 10 支。随着价格继续上升，他对雪糕的需求量越来越少。当价格达到 3.0 元时，赵某不买雪糕。

（三）需求曲线

需求曲线是用图形的形式来表述需求这个概念的。

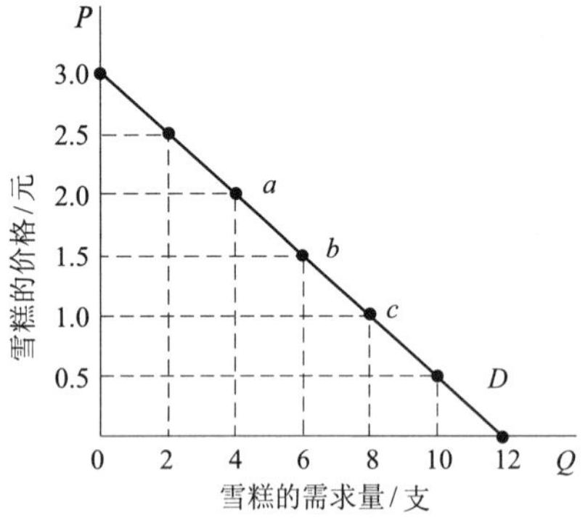

图 2-1 赵某对雪糕的需求曲线

在图 2-1 中，横轴代表需求量（Quantity Demanded），纵轴代表价格（Price），D 就是需求曲线。需求曲线（Demand Curve）是根据需求表画出的，是表示某种商品价格与需求量关系的曲线。

（四）需求函数

需求函数是以代数表达式来表述需求这个概念的。需求函数有广义和狭义之分。

1. 广义的需求函数

广义的需求函数是指表示一种商品的需求数量和影响该商品需求数量的各种因素之间的相互关系的函数。其中，影响商品需求数量的各个因素是自变量，需求数量是因变量。一种商品的需求数量是所有影响这种商品需求数量的因素的函数。如果我们用 D 表示在各种因素影响下的商品的需求量，用 a、b、c、d……n 表示影响商品需求量的各个因素，则广义的需求函数为：

$$D=f(a,b,c,d,\cdots,n) \tag{2-1}$$

在广义的需求函数中，除价格因素以外，其他影响商品需求数量的各个因素都是通过直接影响需求曲线的移动进而最终影响到商品的需求数量的，在经济学中，我们通常称之为需求的变动。只有价格因素直接影响商品的需求数量的变动，在经济学中，我们通常称之为需求量的变动。关于这个问题，我们将在本单元稍后一部分详细分析。

2. 狭义的需求函数

如果我们对影响一种商品需求量的所有因素同时进行分析，这就会使问题变得复杂起来。在处理这种复杂的多变量的问题时，通常可以将问题简化，即把注意力集中在一个影响因素上，而同时使其他影响因素保持不变。在这里，由于一种商品的价格是决定需求量的最直接最基本的因素，所以，我们假定其他因素保持不变，仅仅分析商品的价格对该商品的需求量的影响，即把一种商品的需求量仅仅看成是这种商品的价格的函数，这样的函数被称作狭义的需求函数。在狭义的需求函数中，商品本身的价格 P 为自变量，需求量 Q 为因变量，狭义的需求函数表示影响商品需求量的价格因素与商品需求量之间的关系。

狭义的需求函数为：

$$Q^d = f(P) \tag{2-2}$$

如果某商品需求量与其价格之间是线性关系，即需求曲线是一条直线，那么，这种需求函数就是线性需求函数。其公式为：

$$Q^d = a - b \cdot P \tag{2-3}$$

这个需求函数也是直线型需求曲线的方程式。

如果某商品需求量与其价格之间是非线性关系，即需求曲线不是一条直线，那么，这种需求函数就是非线性需求函数。其公式为：

$$Q^d = a \cdot P^{-\alpha} \tag{2-4}$$

这个需求函数也是非直线型需求曲线的方程式。

在式（2-3）和式（2-4）中，a、b、α 都是数值为正的常数。

（五）需求定理

1. 需求定理的基本内容

从需求表（见表 2-1）和需求曲线（见图 2-1）可以看出，某种商品的需求量与其价格是呈反方向变动的。价格与需求量之间的这种关系对经济中大部分物品都是正确的，而且这种关系非常普遍。因此，经济学家称之为需求定理（Law of Demand）。

需求定理的基本内容是：在其他条件相同时，某商品的需求量与价格之间呈反方向变动，即需求量随着商品本身价格的上升而减少，随着商品本身价格的下降而增加。

这里所说的“其他条件相同”，是指除了商品本身的价格之外，其他影响需求的因素都不变。这也就是说，需求定理是在假定影响需求的其他因素不变的前提下，研究商品本身价格与需求量之间的关系。离开了这一前提，需求定理就无法成立。例如，如果收入在增加，商品本身的价格与需求量就不一定呈反方向变动。

2. 需求定理的例外

需求定理指的是一般商品的规律，但是这一定理也有例外情况。比较典型的例外是炫耀性商品。炫耀性商品是用来显示人的社会身份的商品，如高档首饰、豪华型轿车等。这种商品只有在价格高时才有显示人的社会身份的作用，因此价格下降时，其需求量反而减少。

吉芬商品也是需求定理的例外。吉芬商品（Giffen Goods）是指低档的生活必需品。在某种特定的情况下，这种商品具有价格上升、需求量增加的特点。1845 年爱尔兰大灾荒时，土豆的价格上升，其需求量反而增加。由于这种现象是由英国经济学家吉芬发现的，因此，这种价格上升、需求量增加的情况被称作“吉芬之谜”，具有这种特点的商品被称作吉芬商品。

此外，在证券市场和期货市场等投机性比较强的市场上，基于对未来价格的预期和投机的需要，人们往往“买涨不买落”，即价格上涨时抢购，价格下跌时抛出。这也是需求定理的一种例外情况。

（六）需求量的变动与需求的变动

1. 需求量的变动

在图 2-1 中，赵某对雪糕的需求曲线表示除价格之外，影响消费者购买决策的许多其他因素不变的情况下，在任何一种既定的价格时人们购买雪糕的数量。价格的变化会直接导致人们对雪糕的需求数量的变化。在经济学中，我们称之为需求量的变动。

所谓需求量（Quantity Demanded），是指在某一特定价格水平时，消费者计划购买的量。例如，在图 2-1 中，当雪糕价格为 1.0 元时，消费者赵某计划购买 8 支，8 支就是需求量。在需求曲线图中需求量表现为需求曲线上的一点。在图 2-1 中，价格为 1.0 元时，需求量为 8 支就是图中的 c 点。

需求量的变动是指其他条件不变的情况下，商品本身价格变动所引起的商品需求量的变动。需求量的变动表现为同一条需求曲线上的移动。

在图 2-1 中，当价格由 1.5 元上升为 2.0 元时，需求量由 6 支下降为 4 支。在需求曲线上表现为 b 点到 a 点的移动。当价格由 1.5 元下降为 1.0 元时，需求量由 6 支上升为 8 支。在需求曲线上表现为 b 点到 c 点的移动。可见，在同一条需求曲线上，向上方移动是需求量的减少，向下方移动是需求量的增加。

2. 需求的变动

在经济分析中，我们除了要明确需求量的变动，还要注意区分需求的变动。

需求是指在不同价格水平时的不同需求量的总称。例如，雪糕价格为 0.5 元时的需求量为 10 支，价格为 1.0 元时的需求量为 8 支，价格为 1.5 元时的需求量为 6 支，这种不同价格时相对应的不同需求量的总称为需求。在需求曲线图中，需求是指整个需求曲线。

需求的变动是指商品本身价格不变的情况下其他因素变动所引起的商品需求的变动。需求的变动表现为需求曲线的平行移动。

图 2-2 说明了需求的变动。

在某种既定价格时，任何一种增加买者希望购买的数量的变动都会使需求曲线向右移动。在某种既定价格时，任何一种减少买者希望购买的数量的变动都会使需求曲线向左移动。

在图 2-2 中，价格是 2.0 元。由于除价格外的其他因素变动（如收入变动）而引起的需求曲线的移动是需求的变动。例如，收入减少了，在同样的价格水平 2.0 元时，需求量从 a 点对应的 12 支减少到 b 点对应的 4 支，需求曲线由 D_0 移动到 D_1；收入增加了，在同样的价格水平 2.0 元时，需求量从 a 点对应的 12 支增加到 c 点对应的 21 支，

需求曲线由 D_0移动到 D_2。因此，需求曲线向右移动称为需求的增加，需求曲线向左移动称为需求的减少。

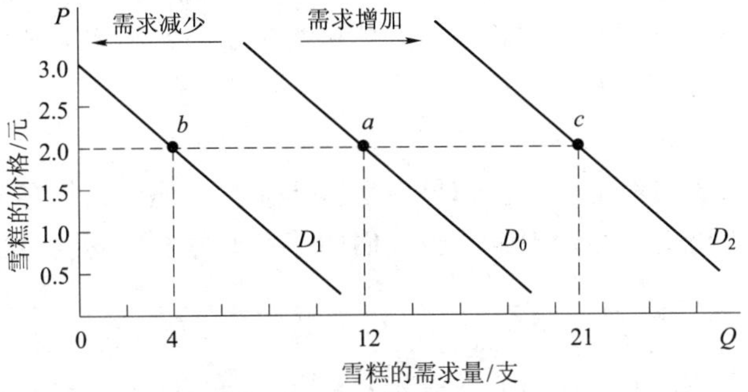

图 2-2 需求曲线的移动

需求量的变动与需求的变动的比较如表 2-2 所示。

表 2-2 需求量的变动与需求的变动

	需求量的变动	需求的变动
变动原因	商品本身价格变动	除商品本身价格外其他因素变动
图形表现	同一条需求曲线上点到点的变动	不同需求曲线间的左右平移

（七）影响需求曲线移动的因素

有许多变量会使需求曲线发生移动。其中，下面的这些因素是最重要的。

1. 收入

假如某个夏天，你失去了工作，你对雪糕的需求会发生什么变化呢？很可能你的需求要减少。收入减少意味着你的总支出减少，因此你会不得不在大多数物品上减少开销。当收入减少时，一种物品的需求减少，这种物品就是正常物品。在经济学中，正常物品（Normal Goods）被定义为：在其他条件相同时，收入增加引起需求量增加的物品。

并非所有的物品都是正常物品。如果收入减少，而对某种物品的需求增加，这种物品就是低档物品。在经济学中，低档物品（Inferior Goods）被定义为：在其他条件相同时，收入增加引起需求量减少的物品。例如，坐公共汽车，随着乘客收入的减少，他会更经常地坐公共汽车，而减少坐出租车或购买汽车的机会。

2. 相关商品的价格

假定冰激凌的价格下降，正如需求定理所描述的那样，你将增加对冰激凌的购买，同时减少对雪糕的购买。因为冰激凌和雪糕都是冷的奶油甜食，它们满足相似的欲望。当一种物品价格下降减少了另一种物品的需求时，这两种物品称为替代品（Substitute）。常见的例子比如香肠与火腿、米饭与馒头、牛肉与羊肉、电影票与影碟租赁等。两种替代商品之间价格与需求呈同方向变动。

假设眼镜框的价格下降，根据需求定理，你将增加对眼镜框的购买，同时你也会增加对眼镜片的购买，因为眼镜片和眼镜框通常是一起使用的。当一种物品价格下降增加了对另一种物品的需求时，这两种物品称为互补品（Complements）。经常同时使用的成对互补品包括汽油与汽车、电脑与软件、影碟机与影碟、刮胡刀刀片与刀架等。两种互补商品之间价格与需求呈反方向变动。

3. 偏好

决定需求的最明显因素是偏好。如果你喜欢巧克力，你会买得多一些。一个人的消费偏好更多的是基于历史和心理因素。当人们的消费偏好发生变动时，相应地对不同商品的需求也会发生变化。

4. 预期

人们对未来的预期也会影响到人们现在对物品与服务的需求。例如，如果你预期下个月收入会更多，你可能会用现在的储蓄多购买一些商品；如果你预期明天猪肉的价格会下降，你就不太愿意今天去购买猪肉。

5. 买者的数量与结构

买者数量的增加会使商品需求数量增加；反之，买者数量的减少会使商品需求数量减少。买者结构的变动主要影响需求的构成，进而影响某些商品的需求。例如，人口老龄化会增加对保健品的需求。

6. 消费政策

政府提高利息率的政策会减少买者的需求；相反，政府降低利息率的政策会增加买者的需求。

需求曲线表示在其他所有决定需求的因素不变时一种物品价格变动，该物品的需求量会发生怎样变动。当这些其他决定因素中的一种变动时，需求曲线会发生移动。总之，影响需求的因素是多种多样的。有些影响需求欲望，有些影响需求能力。这些因素的共同作用决定了需求。

二、供给

（一）供给

供给是决定价格的另一个关键因素。供给（Supply）是指卖者在某一特定时期内，在每一价格水平时愿意而且能够供应的商品量。供给是卖者计划提供的商品量。供给也是供给欲望和供给能力的统一。通常用供给表、供给曲线和供给函数这三种形式来表述供给。

（二）供给表

供给表（Supply Schedule）是一个表示在其他影响卖者想卖多少某种物品的任何一件事都不变的情况下，一种物品价格与供给量之间关系的表格。供给表是以数字表格的形式来表述供给这个概念的。下面用一个例子来说明供给表的含义。

例如，卖者对雪糕在不同价格时的不同供给量如表 2-3 所示。

表 2-3 卖者对雪糕的供给表

雪糕的价格/元	雪糕的供给量/支
0	0
0.5	0
1.0	1
1.5	2
2.0	3
2.5	4
3.0	5

表 2-3 表示在不同价格时雪糕的供给量。如果雪糕是免费的或是 0.5 元一支，卖者将不出售雪糕；当雪糕每支 1.0 元时，卖者供给量是 1 支。随着价格上升，卖者对雪糕的供给量越来越多。当价格达到 3.0 元时，卖者供给雪糕的数量为 5 支。

（三）供给曲线

供给曲线是用图形的形式来表述供给这个概念的。根据表 2-3，我们可以做出图 2-3。在图 2-3 中，横轴代表供给量（Quantity Supplied），纵轴代表价格（Price），*S* 就是供给曲线。供给曲线（Supply Curve）是根据供给表画出的，是表示某种商品价格与供给量关系的曲线。

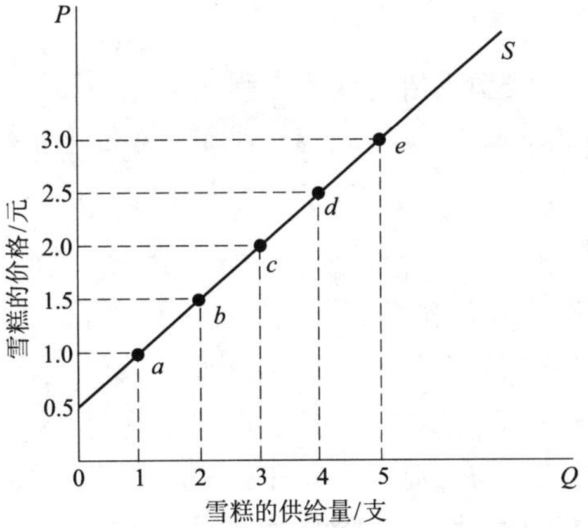

图 2-3 卖者对雪糕的供给曲线

（四）供给函数

供给函数是以模型形式（代数表达式形式）表述供给这个概念的。供给函数也有广义和狭义之分。

1. 广义的供给函数

广义的供给函数是指表示一种商品的供给数量和影响该商品供给数量的各种因素之

间的相互关系的函数。其中，影响商品供给数量的各个因素是自变量，供给数量是因变量。一种商品的供给数量是所有影响这种商品供给数量的因素的函数。如果用 S 表示在各种因素影响下的商品的供给量，用 a、b、c、d……n 表示影响商品供给量的各个因素，则广义的供给函数为：

$$S=f(a,b,c,d,\cdots,n) \tag{2-5}$$

2. 狭义的供给函数

假定其他因素保持不变，仅分析一种商品的价格对该商品的供给量的影响，把一种商品的供给量仅看成是这种商品的价格的函数。这样的函数称为狭义的供给函数。在狭义的供给函数中，商品本身的价格 P 为自变量，供给量 Q 为因变量，狭义的供给函数表示影响商品供给量的价格因素与商品供给量之间的关系。狭义的供给函数为：

$$Q^s=f(P) \tag{2-6}$$

如果某商品供给量与其价格之间是线性关系，即供给曲线是一条直线，那么，这种供给函数就是线性供给函数。其公式为：

$$Q^s=-c+d \cdot P \tag{2-7}$$

这个供给函数也是直线型供给曲线的方程式。

如果某商品供给量与其价格之间是非线性关系，即供给曲线不是一条直线，那么，这种供给函数就是非线性供给函数。其公式为：

$$Q^s=\lambda \cdot P^{\beta} \tag{2-8}$$

这个供给函数也是非直线型供给曲线的方程式。

在式（2-7）和式（2-8）中，c、d、λ、β 都是数值为正的常数。

（五）供给定理

1. 供给定理的基本内容

从供给表（见表 2-3）和供给曲线（见图 2-3）可以看出，某种商品的供给量与其价格是正相关的。价格与供给量之间的这种关系对经济中大部分物品都是正确的，而且这种关系非常普遍。因此，经济学家称之为供给定理（Law of Supply）。

供给定理的基本内容是：在其他条件相同时，某商品的供给量与价格之间呈同方向变动，即供给量随着商品本身价格的上升而增加，随着商品本身价格的下降而减少。

“其他条件相同”是指除了商品本身的价格之外，其他影响供给的因素都不变。供给定理是在假定影响供给的其他因素不变的前提下，研究商品本身价格与供给量之间的关系。离开了这一前提，供给定理就无法成立。

2. 供给定理的例外

供给定理指的是一般商品的规律，但是这一定理也有例外情况。比较典型的例外是劳动力的供给。工资是劳动力的价格。当工资增加时，一开始劳动力的供给会随工资的增加而增长，但当工资增加到一定程度时，如果继续增加，劳动力的供给量不但不会增加，反而会减少，如图 2-4 所示。

另一种供给定理的例外情况是某些商品由于受各种条件限制，其供给量是固定的。无论价格上升还是下降，其供给量都不变化，如土地、文物、艺术品的供给。图 2-5 是土地的供给曲线图。

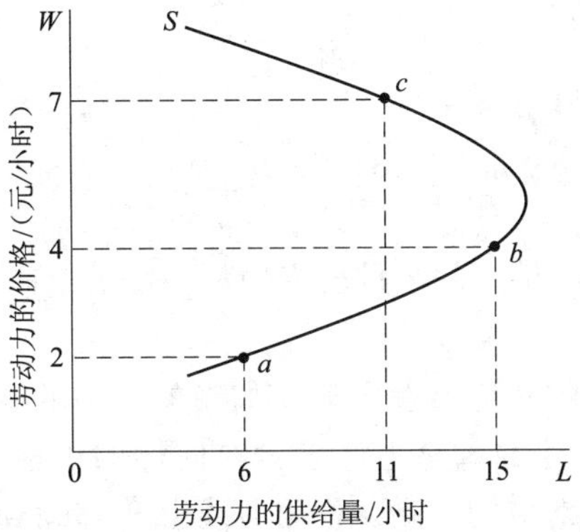

图 2-4 劳动力的供给

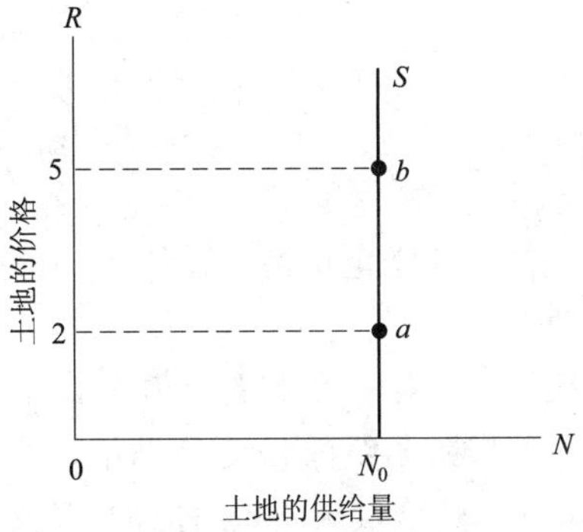

图 2-5 土地的供给

（六）供给量的变动与供给的变动

1. 供给量的变动

供给量（Quantity Supplied）是指在某一特定价格水平时，卖者愿意而且能够出售的一种物品的数量。例如，在图 2-3 中，当雪糕价格为 1.0 元时，卖者供给量为 1 支，1 支就是供给量。在供给曲线图中供给量表现为供给曲线上的一点。在图 2-3 中，价格为 1.0 元时，供给量为 1 支就是图中的 *a* 点。

供给量的变动是指其他条件不变的情况下，商品本身价格变动所引起的商品供给量的变动。供给量的变动表现为同一条供给曲线上的移动。

在图 2-3 中，当价格由 1.5 元上升为 2.0 元时，供给量由 2 支上升为 3 支。在供给曲线上表现为 *b* 点到 *c* 点的移动。当价格由 1.5 元下降为 1.0 元时，供给量由 2 支下降为 1 支。在需求曲线上表现为 *b* 点到 *a* 点的移动。可见，在同一条供给曲线上，向上方移动是供给量的增加，向下方移动是供给量的减少。

2. 供给的变动

供给是指在不同价格水平时的不同供给量的总称。例如，雪糕价格为 0.5 元时的供给量为 0 支，价格为 1.0 元时的供给量为 1 支，价格为 1.5 元时的供给量为 2 支，这种不同价格时相对应的不同供给量的总称为供给。在供给曲线图中，供给是指整个供给曲线。

供给的变动是指商品本身价格不变的情况下其他因素变动所引起的商品供给的变动。供给的变动表现为供给曲线的平行移动。图 2-6 说明了供给的变动。

在某种既定价格时，任何一种增加卖者希望销售的数量的变动都会使供给曲线向右

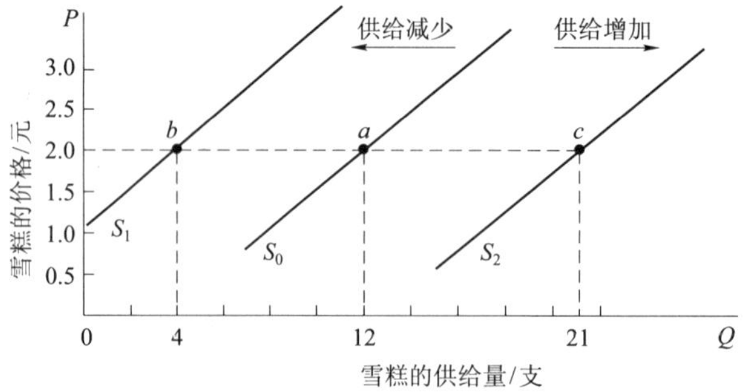

图 2-6 供给曲线的移动

移动。在某种既定价格时，任何一种减少卖者希望销售的数量的变动都会使供给曲线向左移动。

在图 2-6 中，价格是 2.0 元。由于除价格外的其他因素变动（如糖的价格的变动）而引起的供给曲线的移动是供给的变动。例如，糖的价格上涨了，在同样的价格水平 2.0 元时，供给量从 a 点对应的 12 支减少到 b 点对应的 4 支，供给曲线由 S_0 移动到 S_1；糖的价格下降了，在同样的价格水平 2.0 元时，供给量从 a 点对应的 12 支增加到 c 点对应的 21 支，供给曲线由 S_0 移动到 S_2。因此，供给曲线向右移动称为供给的增加，供给曲线向左移动称为供给的减少。

供给量的变动与供给的变动的比较如表 2-4 所示。

表 2-4　　供给量的变动与供给的变动

	供给量的变动	供给的变动
变动原因	商品本身价格变动	除商品本身价格外其他因素变动
图形表现	同一条供给曲线上点到点的变动	不同供给曲线间的左右平移

（七）影响供给变动的因素

有许多变量会使供给曲线发生移动。其中，下面的这些因素是最重要的。

1. 卖者的目标

在微观经济学中，一般假设卖者的目标是利润最大化。如果卖者的目标是产量最大化或是销售收入最大化及政治或社会公益目标，则供给就会不同。

2. 生产要素价格

为了生产雪糕，卖者使用各种生产要素，如奶油、糖、香料、机器、厂房以及工人。当这些投入要素中的一种或几种价格上升时，生产雪糕就不太有利，企业提供的雪糕就会减少。如若要素价格大幅上涨，企业则会停止营业，不再供给雪糕。由此可见，一种物品的供给量与生产该物品的投入要素价格负相关。

3. 技术

在资源既定的条件下，生产技术的提高会使资源得到更充分的利用，从而供给增加。机械化雪糕加工机的发明减少了生产雪糕所必需的劳动量。技术进步通过减少企业的成本增加了雪糕的供给量。

4. 相关商品的价格

两种互补商品中，一种商品价格上升，使另一种商品的需求减少，供给随之减少。例如，刮胡刀刀架价格上升，人们对刀片的需求就会减少，刀片的供给也会随之减少。可见，互补商品中一种商品的价格和另一种商品的供给呈负相关关系。

两种替代商品中，一种商品价格上升，使另一种商品的需求增加，供给随之增加。例如，电影票价格上升，人们对影碟机的需求就会增加，影碟机的供给也会随之增加。可见，替代商品中一种商品的价格和另一种商品的供给呈正相关关系。

5. 预期

企业现在的雪糕供给量还取决于对未来的预期。例如，如果预期未来雪糕的价格会上升，企业就将把现在生产的一些雪糕储存起来，而减少当前的市场供给。

6. 卖者的数量

卖者的数量一般和商品的供给呈正相关关系。

7. 政策

政府若采用鼓励投资与生产的政策（如减税），可以刺激生产增加供给；反之，会减少供给。

供给曲线表示在其他所有决定供给的因素不变时一种物品价格变动，该物品的供给量会发生怎样的变动。当这些其他决定因素中的一种变动时，供给曲线会发生移动。总之，影响供给的因素是多种多样的。有些影响供给欲望，有些影响供给能力，这些因素的共同作用决定了供给。

互动训练

市场调查——调查超市中某生活消费品的市场需求

项目要求：

1. 分组，每个小组有专门负责人，各自选择某一种生活消费品。
2. 分别进行市场供求状况调查，根据调查结果，组长认真组织讨论。
3. 讨论：市场上消费品的销售是否符合供求法则？有没有例外情况？例外情况的原因是什么？
4. 选派本组代表进行班内汇报。
5. 教师对各小组讨论结果进行归纳和点评。

学以致用

2023 年，由于城市化进程加快和人口流动的增加，许多大城市的房屋租赁市场出现了租金大幅上涨的现象。

北京：据统计，2023 年北京部分热门地区的房租价格同比上涨了 15%，主要原因是返城务工人员的增多和高校毕业生集中租房需求高涨。

纽约：纽约市的房租价格也创下历史新高，2023 年平均租金上涨了 20%。专家分析，租金上涨与远程工作减少、租房需求增加以及租赁市场供应有限密切相关。

问题：

1. 这里描述的房屋租赁市场的变化是需求量的变动还是需求的变动？
2. 请画出租赁市场需求曲线的变化图，并分析租金上涨的原因。

拓展阅读

逆流而行的智慧

在我国，“猪周期”“蒜周期”“蛋周期”等可谓众所周知。一般而言，在其他条件不变的情况下，价格上涨，供给量增加，符合供给定理，那么何以造成严重的供过于求？主要原因有：其一，生产规模小、分散，产销信息不对称，盲目跟风；其二，生产与销售出现时滞，生产需要一个过程，开始生产时行情好，到销售时行情却发生了变化；其三，随着价格上涨，需求量在减少。那么，从生产者个体角度而言，是否有更好的应对之策呢？

战国时期的商人白圭的经营方法与众不同，总是逆流而行，“人弃我取，人取我与”。《史记·货殖列传》中记载：在庄稼成熟的时候，他买进粮食，出售丝、漆；在收获蚕茧的时候，他收购丝织品，卖掉粮食。后人对其故事进行了演义：有一次别的商人都在一窝蜂地抛售棉花（当然，那时还没有棉花，《史记》中所写“帛絮”泛指轻暖之御寒物品），拼命地大减价，白圭却大量地买进棉花，甚至花钱租地方存放棉花。别的商人卖完棉花，都抢着购进皮毛，白圭却打开仓库，把库存的皮毛卖得精光。几天后，有消息说今年棉花严重歉收，商人们心急火燎地到处寻找棉花，白圭高价卖出了全部库存棉花，发了一笔大财。又过了一段时间，满街的皮毛突然卖不出去了，价格降得越来越低，那些抢购皮毛的商人瞬间血本无归。

巴菲特曾说：“在别人恐惧时我贪婪，在别人贪婪时我恐惧。”其思想与白圭有异曲同工之妙。物以稀为贵，物极必反。当生产者不了解市场行情及规律，而盲目跟随大流的时候，危险正在前方。

资料来源：邓先娥．经济学基础教程．北京：人民邮电出版社，2020.

单元感悟

知识方面：

____

____

素养方面：

____

____

单元二 猪肉为何20元一斤？

【情景教学】

一、准备教学道具

准备一种用来销售的商品，例如，10片口香糖、10瓶康师傅绿茶饮料等。

二、教学目的

在教室里营造一个市场，利用销售口香糖或饮料的活动，引导学生意识到每一种商品的成交价格都是供求双方“讨价还价活动”后，形成的均衡价格；利用消费者（学生）对口香糖或饮料的不同接受程度，研究均衡价格的变动。

三、教学活动组织

1. 以一个单位的商品（口香糖或饮料）为销售对象，教师以高于市场的价格进行销售，让学生进行“讨价还价”，直至商品售完为止。

2. 不断增加销售商品的数量，记录随着数量的增加，“消费者数量”和“销售价格”会有什么变化。

四、活动总结

1. 活动结束后请学生们思考，商品的“均衡价格”是如何形成的？

2. 引导学生讨论：需求和供给的变化对“均衡价格”有什么影响？

【故事导入】

我国是生猪生产和消费大国，生猪的饲养量约占全球一半，猪肉在居民肉类消费结构中的占比高达62.7%。所谓“猪粮安天下”，稳定生猪生产发展，对保障人民群众的生活、稳定物价、保持经济平稳运行和社会稳定都具有重要的意义。据农业农村部数据，2019年11月第2周全国猪肉平均价格为每千克57.02元。到了2021年6月第3周，全国猪肉平均价格为每千克25.45元，同比下降36%，创当年猪肉价格最大跌幅。

试用所学的经济学原理分析猪肉的价格是怎么形成的？受哪些因素的影响？稳定的猪肉价格既关系生猪生产，又关系百姓生活。宏观调控的目标主要是防止价格大起大落，确保重要民生商品保供稳价。问政府应该采取哪些措施稳定猪肉的价格？

资料来源：中国政府网，http://www.gov.cn/xinwen/2019-09/12/content_5429311.htm.

【经济学原理】

一、均衡价格的概念

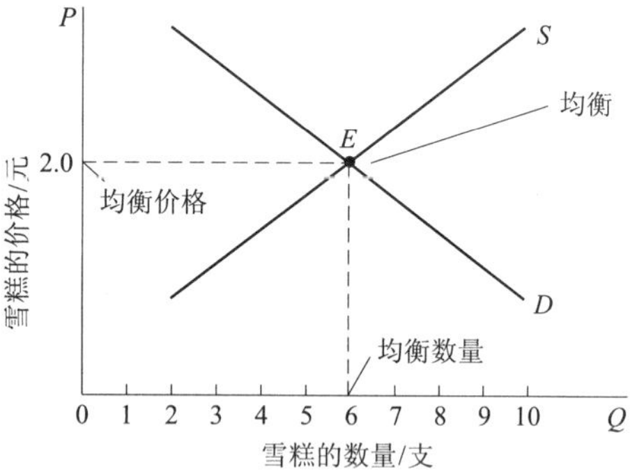

图 2-7 均衡价格图

均衡价格是指一种商品需求量与供给量相等时的价格。如图 2-7 所示，市场上的需求曲线和供给曲线相交于一点。这一点称为市场的均衡（Equilibrium）。这时该商品的需求价格与供给价格相等，此价格称为均衡价格（Equilibrium Price）；该商品的需求量与供给量相等，此数量称为均衡数量（Equilibrium Quantity）。

均衡总是发生在需求和供给相交时。在均衡价格时，需求量等于供给量。在图 2-7 中，均衡价格是 2.0 元。在这一均衡价格时，均衡数量是 6 支。

均衡的本意是指各种力量处于平衡的状态。在经济学中，均衡价格是由于需求和供给这两种力量的作用使价格处于一种相对静止、不再变动的状态。在均衡价格时，买者愿意而且能够购买的物品量与卖者愿意而且能够出售的数量平衡。均衡价格也被称作市场出清价格。因为在这种价格时，市场上每一个人都能得到满足：买者买到了他想买的所有物品，卖者卖出了他想卖的所有物品。

二、均衡价格的形成

均衡价格是在市场上供求双方的竞争过程中自发地形成的。当供大于求时，生产者之间的竞争会导致价格下降；当供小于求时，消费者之间的竞争导致价格上升。只有当供给量等于需求量，并且供给价格等于需求价格时，双方处于相对平衡状态，此时的价格就是均衡价格。如果有外力的干预（如垄断力量的存在或国家的干预），那么，这种价格就不是均衡价格。

我们可以用图 2-8 和图 2-9 分别对均衡价格的形成过程进行解释。

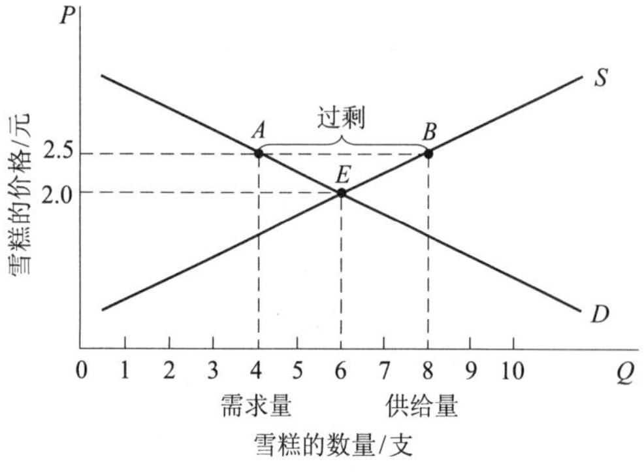

图 2-8 超额供给

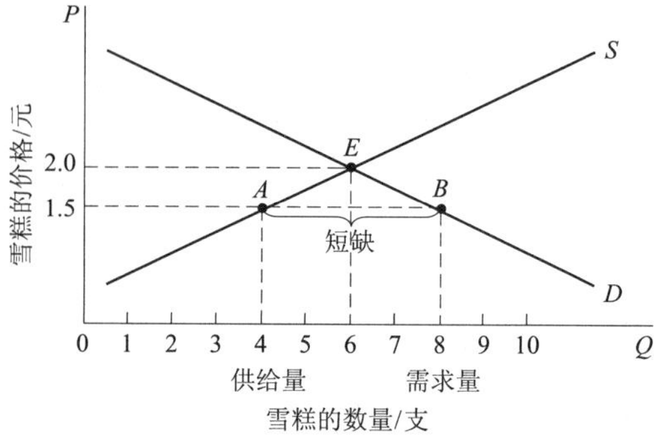

图 2-9 超额需求

在图2-8中，我们假设市场价格高于均衡价格。当每支雪糕价格为2.5元时，雪糕的供给量为8支，需求量为4支。这种供给量大于需求量时的状态被称作过剩(Surplus)，也被称作超额供给。当市场出现过剩时，在现行价格下卖者不能卖出他们想卖的全部物品，他们对过剩的反应是降低其价格。价格的下降会增加需求量，并减少供给量。价格要一直下降到市场达到均衡时为止。

在图2-9中，假设市场价格低于均衡价格。当每支雪糕价格为1.5元时，雪糕的供给量为4支，需求量为8支。这种需求量大于供给量时的状态被称作短缺(Shortage)，也被称作超额需求。当市场出现短缺时，在现行价格下买者不能买到他们想买的一切，而不得不排长队等候购买现有的为数不多的商品。由于太多的买者抢购太少的物品，卖者可以做出的反应是提高自己的价格而不会降低销售量。随着价格的上升，需求量减少，供给量增加。价格要一直上升到市场达到均衡时为止。

在上述两种情况下，价格的调整都会使市场向供给与需求的均衡变动。事实上，是许多买者与卖者的活动自发地把市场价格推向均衡价格。一旦市场达到其均衡价格，所有买者和卖者都得到满足，也就不存在价格上升或下降的压力。在不同市场上达到均衡的快慢速度不同，这取决于价格调整的快慢。在大多数自由市场上，由于价格最终要变动到其均衡水平，所以，过剩与短缺都只是暂时的。这种现象普遍存在，在经济学中，被称作供求定理（Law of Supply and Demand）：任何一种物品价格的调整都会使该物品的供给与需求达到平衡。

用经济模型来表示，均衡价格决定的条件是：

$$Q^d = f(P) \tag{2-2}$$

$$Q^s = f(P) \tag{2-6}$$

$$Q^d = Q^s \tag{2-9}$$

式（2-2）是狭义的需求函数公式，式（2-6）是狭义的供给函数公式，式（2-9）是供求相等，即均衡价格决定的公式。根据 $Q^d = Q^s$，我们可以得出 P 的值，即均衡价格的数值。

三、均衡的变动

通过上文的介绍，我们明确了供给与需求是如何共同决定市场均衡，市场均衡又是如何决定物品价格以及买者所购买和卖者所生产的该物品的数量的。均衡价格和均衡数量取决于需求曲线和供给曲线的位置。当某些因素使需求曲线或供给曲线发生移动时，市场的均衡就会发生改变。对这种变动的分析被称作比较静态分析，即分析原来的均衡与新均衡这两种静态的差异。

我们可以按照三个步骤（见表2-5）对一种因素如何影响一个市场的均衡进行分析。

表 2-5　　分析均衡变动的三个步骤

1. 明确该因素是导致需求曲线移动还是供给曲线移动，或是导致两者都移动
2. 确定曲线移动的方向
3. 用比较静态分析方法对新旧均衡进行比较，确定这种移动是如何改变均衡价格和均衡数量的

（一）需求变动

假设某年夏天气温非常高，会给雪糕市场带来什么样的变化呢？根据表 2-5 的步骤，我们发现：

第一，气温高就会使人们在雪糕每种价格上所对应的需求量都上升，因此会影响到需求曲线。同时，天气不会直接影响到销售雪糕的企业，因为天气并没有改变在任何一种既定价格时企业的销售愿望，因此气温高并不会影响到供给曲线。

第二，气温高使人们想吃更多的雪糕，因此，需求曲线向右移动。

第三，如图 2-10 所示，随着需求曲线的右移，均衡价格由 2.0 元上升到 2.5 元，均衡数量由 6 支增加到 8 支。

任何一种在既定价格时增加需求量的因素都会使需求曲线向右平移，进而导致均衡价格和均衡数量都上升。通过图 2-10，我们可以看出，需求的变动会引起均衡价格与均衡数量正相关变动。

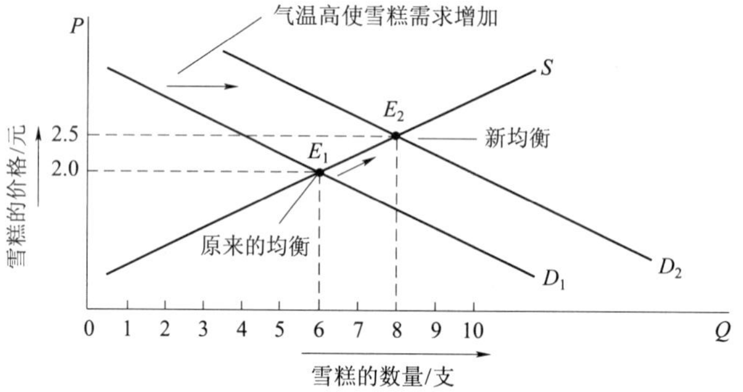

图 2-10　需求增加对均衡的影响

（二）供给变动

假设某年夏天，奶油紧缺导致奶油价格上升，这会如何影响雪糕市场呢？根据表 2-5 的三个步骤，我们发现：

第一，奶油作为雪糕的原料，其价格上升会提高雪糕生产者的生产成本，减少企业在任何一种既定价格时生产并销售雪糕的数量，因而影响雪糕的供给曲线。雪糕的需求曲线不变，因为奶油作为雪糕的原材料，其价格的上升并不会直接改变雪糕需求者希望购买的雪糕数量。

第二，因为成本上升，企业在任何一种价格时愿意并能够出售的总量减少了，因此供给曲线向左移动。

第三，如图 2-11 所示，随着供给曲线的左移，均衡价格由 2.0 元上升到 2.5 元，均衡数量由 6 支减少到 4 支。

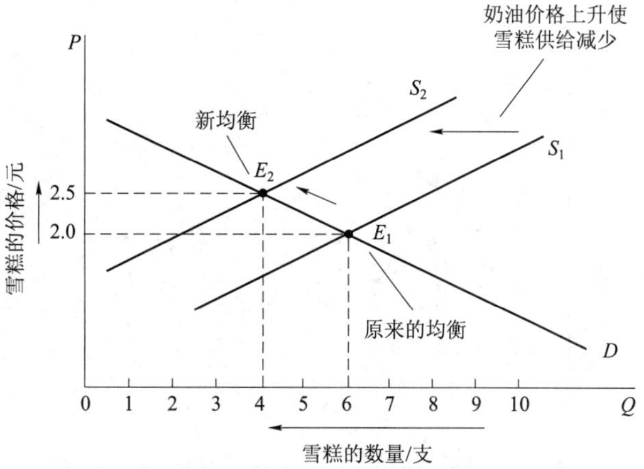

图 2-11　供给减少对均衡的影响

任何一种在既定价格时减少供给量的因素都会使供给曲线向左平移，进而导致均衡价格上升和均衡数量减少。从图 2-11 可以看出，供给的变动会引起均衡价格负相关变动、均衡数量正相关变动。

（三）供给和需求都变动

假设气温高和奶油价格上升发生在同一个夏天，这又会如何影响雪糕市场的均衡呢？

下面仍然遵循表 2-5 的三个步骤：

第一，气温高和奶油价格上升会使需求曲线和供给曲线都发生移动。气温高影响需求曲线，奶油价格上升影响供给曲线。

第二，如图 2-12 和图 2-13 所示，需求曲线向右移动，供给曲线向左移动。

第三，上述两种曲线移动会产生两种结果，如图 2-12 和图 2-13 所示。图 2-12 中，均衡价格由 P_1 上升到 P_2，而均衡数量从 Q_1 增加到 Q_2；图 2-13 中，均衡价格由 P_1 上升到 P_2，而均衡数量从 Q_1 下降到 Q_2。具体的结果取决于需求曲线和供给曲线移动的相对大小。

由此可见，气温高和奶油价格上升这些事件，肯定会提高雪糕的价格，但它们对雪糕销售量的影响是不确定的。

（四）结论

通过表 2-5 介绍的三个步骤，我们现在可以分析当任何一种因素发生变动从而移动了需求曲线或供给曲线，或同时移动了这两条曲线时，它将对均衡价格和均衡数量产生什么样的影响。表 2-6 列出了这两条曲线任何一条移动结合的预期结果。

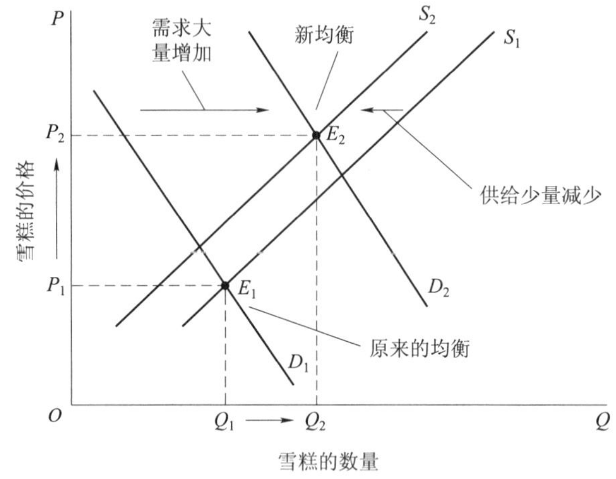

图 2-12 需求曲线和供给曲线的同时移动（a）

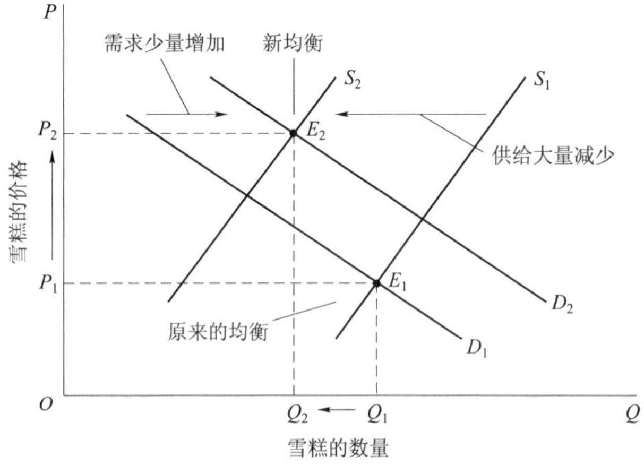

图 2-13 需求曲线和供给曲线的同时移动（b）

表 2-6 需求或供给移动给均衡价格和均衡数量带来的影响

	供给未变	供给增加	供给减少
需求未变	价格相同 数量相同	价格下降 数量增加	价格上升 数量减少
需求增加	价格上升 数量增加	价格不确定 数量增加	价格上升 数量不确定
需求减少	价格下降 数量减少	价格下降 数量不确定	价格不确定 数量减少

互动训练

资料分析——请利用网络查找近五年某价格波动较大产品的市场供需及市场价格的相关资料

近些年，中国人的字典里不断涌现出一些令人啼笑皆非的新词，比如：手无寸“铁”，望“煤”止渴，点“石”成金，失之“焦”臂，“蒜”你狠，“姜”你军。这些词的高频次使用，正是说明对于某些商品的市场价格的不稳定性。请选择一种价格波动较大的产品，利用网络查找其近五年供需状况，并对其价格形成进行分析。

项目要求：

1. 认真查询网页资料。
2. 根据查询资料内容，完成 1 000 字左右的总结报告。
3. 教师对学生的调查报告进行批阅，并进行归纳和点评。

学以致用

“20 多元一束的玫瑰花不算贵了，等情人节再来买，肯定要涨了。”做了 10 年鲜花生意的韩女士告诉记者，由于情人节临近，大部分鲜花的价格出现了不同程度上涨。以销量最好的玫瑰花为例，与几天前相比，每束 20 枝的玫瑰零售价从 15 元涨至 18～20 元；每束 20 枝的康乃馨零售价从 12 元涨至 15 元；百合的价格基本没有变。韩女士说：“受全国雪灾的影响，大量的鲜花运不出省，因此今年花价较往年便宜了一半。去年情人节前两天，一束玫瑰花的价格为三四十元。而今年只有往年的一半。”业内人士分析，13 日和 14 日两天，玫瑰花价格上涨还将继续。

请用均衡价格的决定及变动原理来分析上述现象。

拓展阅读

今天你“车厘子自由”了吗？

近期，“车厘子”的话题频繁登上了热搜。车厘子别名叫美国大樱桃，国外的主要产地是美国和加拿大，在国内主要的产地是山东和四川。水果富含维生素，但更广为人知的则是其高昂的售价。然而，一向以“水果贵族”自居的车厘子价格出现了拦腰斩，于是生活中我们就多了一个“车厘子自由”案例。

车厘子降价背后的经济学原理是什么？我们不妨一起来分析一下。

第一，我国是车厘子的最大消费市场，这些车厘子出口国纷纷选择把产品运往中国，供给多了，价格就便宜了。

第二，2020 年雨季降水丰沛，阳光充足，这样就使车厘子增产了 30%。

第三，运输成本降低了。车厘子由空运改成航运，保质期就缩短至一周，而且它的冷藏条件特别严格，这使得中国的果商都纷纷降价，希望赶在保质期之前把车厘子卖出去。

就这样，产量增加了、成本降低了、保质期缩短了，供给就会增加，而需求却是一定的，所以价格自然就会下降了。这一现象，经济学的基本原理是能够解释的。

最后，再来看看“车厘子自由”，这说的究竟是什么？大家想吃车厘子就可以买，这里说的其实是一个消费自由的问题。事实上，一个人的消费能否自由只取决于其支付能力，也就是说开支一定要和收入相匹配。经济学说“物以稀为贵”，其实人们吃的不是水果，人们更在乎的是自身的心理感觉。

请问当车厘子降价后，你吃起来还有贵族的感觉吗？你还那样在意你的生活是否实现“车厘子自由”了吗？

资料来源：改编自视频《韩秀云讲经济》。

单元感悟

知识方面：

______

______

素养方面：

______

______

单元三 “看不见的手”

【情景教学】

一、准备教学道具

准备“农贸市场购物”视频。

二、教学目的

引导学生注意观察生活中的经济现象，通过播放该段视频，让学生知道市场上成交商品的价格是由供求规律决定的，市场上某种商品的供给量和需求量是由“看不见的手”决定的。

三、教学活动组织

1. 教师播放视频。
2. 指导学生讨论如下问题。
(1) 农贸市场上商品的交易价格是如何确定的?
(2) 今天市场上的各种商品，明天的供给量会有什么变化?

四、活动总结

1. 引导学生学会观察分析社会经济现象。
2. 使学生意识到市场上“看不见的手”的存在与主导作用。

【故事导入】

当今赚钱最多、最快的恐怕要算是大牌明星了。娱乐界的“大腕”歌手，出场费动辄要几十万元甚至数百万元，门票价格也在几百元甚至上千元一张。有些人认为不合理，因为大多数人辛苦一生所得，明星们只演出一场就能得到，而演艺人员也有他（她）们的说法，当今培养一名歌手的成本也在一路攀升，而艺术人才是需要一定天赋的。那么，究竟应该怎样解释这种现象呢？这是人们困惑不解的市场之谜。

请同学们利用所学的供求理论对此现象做出合理的解释。

【经济学原理】

一、“看不见的手”——价格机制

（一）市场经济

市场经济是一种用价格机制来决定资源配置的经济体制。一般而言，市场经济应该具备这样三个特点：决策机制是分散决策，协调机制是价格，激励机制是个人物质利益。

决策机制是分散决策，也就是说，企业是独立的经济单位。企业完全可以凭价格导向决定利用自己的资源生产什么、如何生产，同时企业也要独立承担这种决策的风险，获得由生产中得到的收益。这种分散决策的机制也被称作生产者自由。协调机制是价格，也就是说价格是经济运行的中心调节者，由市场竞争所决定的价格是资源配置的中心手段。激励机制是个人物质利益，也就是说在市场经济中，个人物质利益是激励每个经济主体做出各种经济行为的最根本的动力。

（二）价格机制

价格机制又称为市场机制，是指价格调节社会经济生活的方式与规律。价格机制包括价格调节经济的条件、价格在调节经济中的作用以及价格调节经济的方式。价格机制概述了市场经济中价格调节经济的方式及其内在规律。

市场经济中价格的调节作用以三个重要的假设为前提条件。第一个假设条件：人是合乎理性的。这个条件也被称作“经济人”的假设条件。“经济人”被视作生活中一般的人的抽象，其本性被假设为是利己的。“经济人”在一切经济活动中的行为都是合乎所谓的理性的，即都是以利己为动机，力图以最小的经济代价去追逐和获得最大的经济利益。第二个假设条件：市场是完全竞争的。这也就是说，市场上的竞争不应受到任何限制或干扰，特别是价格只由市场上的供求关系所决定，而不受其他因素的影响。在这种市场上，没有垄断或是国家干预市场的情况。第三个假设条件：信息是完全的。这个假设的主要含义是指市场上每个从事经济活动的个体（即买者和卖者）都对有关的经济情况（或经济变量）具有完全的信息。比如说，每个买者都能充分地了解每一种商品的性能和特点，准确地判断一定商品量给自己带来的消费满足程度，掌握商品价格在不同时期的变化等，从而能够确定最优的商品购买量。再比如，每个卖者都能准确地掌握产量和生产要素投入量之间的关系，了解商品价格和生产要素价格的变化，以及在每一个商品价格水平上买者对产品的需求量等，从而能够做出最优的生产决策。

价格在经济中的作用可以概括为五个方面。第一，价格在经济中的作用是传递情报、提供刺激及决定收入分配。这实际上就是说价格解决了资源配置所包括的三个问题，即生产什么、如何生产和为谁生产。第二，作为指示器反映市场的供求状况。市场的供求受各种因素的影响，其变化很难直接观察，但由于价格受供求的影响而迅速变动，人们可以根据价格的变动来确切了解供求的变动。若某种商品的价格上升，就表明这种商品的需求大于供给；反之，这种商品的价格下降，就表明它的需求小于供给。第三，价格的变动可以调节需求。当某种商品的价格下降时，人们会增加对它的购买；当这种商品的价格上升时，人们会减少对它的购买。在市场经济中，消费者享有完全的消费自由，他们的购买行为主要受价格支配。提价可以减少需求，降价则可以增加需求。第四，价格的变动可以调节供给。卖者为了实现利润最大化，一定要按照价格的变动来进行生产与销售。当某种商品的价格下降时，卖者会减少产量；当这种商品的价格上升时，卖者又会增加产量。在市场经济中，卖者享有完全的生产自由，他们的生产行为主要受价格的支配。提价可以增加供给，降价可以减少供给。第五，价格可以使资源配置达到最优状态。通过价格对需求与供给的调节，最终会使需求与供给相等。当需求等于供给时，买者的欲望得到了满足，卖者的资源得到了充分利用。社会资源通过价格分配于各种用途上，这种分配使买者的效用最大化和卖者的利润最大化得以实现，这种配置就是最优状态。

价格是调节经济的“看不见的手”。当市场上某种商品的供给大于需求时会使该商品的价格下降。这样，一方面刺激了消费，增加了对该商品的需求；另一方面又抑制了生产，减少了对该商品的供给。价格的这种下降，最终必将使该商品的供求相等，从而使资源得到合理配置。同理，当某种商品供给小于需求时，也会通过价格的上升而使供求相等。价格的这一调节过程，是在市场经济中每日每时进行的。价格把各个独立的消费者与生产者的活动联系在一起，并协调他们的活动，从而使整个经济和谐而正常地运行。

二、“看得见的手”——价格政策

（一）价格调节的不完善性

根据价格理论，由市场供求关系所决定的价格调节着生产与消费，使资源配置达到最优。但由于价格调节是在市场上自发进行的，因此就不可避免地存在一定的盲目性。由价格机制进行调节所得出的结果，有的时候并不一定符合整个社会的长远利益。比如说，当农产品过剩时，其价格会大幅度下降，进而抑制农业生产。短期看，这种抑制作用有利于保持农产品的供求平衡，但由于农产品生产周期长，一旦日后农产品的需求增加，短期内农产品的供给不能迅速随之增加，就会影响农业的稳定。再比如，当某些生活必需品严重短缺时，其价格就会提高。此时，低收入者就无法维持最低的生活水平，这必然会最终影响社会的安定。

因此，各国普遍采取价格控制政策，以尽量避免或减轻上述问题。比较典型的价格政策有支持价格政策和限制价格政策。当然，决策者制定价格政策进行价格控制的出发点是他们认为价格控制前的市场结果是不公平的，政府可以通过价格控制帮助穷人，进而改善市场结果。但价格控制也不是尽善尽美的，甚至在某种程度上伤害了需要帮助的人。因此，政府也可以尝试用价格控制以外的其他一些替代性政策来帮助那些需要帮助的人。

（二）支持价格

支持价格又称为价格下限（Price Floor），是政府为了使价格保持在与均衡价格不同的水平上而制定的法定的最低限度的价格。以雪糕市场为例，如图 2-14 所示。

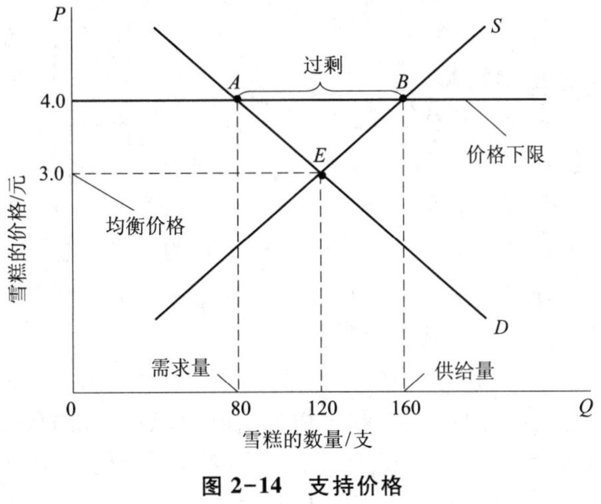

图 2-14 支持价格

在图 2-14 中，均衡价格是 3.0 元，政府确定的支持价格为 4.0 元，这种情况下，由于均衡价格低于价格下限，价格下限对雪糕市场有限制性约束。根据价格下限，市场上雪糕的价格下降到 4.0 元时就不能再下降了。此时，雪糕的供给量是 160 支，而雪糕的需求量是 80 支。这会导致一些想以现行价格出售雪糕的卖者卖不出去雪糕。因此，支持价格政策会引起过剩。与此相比，在一个自由市场中，价格会起到配置机制的作用，卖者可以以均衡价格卖掉他们想卖的所有物品。

（三）限制价格

限制价格又称为价格上限（Price Ceiling），是政府为了使价格保持在与均衡价格不同的水平上而制定的法定的最高限度的价格。以雪糕市场为例，如图 2-15 所示。

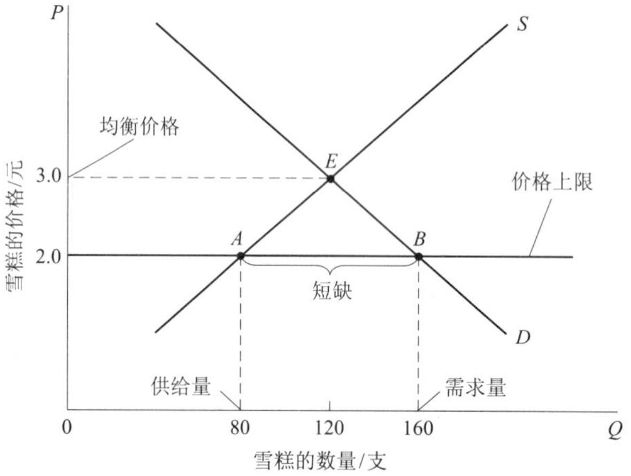

图 2-15 限制价格

在图 2-15 中，均衡价格是 3.0 元，政府确定的限制价格为 2.0 元，这种情况下，由于均衡价格高于价格上限，价格上限对雪糕市场有限制性约束。根据价格上限，市场上雪糕的价格上升到 2.0 元时就不能再上升了。此时，雪糕的供给量是 80 支，而雪糕的需求量是 160 支。这会导致一些想以现行价格购买雪糕的买者买不到雪糕。因此，限制价格政策会引起短缺。

当雪糕短缺的形成是由于价格上限时，一些配给雪糕的机制就会出现。其表现形式可能是排长队：那些愿意提前来到并排队等候的人得到一支雪糕，而另一些不愿意等候的人得不到。另一表现形式可能是，卖者根据他们自己的个人偏好来配给雪糕，只卖给朋友、亲属或是有一定特别关系的人。尽管价格上限的初衷是想帮助雪糕的买者，但并不是所有买者都能从这种政策中受益。一些买者经过排长队，最终可以以较低的价格买到雪糕，而另一些买者根本买不到任何雪糕。

上述雪糕市场价格上限的例子说明：当政府对竞争市场实行限制性价格上限时，就会产生物品的短缺，这也必然导致卖者在大量潜在的买者中配给稀缺物品。在这种情况下，买者长时间的排队没有效率，卖者歧视性的配给既无效率也可能不公平。与此相比，在一个自由市场中，价格会起到配置机制的作用，买者可以以均衡价格买到他们想买的所有物品。

互动训练

辩论赛——房租该不该限价?

在大城市中,房屋租赁市场价格长期高企,尤其是核心区域,房租的上涨速度远超收入增长速度。一些低收入家庭和初入社会的大学毕业生面临严重的住房压力。

以北京为例,2023 年一些热门地段的房租比上年同期上涨了 15%,许多年轻人不得不选择与他人合租或搬至城市边缘地带生活。与此同时,部分房东提高租金,使租赁市场矛盾进一步加剧。面对租房难题,一些地方政府推出房租指导价,尝试通过政策调控稳定租赁市场,但也有专家表示,这可能会对市场机制产生干扰,导致房源减少或租房质量下降。

针对是否对房租进行限价的争议,各界展开了激烈讨论。

项目要求:

1. 阅读背景材料:结合市场供需和价格调控的经济学理论,理解房租限价的利弊。

2. 分组讨论:学生分成偶数组,每组分为支持限价和反对限价两方,整理观点和数据支持。

3. 辩论赛:以“房租该不该限价?”为题展开辩论。

(1) 支持方观点:通过限价可以减轻低收入群体的住房负担,改善社会公平,缓解住房压力。

(2) 反对方观点:限价可能导致房源不足、市场僵化,加剧租赁市场矛盾,影响长期供给。

4. 教师点评:总结学生在辩论中对供需理论的应用,分析房租限价对市场的短期和长期影响,并结合实际案例说明房租限价的效果与代价。

学以致用

党的十八大以来,我们党更加重视正确处理政府和市场的关系。党的十八届三中全会提出“使市场在资源配置中起决定性作用和更好地发挥政府的作用”,标志着我们党对政府和市场关系的认识达到新的高度。在以习近平同志为核心的党中央坚强领导下,我们从广度和深度两方面积极稳妥推进市场化改革,大幅度减少政府对资源的直接配置,让市场在所有能够发挥作用的领域都充分发挥作用,推动资源配置实现效益最大化和效率最优化,激发社会活力,让企业和个人有更大空间发展经济、创造财富。同时,积极转变政府职能,加快“放管服”改革,创新和完善宏观调控,保持宏观经济稳定,加强和优化公共服务,保障公平竞争,加强市场监管,维护市场秩序,推动可持续发展,促进共同富裕,弥补市场失灵。我国经济发展质量和效益不断提高,抵御风险能力显著增强。

当前,我国经济已经进入高质量发展的新时代,应更加重视正确处理政府和市场关系,坚持新发展理念,坚持推动高质量发展,坚持以供给侧结构性改革为主线,统筹推进稳增长、促改革、调结构、惠民生、防风险、保稳定工作,进一步稳就业、稳金融、稳外贸、稳外资、稳投资、稳预期,保持经济运行在合理区间,促进经济持续健康发展。

资料来源：韩保江．“看不见的手”和“看得见的手”都要用好．人民日报，2019-08-23（17）．

试分析“看不见的手”和“看得见的手”的作用。

拓展阅读

多地拉闸限电，电力为何紧缺？

2021年，拉闸限电的事上热搜了，南方省份对工业用电进行了严格限制，较大的企业被迫停工，也传出限电消息。为何电突然不够用了？

造成这次电力紧缺原因主要有以下几点：

第一，煤炭价格大幅上涨，供应出现短缺。2021年煤炭价格持续走高。9月动力煤价格较年初上涨56.26%，动力煤价格达到了多年未见的上千元一吨的水平。火电是我国发电主要类型，火力发电厂主要使用动力煤。我国虽然拥有巨大的煤炭储量，但主要都是化工煤。大量动力煤需要进口，煤价上涨增加了发电企业的成本，而国家电网的上网价格又没有变化，所以发电企业生产越多的电，亏损越多，限量生产也就成为趋势。

第二，南方各省也缺电，南方主要靠水电，但是2021年降水量很少，自然发电量不够。2021年上半年其实就有南方城市限电了。

第三，用电需求增加，加大电力缺口。2021年我国制造业恢复势头迅猛。除中国外，全球主要的生产国家出现工厂停工现象，比如印度、越南，于是海量海外订单纷纷涌入中国。2021年上半年，中国货物贸易进出口总值达到18.07万亿元，比2020年同期增长27.1%，其中出口9.85万亿元，同比增长28.1%。电力供应持续紧张，不能满足用电增长的需求，缺口特别巨大。

国家电网表态：保障基本民生用电需求，最大可能避免出现拉闸限电情况。地方政府也该全力以赴保障民生用能需求。与此同时，双限其实也在给那些高耗能的企业提示——应随时做好产业升级的准备。

资料来源：改编自视频《韩秀云讲经济》。

单元感悟

知识方面：

____

____

素养方面：

单元四 价格下降了，你该怎么办？

【情景教学】

一、准备教学道具

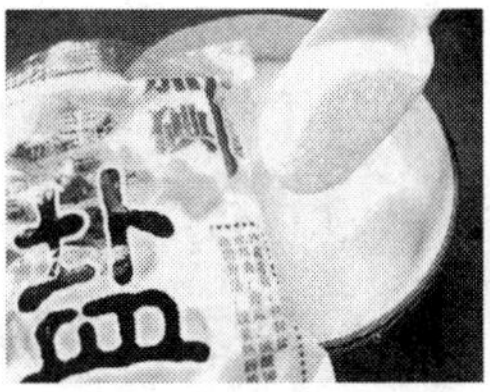

1. 准备 4 个精美首饰。
2. 准备 4 袋食盐。

二、教学目的

通过销售量对价格变化的敏感程度，学生能够认识经济学中商品的“弹性”。

三、教学活动组织

1. 教师拿出首饰，先以正常价格进行销售，再降价 10%，记录销售量变化情况。
2. 教师拿出食盐，先以正常价格进行销售，再降价 10%，记录销售量变化情况。

四、活动总结

1. 请学生们思考为什么首饰降价大家会争相购买，而食盐降价却无人问津？

2. 请学生们回答，哪种商品价格下降买的人增加得多？哪种商品价格下降买的人增加得少？

【故事导入】

万盛米行的河埠头横七竖八停泊着乡村里出来的敞口船。船里装载的是新米，把船身压得很低。齐船舷的菜叶和垃圾被白腻的泡沫包围着，一漾一漾地，填没了这船和那船之间的空隙。河埠上去是仅容两三个人并排走的街道，万盛米行就在街道的那一边。早晨的太阳光从破了的明瓦天棚斜射下来，光柱子落在柜台外面晃动着的几顶旧毡帽上。

那些戴旧毡帽的人大清早摇船出来，到了埠头，气也不透一口，便来到柜台前面占卜他们的命运。“糙米五块，谷三块。”米行里的先生有气没力地回答他们。

“什么！”旧毡帽朋友几乎不相信自己的耳朵。美满的希望突然一沉，一会儿大家都呆了。

“在六月里，你们不是卖十三块吗?”

“十五块也卖过，不要说十三块。”

“哪有跌得这样厉害的!”

“现在是什么时候，你们不知道吗?各处的米像潮水一般涌来，过几天还要跌呢!”

刚才出力摇船犹如赛龙船似的一股劲儿，现在在每个人的身体里松懈下来了。今年天照应，雨水调匀，小虫子也不来作梗，一亩多收了这么三五斗，谁都以为可以透透气了。哪里知道临到最后，却得到比往年更坏的结果!

资料来源：叶圣陶．叶圣陶经典赏析．长沙：湖南少儿出版社，2011.

请同学们思考一下，为什么米行老板出的价格这么低?谷贱伤农的原因是什么?

【经济学原理】

一、需求价格弹性

在前面的单元中，我们介绍了需求和供给，供求共同决定的均衡价格。但我们对供求的讨论仅限于定性研究，而没有从定量的角度详细研究需求量或供给量对其决定因素中某一种的反应程度。为了衡量买者或卖者对市场条件变动反应程度的大小，经济学家采用了弹性的概念。

弹性（Elasticity）是指需求量或供给量对其决定因素中某一种的反应程度的衡量。具体地说，弹性分为需求弹性和供给弹性。需求弹性又分为需求的价格弹性、需求的收入弹性和需求的交叉弹性。供给弹性又分为供给的价格弹性、供给的收入弹性和供给的交叉弹性。

（一）需求价格弹性的概念

需求价格弹性是需求弹性中最重要的一种。根据需求定理，当一种物品的价格下降时，其需求量会增加。那么，需求量会对价格的下降做出多大程度的反应呢?需求价格弹性回答了这个问题。

需求价格弹性（Price Elasticity of Demand）是指一种物品需求量对其价格变动反应程度的衡量，用需求量变动的百分比除以价格变动的百分比来计算。

（二）需求价格弹性的计算

为了更精确地衡量需求量会对价格的变动做出多大程度的反应，经济学家用需求量变动的百分比除以价格变动的百分比来计算需求价格弹性。其公式为：

$$\text{需求价格弹性}=\frac{\text{需求量变动的百分比}}{\text{价格变动的百分比}} \tag{2-10}$$

如果以 E_d 代表需求价格弹性，以 $\frac{\Delta Q}{Q}$ 代表需求量变动的百分比，以 $\frac{\Delta P}{P}$ 代表价格变动的百分比。需求价格弹性的公式为：

$$E_d = \frac{\Delta Q/Q}{\Delta P/P} \tag{2-11}$$

例如，假设雪糕的价格上升了 10%，使你购买的雪糕量减少了 20%。我们可以计算出你的需求价格弹性为：

$$需求价格弹性 = \frac{20\%}{10\%} = 2$$

在上面例子中，需求价格弹性是 2，说明了需求量变动是价格变动的两倍。

根据需求定理，由于一种物品的需求量与其价格总是反方向变动，所以，需求量变动的百分比与价格变动的百分比总有着相反的符号。也就是说，一般情况下，需求价格弹性总是负值。在上面例子中，价格变动的百分比是正的 10%（反映了上升），而需求量变动的百分比是负的 20%（反映了减少）。在本书中，我们为了方便起见，把所有的需求价格弹性取其绝对值，即正数。这样，需求价格弹性的值越大，说明其需求量对价格越敏感。

为了计算一条需求曲线上两点之间的一段弧的需求价格弹性，我们通常采用中点法。通过中点法计算的需求价格弹性，可以很好地解决同一段弧由于起点不同而出现的不同需求价格弹性的问题。假定 A、B 为同一条需求曲线上的两点，（Q_1，P_1）和（Q_2，P_2）分别为 A、B 两点的坐标，A、B 两点之间形成了一段弧。用中点法计算的 A、B 两点之间弧的需求价格弹性的公式为：

$$需求价格弹性 = \frac{(Q_2-Q_1)/[(Q_2+Q_1)/2]}{(P_2-P_1)/[(P_2+P_1)/2]} \tag{2-12}$$

我们可以举例说明如何利用中点法计算同一条需求曲线上两点之间的一段弧的需求价格弹性：

A 点：价格（P_1）= 4，数量（Q_1）= 10

B 点：价格（P_2）= 2，数量（Q_2）= 40

$$需求价格弹性 = \frac{(Q_2-Q_1)/[(Q_2+Q_1)/2]}{(P_2-P_1)/[(P_2+P_1)/2]} = \frac{(40-10)/[(40+10)/2]}{(2-4)/[(2+4)/2]} = -1.8$$

这里的负号仅表示需求量与价格呈反方向变动。

如果我们不采用中点法计算，就会得出另外两个不同的结果。从 A 点到 B 点的需求价格弹性为-6，从 B 点到 A 点的需求价格弹性为-0.75，只有用中点法计算才能很好地解决这个问题，因为无论变动的方向如何，中点法都给出了同一个答案。所以在计算同一条需求曲线上两点之间的需求价格弹性时，通常采用这个方法。当然，弹性所表示的含义——需求量对价格变动的敏感程度，比如何计算弹性更重要。

（三）需求价格弹性的分类

经济学家根据需求价格弹性的数值的不同，把需求价格弹性分为五类。

（1）需求完全无弹性，即 $|E_d|=0$。这时的需求曲线是一条垂直于横轴的线，如图 2-16 所示。在这种情况下，无论价格如何变化，需求量都保持在 Q_0，不发生任何变化。

（2）需求缺乏弹性，即 $0<|E_d|<1$。这时的需求曲线是一条比较陡峭的直线，如图 2-17 所示。在这种情况下，需求量变动的百分比小于价格变动的百分比。例如，生活必需品，像粮食、蔬菜这样的商品，即使价格发生很大变化，其需求量的变化也不会很大。

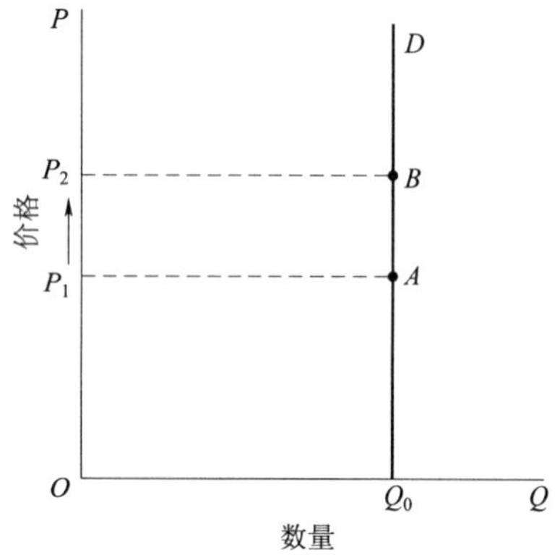

图 2-16 需求完全无弹性

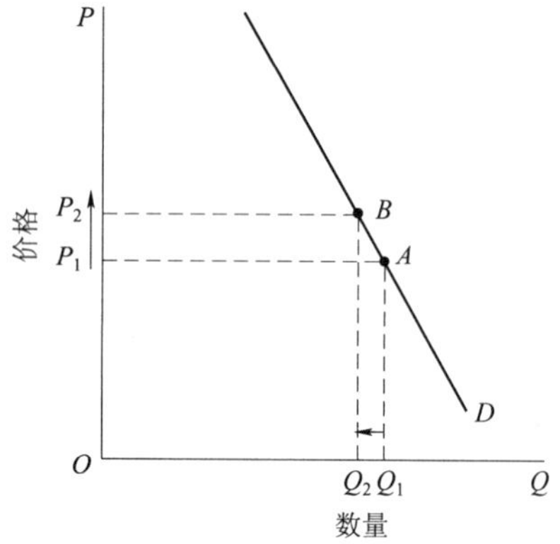

图 2-17 需求缺乏弹性

（3）单位需求弹性，即 $|E_d|=1$。这时的需求曲线是一条斜率为-1 的直线，如图 2-18 所示。在这种情况下，需求量变动的百分比等于价格变动的百分比。

（4）需求富有弹性，即 $|E_d|>1$。这时的需求曲线是一条比较平缓的直线，如图 2-19 所示。在这种情况下，需求量变动的百分比大于价格变动的百分比。例如，奢侈品，像汽车、别墅、国外旅游这样的商品，一旦价格发生变化，其需求量会发生更大程度的变动。

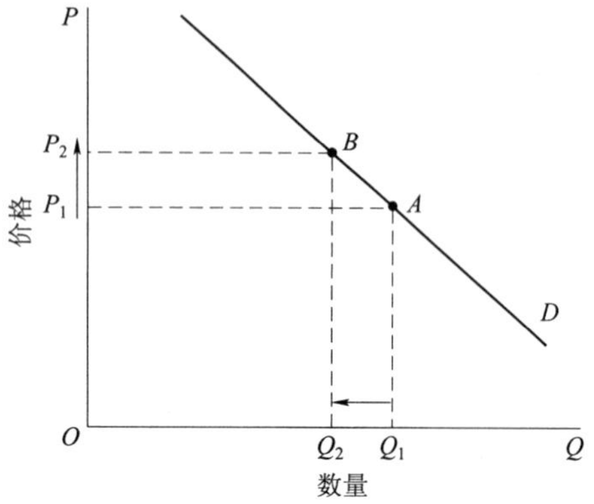

图 2-18 需求单位弹性

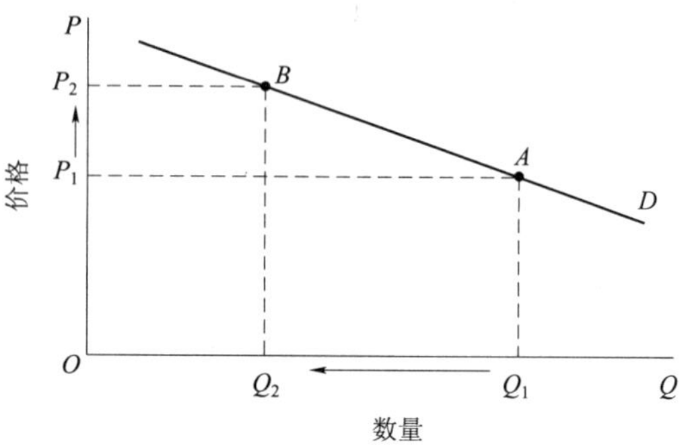

图 2-19 需求富有弹性

（5）需求有无限弹性，即 $|E_d|\to+\infty$。这时的需求曲线是一条平行于横轴的线，如图 2-20 所示。在这种情况下，当价格为 P_0 时，消费者将购买任何一种数量的该商品；当价格低于 P_0 时，需求量是无限大；当价格高于 P_0 时，需求量为 0。它反映了这样一个事实：价格的极小变动会引起需求量的极大的变动。

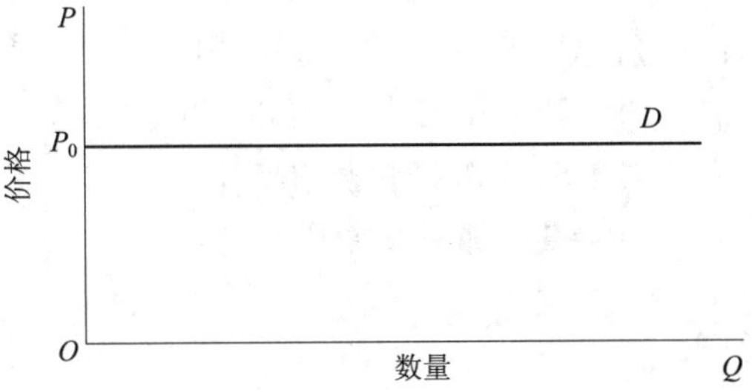

图 2-20　需求完全弹性

由于需求的价格弹性衡量的是需求量对价格的反应程度，因此，它与需求曲线的斜率密切相关。一般说来，通过某一点的需求曲线越平坦，需求的价格弹性就越大，通过某一点的需求曲线越陡峭，需求的价格弹性就越小。

（四）需求价格弹性的决定因素

任何一种物品的需求价格弹性都衡量当其价格上升时，消费者放弃这种物品的意愿有多大。因此，需求价格弹性反映了形成消费者偏好的很多经济、社会和心理因素。具体说来，下列这些因素影响着需求价格弹性的大小。

（1）必需品与奢侈品。必需品倾向于需求缺乏弹性而奢侈品倾向于需求富有弹性。当粮食、蔬菜的价格上升时，尽管人们会比平常的购买量减少一些，但不会大幅度地减少对粮食、蔬菜的购买量。与此相比，当汽车、珠宝的价格上升时，其需求量会大幅度地减少。原因是大多数人把粮食、蔬菜当作生活必需品，而把汽车、珠宝当作奢侈品。当然，一种物品是必需品还是奢侈品并不取决于物品本身固有的性质，而是取决于买者的偏好。

（2）商品的可替代程度。如果一种商品有很多替代品，则该商品倾向于需求富有弹性；如果一种商品的替代品很少，则该商品倾向于需求缺乏弹性。例如，百事可乐和可口可乐很容易相互替代。一旦百事可乐的价格上升，人们很容易大量减少对百事可乐的需求量，进而增加对可口可乐的需求量。与此相反，鸡蛋是一种没有相近替代品的食物，因此鸡蛋倾向于需求缺乏弹性。

（3）商品使用时间的长短。使用时间长的耐用品倾向于需求富有弹性，而使用时间短的非耐用品倾向于需求缺乏弹性。例如，电视、冰箱、汽车等耐用品的价格变动，其需求量会发生相应的比较大的变动；相反，粉笔、杂志、报纸等非耐用品的需求量并不会随其价格变动发生较大幅度的变化。

（4）商品在家庭支出中所占的比例。在家庭支出中所占比例大的物品，其需求倾向于富有弹性，而在家庭支出中所占比例小的物品，其需求倾向于缺乏弹性。例如，电器、汽车这样的物品在家庭支出中所占的比例大，其需求量对价格的变动较为敏感；相反，诸如肥皂这样的物品在家庭支出中所占的比例很小，其需求量对价格的变动也不是很敏感。

（5）商品本身用途的广泛性。一种商品的用途越是广泛，其需求价格弹性也就越大；相反，一种商品的用途越少，其需求价格弹性也就越小。当一种物品用途很广泛时，其价格上升，人们往往会只购买少量的该商品用于其最重要的用途；当价格下降时，人们会大量购买该商品用于其他用途上。例如，电力用途广泛，其需求富有弹性。当电力价格上升时，人们会大量缩减其对电力的使用，只用于维持其基本生活的用途，而当电力价格下降时，人们会大量增加对其使用。

二、其他需求弹性

除了需求价格弹性外，经济学家还使用需求收入弹性和需求交叉弹性描述市场上买者的行为。

（一）需求收入弹性

需求收入弹性衡量的是消费者收入变动时其需求量如何变动。需求收入弹性（Income Elasticity of Demand）是指一种物品需求量对消费者收入变动反应程度的衡量，用需求量变动的百分比除以收入变动的百分比来计算。

根据定义，我们可以得出需求收入弹性的计算公式：

$$\text{需求收入弹性}=\frac{\text{需求量变动的百分比}}{\text{收入变动的百分比}} \tag{2-13}$$

如果以 E_m 代表需求收入弹性，以 $\frac{\Delta Q}{Q}$ 代表需求量变动的百分比，以 $\frac{\Delta Y}{Y}$ 代表收入变动的百分比，则需求收入弹性的公式为：

$$E_m=\frac{\Delta Q/Q}{\Delta Y/Y} \tag{2-14}$$

例如，假设你的收入增加了 10%，你购买的雪糕量增加了 20%。我们可以计算出你的需求收入弹性为：

$$\text{需求收入弹性}=\frac{20\%}{10\%}=2$$

在上面例子中，需求收入弹性是 2，说明需求量变动是收入变动的两倍。

我们可以根据需求收入弹性的大小对商品进行分类。如果需求收入弹性为负值，即 $E_m<0$，则该商品为低档物品（或称劣等物品），它说明随着收入的增加需求量反而减少，如乘坐公共汽车等。如果需求收入弹性为正值，即 $E_m>0$，则该商品为正常物品，说明随着收入的增加需求量也增加。在正常物品中，如果需求收入弹性的值大于 1，即 $E_m>1$，则该商品为奢侈品，如钻石、别墅、汽车等；如果需求收入弹性的值大于零且小于1，即 $0<E_m<1$，则该商品为必需品，如粮食、蔬菜等。需求收入弹性一般为正值。

由于食物是生活必需品，因此，其需求收入弹性的值大于零且小于1，这说明当收入增加时，消费者对食物需求量的增加幅度不大，这也就意味着人们会把更多的收入用于耐用品和奢侈品的购买。经济学家用恩格尔系数（Engel's Coefficient）表示食物支出与全部支出之比。人们发现，随着收入的提高，食物支出在全部支出中所占的比例越来越小，即恩格尔系数是递减的。经济学家把这一规律称为恩格尔定律（Engel's Law）。恩格尔定律说明了生活必需品（食物）的收入弹性小。

（二）需求交叉弹性

需求交叉弹性（Cross-price Elasticity of Demand）是衡量一种物品需求量对另一种物品价格变动的反应程度，用第一种物品需求量变动的百分比除以第二种物品价格变动的百分比来计算。

根据定义，我们可以得出需求交叉弹性的计算公式为：

$$\text{需求交叉弹性}=\frac{\text{物品 1 需求量变动的百分比}}{\text{物品 2 价格变动的百分比}} \tag{2-15}$$

如果以 E_c 代表需求交叉弹性，以 $\frac{\Delta Q_1}{Q_1}$ 代表物品1需求量变动的百分比，以 $\frac{\Delta P_2}{P_2}$ 代表物品2价格变动的百分比，则需求交叉弹性的公式为：

$$E_c=\frac{\Delta Q_1/Q_1}{\Delta P_2/P_2} \tag{2-16}$$

如果物品1与物品2是互补品，则该需求交叉弹性为负值。例如，电脑的价格上升，软件的需求量就会减少，其交叉弹性为负值。如果物品1与物品2是替代品，则该需求交叉弹性为正值。例如，米饭的价格上升，馒头的需求量就会增加，其交叉弹性为正值。如果物品1与物品2是独立品（Independent Goods），则该需求交叉弹性为零。例如，羽毛球的价格上升，眼镜框的需求量并不会因此而发生任何变化，其交叉弹性为零。据此，我们可以根据需求交叉弹性的数值来判断两种商品之间的关系。

三、供给弹性

供给弹性分为供给价格弹性、供给收入弹性和供给交叉弹性。这里，我们仅介绍供给价格弹性。

（一）供给价格弹性的概念

供给定理表明，价格上升，供给量增加。供给价格弹性衡量的是供给量对价格变动的敏感程度。具体说来，我们可以给供给价格弹性如下定义：供给价格弹性（Price Elasticity of Supply）是指一种物品供给量对其价格变动反应程度的衡量，用供给量变动的百分比除以价格变动的百分比来计算。

（二）供给价格弹性的计算

为了更精确地衡量供给量会对价格的变动做出多大程度的反应，经济学家用供给量变动的百分比除以价格变动的百分比来计算供给价格弹性。其公式为：

$$供给价格弹性=\frac{供给量变动的百分比}{价格变动的百分比} \tag{2-17}$$

如果以 E_s 代表供给价格弹性，以 $\frac{\Delta Q}{Q}$ 代表供给量变动的百分比，以 $\frac{\Delta P}{P}$ 代表价格变动的百分比，则供给价格弹性的公式为：

$$E_s=\frac{\Delta Q/Q}{\Delta P/P} \tag{2-18}$$

例如，假设雪糕的价格上升了 10%，雪糕厂商对雪糕的供给量增加了 20%。我们可以计算出厂商的供给价格弹性为：

$$供给价格弹性=\frac{20\%}{10\%}=2$$

在上面例子中，供给价格弹性是 2，说明供给量变动是价格变动的两倍。

根据供给定理，由于一种物品的供给量与其价格总是同方向变动，所以，供给量变动的百分比与价格变动的百分比总有着相同的符号。也就是说，一般情况下，供给价格弹性总是正值。在上面例子中，价格变动的百分比是 10%（反映了上升），而供给量变动的百分比是 20%（反映了增加）。供给价格弹性的值越大，说明其供给量对价格越敏感。

（三）供给价格弹性的分类

经济学家根据供给价格弹性的数值的不同，把供给价格弹性分为五类。

（1）供给完全无弹性，即 $E_s=0$。这时的供给曲线是一条垂直于横轴的线，如图 2-21 所示。

在这种情况下，无论价格如何变化，供给量都保持在 Q_0，不发生任何变化。例如，文物，无论其价格上升还是下降，卖者对其供给量是固定的。

（2）供给缺乏弹性，即 $0<E_s<1$。这时的供给曲线是一条比较陡峭的线，如图 2-22 所示。在这种情况下，供给量变动的百分比小于价格变动的百分比。

（3）单位供给弹性，即 $E_s=1$。这时的供给曲线是一条与横轴成 45°角的线，如图 2-23 所示。在这种情况下，供给量变动的百分比等于价格变动的百分比。

（4）供给富有弹性，即 $E_s>1$。这时的供给曲线是一条比较平缓的线，如图 2-24 所示。在这种情况下，供给量变动的百分比大于价格变动的百分比。

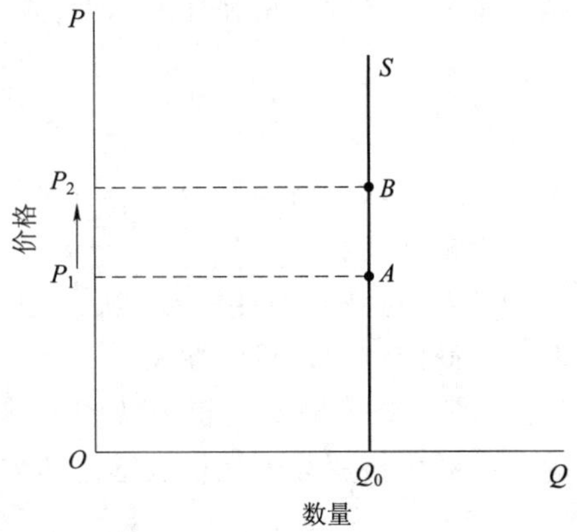

图 2-21　供给完全无弹性

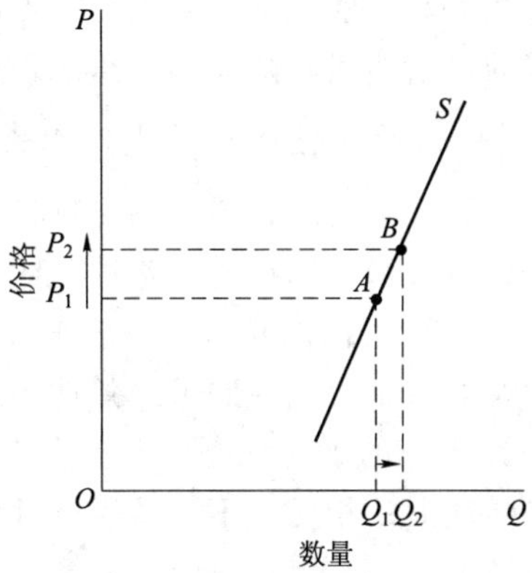

图 2-22　供给缺乏弹性

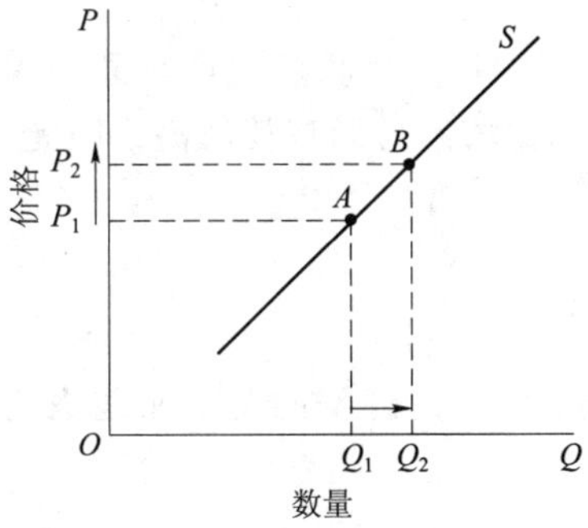

图 2-23　供给单位弹性

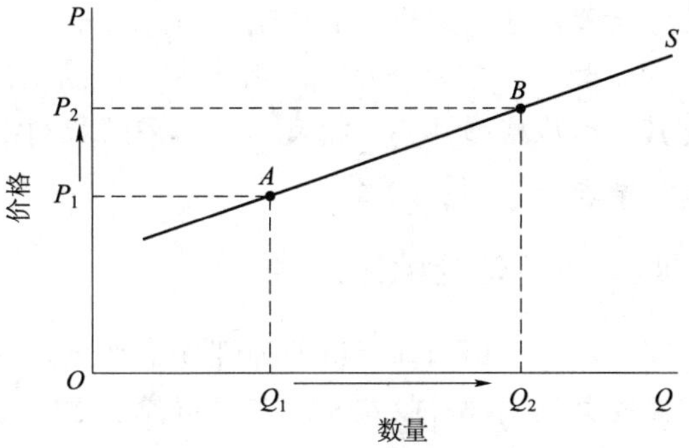

图 2-24　供给富有弹性

（5）供给有无限弹性，即 $E_s \to +\infty$ 。这时的供给曲线是一条平行于横轴的线，如图 2-25 所示。

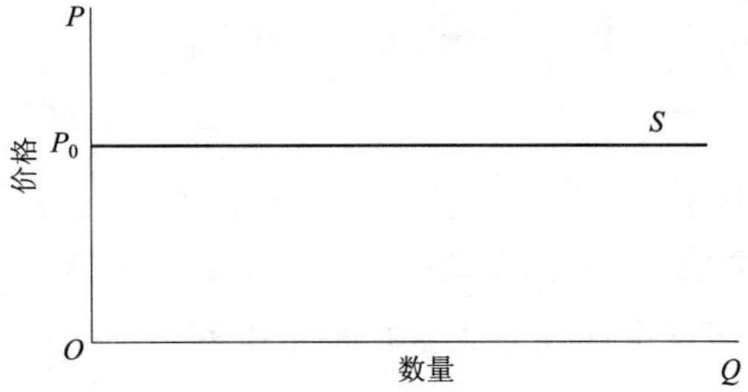

图 2-25　供给完全弹性

在这种情况下，当价格为 P_0 时，生产者将供给任何一种数量的该商品；当价格低于 P_0 时，供给量为 0；当价格高于 P_0 时，供给量为无限大。它反映了这样一个事实：价格的极小变动会引起供给量的极大的变动。

由于供给的价格弹性衡量的是供给量对价格的反应程度，因此，它与供给曲线的斜率密切相关。一般说来，通过某一点的供给曲线越平坦，供给的价格弹性就越大，通过某一点的供给曲线越陡峭，供给的价格弹性就越小。

（四）供给价格弹性的决定因素

供给取决于生产，因此供给价格弹性的决定因素要比需求价格弹性的决定因素复杂得多，具体说来下列这些因素的共同作用影响了供给价格弹性。

（1）生产时间的长短。一般来说，短期内厂商无法迅速调整其生产要素，因此无法大量调整供给量，因此供给弹性小；相反，长期内厂商的供给价格弹性大。

（2）生产的难易程度。容易生产且生产周期短的产品对价格变动较为敏感，其供给价格弹性大；相反，不容易生产且生产周期长的产品对价格变动不是很敏感，其供给价格弹性小。

（3）生产要素的供给弹性。一般来说，产品的供给弹性与其生产要素的供给弹性是一致的。生产要素的供给价格弹性大，则产品的供给价格弹性大；相反，生产要素的供给价格弹性小，则产品的供给价格弹性小。

（4）生产的技术类型。一般来说，产品采用资本密集型技术比较难以调整其规模，因此其供给价格弹性小；相反，产品采用劳动密集型技术比较容易调整其规模，因此其供给价格弹性大。

四、弹性理论的运用

我们可以应用前面所讲的弹性理论来分析很多现实生活中的经济问题。在此之前，我们需要首先明确总收益和需求价格弹性之间的关系。

（一）总收益的概念

总收益（Total Revenue）是指一种物品买者支付的量和卖者得到的量，通常用该物品的价格乘以该物品的销售量来计算。根据总收益的定义，我们可以得到总收益的计算公式：

$$总收益=价格\times销售量 \tag{2-19}$$

如果用 TR 来表示总收益，用 P 来表示价格，用 Q 来表示销售量，则总收益的计算公式：

$$TR=P\cdot Q \tag{2-20}$$

这样，我们就可以像图 2-26 那样，用图形来表示总收益。其中，需求曲线下方的阴影面积就是这个市场的总收益。在图 2-26 中，$P=5$ 元，$Q=20$ 支，$TR=100$ 元。

（二）总收益和需求富有弹性的商品之间的关系

如果某种商品是富有弹性的，则价格与总收益呈反方向变动：价格上升，总收益减少；价格下降，总收益增加。

根据需求定理，需求量与价格呈反方向变动。当价格上升时，需求量减少。对于需求富有弹性的商品来说，需求量减少的幅度要大于价格上升的幅度，又因为总收益是两者的乘积，因此，总收益是减少的。相反，根据需求定理，价格下降时，需求量增加。对于需求富有弹性的商品来说，需求量增加的幅度要大于价格下降的幅度，又因为总收益是两者的乘积，因此，总收益是增加的。

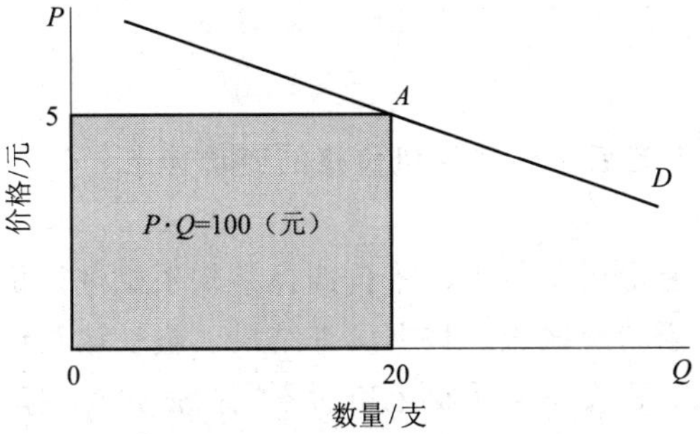

图 2-26 总收益

我们可以用图 2-27 来说明上述结论。在图 2-27 中，曲线 D 是一条富有弹性的商品的需求曲线。当价格为 P_1 时，销售量为 Q_1，总收益相当于矩形 OP_1AQ_1 的面积；当价格为 P_2 时，销售量为 Q_2，总收益相当于矩形 OP_2BQ_2 的面积。当价格由 P_1 上升至 P_2 时，矩形 OP_2BQ_2 的面积-矩形 OP_1AQ_1 的面积<0，总收益减少；当价格由 P_2 下降至 P_1 时，矩形 OP_1AQ_1 的面积-矩形 OP_2BQ_2 的面积>0，总收益增加。

（三）总收益和需求缺乏弹性的商品之间的关系

如果某种商品是缺乏弹性的，则价格与总收益呈同方向变动：价格上升，总收益增加；价格下降，总收益减少。

根据需求定理，需求量与价格呈反方向变动。当价格上升时，需求量减少。对于需求缺乏弹性的商品来说，需求量减少的幅度要小于价格上升的幅度，又因为总收益是两者的乘积，因此，总收益是增加的。相反，根据需求定理，价格下降时，需求量增加。对于需求缺乏弹性的商品来说，需求量增加的幅度要小于价格下降的幅度，又因为总收益是两者的乘积，因此，总收益是减少的。

我们可以用图 2-28 来说明上述结论。在图 2-28 中，曲线 D 是一条缺乏弹性的商品的需求曲线。当价格为 P_1 时，销售量为 Q_1，总收益相当于矩形 OP_1AQ_1 的面积；当价格为 P_2 时，销售量为 Q_2，总收益相当于矩形 OP_2BQ_2 的面积。当价格由 P_1 上升至 P_2 时，矩形 OP_2BQ_2 的面积-矩形 OP_1AQ_1 的面积>0，总收益增加；当价格由 P_2 下降至 P_1 时，矩形 OP_1AQ_1 的面积-矩形 OP_2BQ_2 的面积<0，总收益减少。

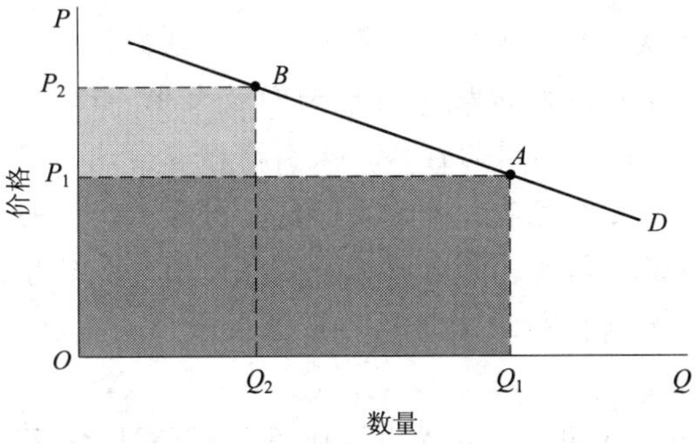

图 2-27 总收益与弹性（a）

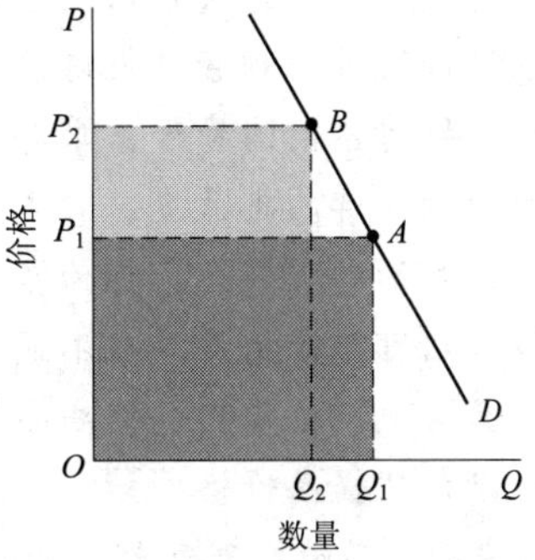

图 2-28 总收益与弹性（b）

互动训练

市场调研——新款上市后，老款手机价格的变动特点

项目要求：

1. 分组，每个小组有专门负责人，各自选择某款手机进行价格跟踪。

2. 分组进行市场供求状况调查，根据调查结果，组长认真组织讨论。

3. 访谈产品营销人员，搜集某手机上市后不同阶段价格变动的实际数据。

4. 总结归纳手机上市后不同阶段价格变动的规律并运用所学的弹性原理和方法进行商家营销策略分析。

学以致用

11 月 11 日当天，很多网店的商品低至 5 折、3 折，甚至 1 折，我们也许会感到疑惑：他们真的能赚钱吗？还是不惜亏本也要随促销的大流？显然，商家很少会对大米之类的刚性消费品进行大幅度的降价促销，一方面利润微薄，另一方面相关产品的促销对于销量的影响并不明显。不同于大米、食盐这些缺乏弹性的生活必需品，服装、首饰等的需求量往往极易受到价格的影响。我们看到，恰恰是这一类——衣服、饰品、化妆品、家具等易受价格影响的商品，成为“双十一”促销的主流。

试运用需求价格弹性这一工具对上述现象进行分析。

拓展阅读

差别定价策略：机票同机不同价

打开第三方订票软件，订今天的机票和订一个月以后的机票价格完全不一样。航空公司针对不同客户对机票的需求程度，制定了不一样的票价。旅游，对于时间自由的人来说，什么时候去都可以，机票折扣高、优惠多；对于有急事的人来说，只能选择飞机出行，机票折扣低、优惠少。航空公司对旅行社的优惠则更多。这就是航空公司利用客户对机票的需求弹性，实行的差别定价策略，以费用实现利润最大化。

差别定价既是一种营销策略，也是一种市场方案。作为营销策略，它通过价格手段细分市场，针对不同消费者需求和支付意愿，制定不同价格来实现利润最大化。比如，利用消费者对品牌的忠诚度，对老顾客和新顾客制定不同的价格，吸引新顾客尝试，同时保持老顾客的购买频率。作为市场方案，差别定价有助于企业更好地应对复杂多变的市场环境。它可以根据产品在不同地区的市场接受程度、竞争状况及销售时间的淡旺季等因素，灵活地调整价格，提高市场占有率。例如，在竞争激烈的区域适当降低价格，在需求旺季合理提高价格。

资料来源：节选自百家号，https：//baijiahao. baidu. com/s？ id = 1815678803831281627 &wfr = spider&for = pc。

单元感悟

知识方面：

____

____

素养方面：

____

____

【模块知识自测】

1. 需求定律说明（　　）。
A. 药品的价格上涨会使药品的质量提高
B. 计算机价格下降导致销售量增加
C. 丝绸价格提高，游览公园的人数增加
D. 汽油的价格提高，小汽车的销售量减少
2. 在某一时期内，彩色电视机的需求曲线向左平移的原因是（　　）。
A. 彩色电视机的价格上升
B. 消费者对彩色电视机的预期价格上升
C. 消费者对彩色电视机的预期价格下降
D. 黑白电视机的价格上升。
3. 下列各项会导致商品需求量的变化而不是需求的变化的是（　　）。
A. 消费者的收入变化　　B. 生产者的技术水平变化
C. 消费者预期该商品的价格将上升　　D. 该商品的价格下降
4. 当出租车租金上涨后，对公共汽车服务的（　　）。
A. 需求下降　　B. 需求增加　　C. 需求量下降　　D. 需求量增加
5. 对大白菜供给的减少，不可能是由于（　　）。
A. 气候异常严寒　　B. 政策限制大白菜的种植
C. 大白菜的价格下降　　D. 化肥价格上涨
6. 建筑工人工资提高将使（　　）。
A. 新房子供给曲线左移并使房子价格上升
B. 新房子供给曲线右移并使房子价格下降
C. 新房子需求曲线左移并使房子价格下降
D. 新房子需求曲线右移并使房子价格上升
7. 均衡价格是（　　）。

A. 供给和需求相等时的价格　　　　B. 固定不变的价格
C. 供给量和需求量相等时的价格　　D. 以上都正确

8. 从稳定均衡位置出发，如果某种商品的市场供给减少，而市场需求保持不变，则（　　）。
A. 均衡价格下降。　　　　B. 均衡数量增加。
C. 均衡价格和均衡数量都减少。　　D. 均衡价格上升但均衡数量减少。

9. 假设某商品的需求曲线为 $Q=300-9P$，市场上该商品的均衡价格为 4，那么，当供给不变，需求曲线变为 $Q=500-9P$ 后，均衡价格将（　　）。
A. 大于 4　　B. 小于 4　　C. 等于 4　　D. 无法确定

10. 在需求和供给同时减少的情况下，将出现（　　）。
A. 均衡价格下降，均衡产销量减少
B. 均衡价格下降，均衡产销量无法确定
C. 均衡价格无法确定，均衡产销量减少
D. 均衡价格上升，均衡产销量减少

11. 市场上某产品存在超额需求是由于（　　）。
A. 产品价格超过均衡价格　　B. 该产品是优质品
C. 该产品是供不应求　　D. 该产品价格低于均衡价格

12. 已知当某种商品的均衡价格是 1 美元的时候，均衡交易量是 1 000 单位。现假定买者收入的增加使这种商品的需求量增加了 400 单位，那么在新的均衡价格水平上，购买量是（　　）。
A. 1 000 单位　　B. 多于 1 000 单位但小于 1 400 单位
C. 1 400 单位　　D. 以上均不对

13. 小麦歉收导致小麦价格上升，准确地说在这个过程中（　　）。
A. 小麦供给的减少引起需求量下降　　B. 小麦供给的减少引起需求下降
C. 小麦供给量的减少引起需求量下降　　D. 小麦供给量的减少引起需求下降

14. 假如生产某种商品所需原料的价格上升了，这种商品的（　　）。
A. 需求曲线将向左方移动　　B. 供给曲线向左方移动
C. 供给曲线向右方移动　　D. 需求曲线将向右方移动

15. 假定政府以法律形式规定木匠工资每小时不能低于 50 元。这种价格管制被称为（　　）。
A. 价格上限　　B. 价格下限　　C. 工资补贴　　D. 税收

16. 政府实行最高价格政策，可能导致的结果是（　　）。
A. 大量商品库存积压　　B. 黑市交易
C. 消除了“排长队”的现象　　D. 刺激生产者扩大生产

17. 若某商品价格上升 2%，其需求量下降 10%，则该商品的需求价格弹性是（　　）。
A. 缺乏弹性的　　B. 富有弹性的　　C. 有单位弹性的　　D. 无法确定

18. 民航机票经常打折说明飞机旅行需求（　　）。

A. 富有价格弹性　B. 单位弹性　C. 价格弹性不足　D. 缺乏收入弹性

19. 已知某两种商品的交叉弹性为-0.4，则这两种商品是（　　）。

A. 独立品　B. 替代品　C. 互补品　D. 完全替代品

20. 已知某商品的收入弹性为1.2，则这种商品是（　　）。

A. 低档商品　B. 一般的正常商品　C. 奢侈品　D. 吉芬商品

【知识梳理】

请大家通过复习，梳理出本模块的知识脉络图。

模块三

学会理性消费

【知识目标】

1. 理解效用的含义，掌握总效用与边际效用的关系。

2. 重点掌握边际效用递减规律，能够运用边际效用分析法对消费者均衡进行分析。

3. 掌握无差异曲线的概念和特点，学会运用边际替代率的概念及边际替代率递减规律。

4. 掌握预算线的概念及预算线的变动。

【能力目标】

1. 能用效用、边际效用等知识分析现实中的基本问题。

2. 能运用消费者均衡的条件解题。

3. 能从消费者剩余的角度分析经济现象。

4. 能够运用无差异曲线分析法对消费者均衡进行分析。

【思政目标】

1. 培养学生树立正确的价值观和消费观，勿要盲目攀比，坚持理性消费、适度消费观，养成“崇尚节俭、拒绝奢华”的品德。

2. 培养学生了解生活中新兴的消费观念与模式，比如绿色消费和共享消费等。

【故事导入】

有一天，小狗和猴子争论世界上最美味的食物是什么？小狗说：“世界上最美味的当然是骨头了，香喷喷，太解馋了，我一想起来就要流口水。”猴子不屑地说：“世界上最美味的当然是桃子了，又甜又美味!”二者争执不下，这时，小猫恰巧路过，于是小狗和猴子就找小猫评理。小猫听了，哈哈大笑道：“世界上最美味的当然是鱼了！你们两个怎么连这么简单的常识都不懂!”小狗和猴子听了，连连摇头。

那么，请问世界上最好吃的东西到底是什么呢?

通过本模块的学习，大家就会知道，物品的效用在很大程度上是个人的心理感觉，同一种物品，由于人们对其偏好不同，最终得到的效用评价也会截然不同。

单元一　为什么吃第一口饭最香?

【情景教学】

一、准备教学道具

可以用于满足学生某种欲望的商品，例如，4 根香蕉或 4 个苹果等。

二、教学目的

通过吃香蕉或吃苹果的过程，学生能够切身感到消费品数量增加过程中满足感的变化过程，从而理解效用对于消费者进行消费决策的决定作用。

三、教学活动组织

1. 准备 4 根香蕉或 4 个苹果，请一名肚子有饥饿感的学生将这些水果全部一次食用掉。

2. 不断增加香蕉或苹果的食用数量，记录随着消费数量的增加，该学生的满足感会产生什么变化。

四、活动总结

1. 活动结束，请该学生说说在整个食用过程中自己的亲身感受，是满足、快乐，还是痛苦?

2. 请全体学生参加讨论，说一下效用对消费有什么作用？其规律是什么?

【故事导入】

美国前总统罗斯福连任三届后，曾有记者问他有何感想，他一言不发，只是拿出一块三明治面包让记者吃，这位记者不明白总统的用意，又不便问，只好吃了。接着罗斯福拿出第二块，记者还是勉强吃了。紧接着，罗斯福拿出第三块，记者为了不撑破肚皮，赶紧婉言谢绝了。这时，罗斯福微微一笑：“现在你知道我连任三届总统的滋味了吧?”

通过这个故事，你能得到什么经济学的启示呢?

【经济学原理】

一、效用

效用（Utility）是指物品满足人的欲望的能力，或者说，效用是指消费者在消费物品时所感受到的满足程度。一种物品对消费者是否具有效用，取决于消费者是否有消费这种物品的欲望，以及这种物品是否具有满足消费者的欲望的能力。一般来说，消费者越具有消费某物品的欲望并且从消费该物品中获得的满足程度越高，该物品给消费者带来的效用就越大；反之，消费者越不具有消费某物品的欲望并且从消费该物品中获得的满足程度越低，该物品给消费者带来的效用就越小。如果消费者从消费某种物品中感受到的是痛苦，那他获得的是负效用。

效用这一概念是与人的欲望联系在一起的。效用是对欲望的满足，因此，效用和欲望一样，是一种心理感觉。某一种物品效用的大小没有客观的标准，完全取决于消费者在消费该物品时的主观心理感受。例如，同样是一盘热气腾腾的饺子，对于饥饿的人来说，它无疑是一道美食，产生很大的效用，而对于刚刚吃饱饭的人来说，它的效用就会很小，甚至是负效用。因此，效用本身并没有客观的标准，也没有伦理上的意义。对不同的人而言，同样的物品可能带来不同的效用，而对于同一个人而言，同一物品在不同的时间、地点也可能给他带来不同的效用。比如，一条漂亮的真丝短裙，对于年轻女孩子来说，在炎热的夏季，它的效用很大，而当寒冷的冬季到来的时候，它毫无效用，甚至效用为负值。因此，效用的有无与大小，完全是一种主观心理感受，它因人、因时、因地而不同。

二、总效用与边际效用

要分析消费者如何实现效用最大化，就必须首先了解总效用与边际效用这两个重要的经济学用语的含义。

总效用（Total Utility，TU）是指消费者在一定时间内从一定数量的物品的消费中所得到的总的满足程度或者说是效用量的总和。边际效用（Marginal Utility，MU）是指消费者在一定时间内增加一单位物品的消费所增加的满足程度或者说是效用量的增量。

假定消费者对一种物品的消费数量为 Q，那么总效用函数为：

$$TU=f(Q) \tag{3-1}$$

相应的，边际效用函数为：

$$MU=\frac{\Delta TU(Q)}{\Delta Q} \tag{3-2}$$

在经济学中，“边际”是一个非常重要的概念，边际分析方法也是经济学中最基本的分析方法之一。关于边际量的含义以及边际量、总量、平均量之间的关系，我们将在生产理论中做详细分析。在此，我们仅简单介绍一下边际量的含义。

“边际”是一个增量的概念。边际量表示一单位的自变量的变化量所引起的因变量的变化量。根据其概念，我们可以把边际量的概念公式写为：

$$边际量=\frac{因变量的变化量}{自变量的变化量} \tag{3-3}$$

根据边际量的概念，在边际效用中，自变量是某物品的消费量，因变量是满足程度或效用。消费量变动所引起的消费者对某物品的效用的变动就是边际效用。我们也可以把边际效用理解为是最后一个消费单位带来的额外效用。

我们可以进一步通过吃苹果的例子，用表 3-1 来说明总效用与边际效用之间的关系。

表 3-1　总效用与边际效用

苹果的消费量	总效用	边际效用
0	0	0
1	3	3
2	5	2
3	6	1
4	6	0
5	5	-1

根据表 3-1，我们可以分别做出总效用和边际效用的图像。

在图 3-1 中，横轴代表苹果的消费量，纵轴代表消费苹果得到的总效用，其中 TU 为总效用曲线。通过图 3-1，我们可以发现，虽然总效用随着消费量的增加而增加，但它是以递减的速度增加的，这显示出边际效用的递减性。图中的阴影区域表示每一新增单位苹果所带来的额外效用。

在图 3-2 中，横轴代表苹果的消费量，纵轴代表消费苹果得到的边际效用，其中 MU 为边际效用曲线。在图 3-2 中，边际效用下降的阶梯反映了总效用以递减的速度增加的事实。

从表 3-1、图 3-1 和图 3-2 中我们可以发现，当没有消费苹果时，边际效用和总效用都是0；当消费第1个苹果时，消费者对这第1个苹果所带给自己的效用评价是3，即边际效用为3个效用单位，总效用这时就是这一单位苹果的效用，也是3个效用单位；当消费第2个苹果时，消费者对它的效用评价下降为2个效用单位，即第2个苹果的边际效用为2个效用单位，此时，消费者吃两个苹果的总效用就是两个苹果的边际效用之和，即总效用为5（即3+2）个效用单位；当消费者消费第3个苹果时，消费者对它的效用评价下降为1个效用单位，即第3个苹果的边际效用为1个效用单位，此时，消费者吃3个苹果的总效用就是3个苹果的边际效用之和，即总效用为6（即3+2+1）个效用单位；当消费者消费第4个苹果时，消费者对它的效用评价下降为0个效用单位，即第4个苹果的边际效用为0个效用单位，此时，消费者吃4个苹果的总效用就是4个苹果的边际效用之和，即总效用为6（即3+2+1+0）个效用单位，此时总效用达到最大值6个效用单位；当吃第5个苹果时，边际效用递减为-1个效用单位，总效用开始下降为5个效用单位。

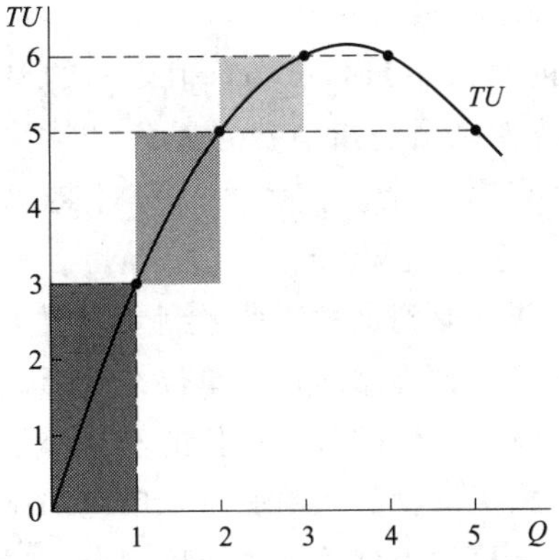

图3-1　总效用

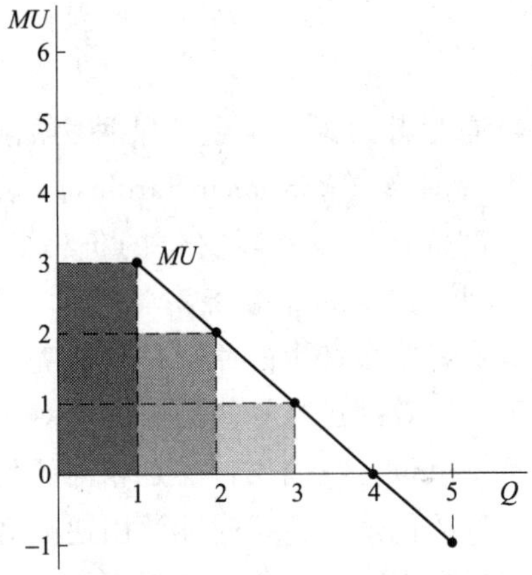

图3-2　边际效用

由此，我们可以发现：当边际效用为正数时，总效用是增加的；当边际效用为零时，总效用达到最大；当边际效用为负数时，总效用是减少的。

三、边际效用递减规律

从表3-1和图3-2中我们发现，边际效用是递减的。这种情况普遍适用于一切物品的消费，所以被称作边际效用递减规律。具体来说，边际效用递减规律（Law of Diminishing Marginal Utility）是指在一定时间内，在其他物品的消费数量保持不变的条件下，随着消费者对某种物品消费量的增加，从该物品连续增加的消费单位中所得到的效用增量即边际效用是递减的。

为什么在消费过程中会出现边际效用递减规律呢？

首先，由于随着相同消费品的连续增加，从人的生理和心理角度讲，消费者从每一单位消费品中所感受到的满足程度和对重复刺激的反应程度是递减的。例如，不但我们吃包子会有这种感觉，即便是连续吃鲍鱼、海参、鱼翅，我们同样会有这种感觉。

其次，由于同一个物品往往具有多种用途，消费者往往会将第 1 单位的消费品用在最重要的用途上，第 2 单位的消费品用在次重要的用途上，因此，其边际效用就小了。以此顺序用下去，用途越来越不重要，其边际效用自然就是递减的了。例如，当消费者拥有第 1 杯水的时候，他会把它用于最重要的用途——生存，因此，他很可能会喝掉这杯水。与此形成对比的是，消费者可能会用第 2 杯水漱口刷牙，用第 3 杯水浇花。这 3 杯水的重要性是不一样的，从而其边际效用也是不同的。可见，边际效用递减规律是符合实际情况的。

四、消费者剩余

上面我们给大家介绍了边际效用递减规律，这个规律可以很好地解释经济学中一个重要概念：消费者剩余。

消费者剩余理论属于经济学中福利经济学（Welfare Economics）的范畴，它主要考察的是买者从参与市场活动中所获得的利益，在大多数市场上，消费者剩余反映了经济福利。

当消费者购买一定量的某种物品时，该物品的总效用与其市场价值之间的差额称为消费者剩余（Consumer Surplus）。或者说，消费者剩余是指消费者愿意对某物品支付的最高价格与他实际支付的价格的差额就是消费者剩余。其中，消费者愿意对某物品支付的最高价格在经济学中称为消费者的支付意愿（Willingness to Pay）。

消费者剩余产生的原因是什么呢？我们之所以能享受到这种消费者剩余，根本的原因在于边际效用递减规律的存在。对于我们所购买的某种物品的每一单位，从第一单位到最后一单位，我们支付的是相同的价格。同时，我们支付的每一单位的价格都是它最后一单位的价值。根据边际效用递减规律，我们所购买该物品的前面每一单位都比最后的一单位具有更高的价值。因而，我们从前面的每一单位中享受到了效用剩余，这也就是消费者剩余。

我们可以用表 3-2 和图 3-3 来进一步说明消费者剩余的产生。

表 3-2　　总效用与边际效用

消费者的支付意愿/元	某物品数量	市场价格/元	消费者剩余/元
9	1	1	8
8	2	1	7
7	3	1	6
6	4	1	5
5	5	1	4
4	6	1	3
3	7	1	2
2	8	1	1
0.5	9	1	0

在表 3-2 中，随着某物品数量从 1 增加到 9，消费者的支付意愿从 9 元下降到 0.5 元。但由于市场价格是由整个市场的供求关系所决定的，不以某一消费者的愿望为转移。某一消费者对该物品的购买仅占市场上极小的比例，无法影响价格。因此，市场的价格是固定的。在表 3-3 中，市场价格为 1 元。当该消费者购买 1 单位某物品时，他的支付意愿是 9 元，而市场上的实际价格为 1 元，此时，消费者的效用剩余为 8 元。随着该消费者购买某物品数量的增加，他的支付意愿在下降，而市场价格始终不变。因此，随着消费者购买物品数量的增加，他从每单位物品购买中所获得的消费者剩余在减少。

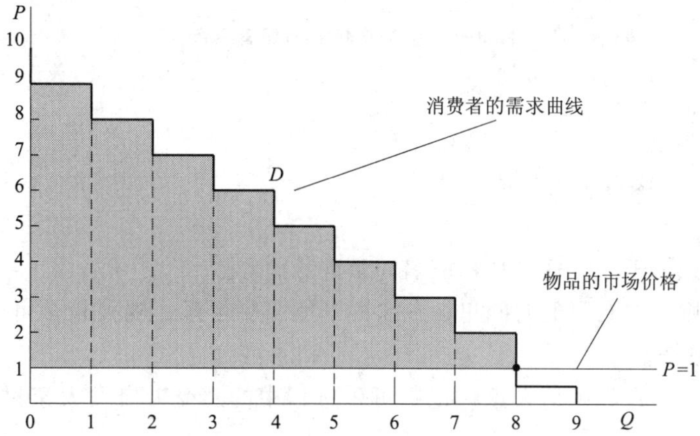

图 3-3 个人的消费者剩余

在表 3-2 的基础上，我们绘出图 3-3 来进一步说明消费者剩余。在图 3-3 中，横轴表示消费者购买某物品的数量（Q），纵轴代表价格（P），D 为某消费者的需求曲线。市场价格为 1 元。购买第 1 单位某物品时，消费者剩余为 8（图 3-3 中第 1 单位所对应的阴影面积）；购买第 2 单位某物品时，消费者剩余为 7；购买第 3 单位某物品时，消费者剩余为 6……购买第 8 单位某物品时，消费者剩余为 1；购买第 9 单位某物品时，消费者的支付意愿为 0.5 元，而市场价格为 1 元，此时消费者无法实现对第 9 单位该物品的购买，消费者剩余为 0。

图 3-3 考察了单个消费者的效用剩余，我们也可以将消费者剩余的概念运用于整个市场。图 3-4 中的需求曲线是单个消费者需求曲线水平方向的总和，价格线之上的需求曲线的面积（图 3-4 中阴影面积）是整个市场上的消费者剩余的总和。

通过图 3-4，我们应进一步明确：由于消费者按照最后一单位的价格支付全部单位的消费品，因此，他们得到了价格线以上的效用剩余。消费者剩余衡量的是消费者从某一物品的购买中所得到的超过他们所为之支付价格的那部分的额外效用。

此外，我们还应注意，消费者剩余并不是实际收入的增加，只是一种心理感觉。另外，生活必需品的消费者剩余大。这主要是由于消费者对生活必需品的效用评价高，其支付意愿也高，但实际上这类物品的市场价格一般却并不高。

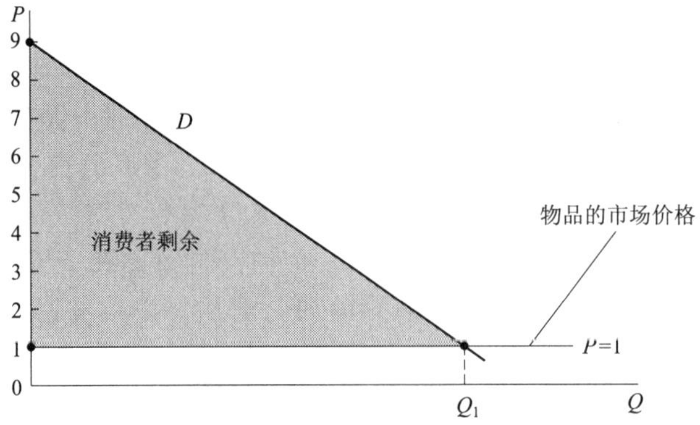

图 3-4 整个市场的消费者剩余

互动训练

趣味游戏——喝可乐大赛

项目要求：

1. 准备可乐若干瓶，现场选出三名同学进行比赛。

2. 游戏规则：在有限的时间里，三名同学比赛喝可乐，喝掉较多可乐的一方获胜。喝不下去可以停止。

3. 游戏结束后，教师请大家讨论喝可乐过程中的感受，启发大家讨论总结“边际效用递减规律”。

4. 教师归纳学生讨论的观点，并进行点评。

学以致用

在经济学中，是狗尾巴摇动狗身子。摇动价格和数量这个狗身子的是边际效用这条狗尾巴。

在美国，旧东西很不值钱。你可以买到 1 美元一个的电熨斗，10 美元一套的百科全书（20 本）和 5 美元一套的西装。然而，有些旧东西在中国就值钱多了。

请同学们利用所学的经济学原理解释上述现象。

拓展阅读

游乐园的定价真的愚蠢吗？

沃尔特·迪斯尼公司在美国有两个主要的主题公园，加利福尼亚的迪斯尼乐园和佛罗里达的迪尼斯世界。每年都会有几百万人去参观这两个地方。参观迪斯尼乐园和迪尼斯世界的门票价格根据人们去参观的日子长短而有所不同。过去迪斯尼乐园出售过一天游、两天游以及三天游的门票。比如，一天游的门票价格为 38 美元，两天游的门票价格为 68 美元，三天游的为 95 美元。简单地说，对于三天游的门票，迪斯尼乐园第一天收取的是

38美元，第二天是30美元，第三天则是27美元，总共95美元。

为什么迪斯尼乐园对于第二天的收费比第一天低，而第三天则比第二天还低呢？在迪斯尼乐园的定价机制的背后，可以看到边际效用递减规律这个经济学名词的影子。边际效用递减规律表明，在个人消费额外单位的某种商品时，从每单位商品当中获得的效用最终将会减少。假定对于迪斯尼乐园的第一天消费当中所获得的效用比第二天高，而第二天的效用则比第三天高。个人从某一商品当中所获得的效用或者满足越少，他所愿意支付的金钱数量就越少，而第三天的付费也就比第二天少。迪斯尼乐园知道了这一点，因此就对一天游、两天游和三天游实行这样的收费。

由此，我们可以联想到，商家对于“购买量大”的购买者，往往会通过提供折扣来进行优惠（或者给予某种形式的礼品）。请问学完刚刚的知识，你还认为这真是商家的“感恩回报”吗？

资料来源：罗杰·A. 阿诺德. 经济学. 北京：中信出版社，2004.

单元感悟

知识方面：

____

____

素养方面：

____

____

单元二　如何花钱最划算？

【情景教学】

一、准备教学道具

准备新闻视频《从电饭煲到马桶盖：中国游客赴日疯狂购》。

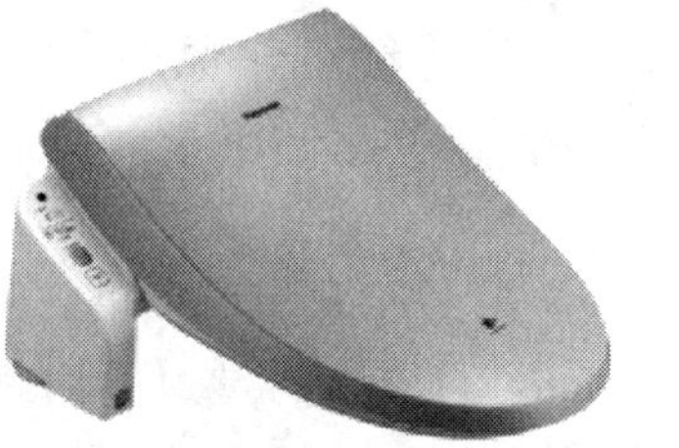

二、教学目的

通过播放视频，让学生注意观察视频中的经济现象，同时思考中国游客会选择在海外大量购物的原因，让学生体会到价格对消费者消费决策的重要作用。

三、教学活动组织

1. 播放视频。
2. 组织学生讨论中国游客在海外疯狂购物的原因。
3. 引导学生思考价格对消费者消费决策的重要作用。

四、活动总结

1. 请学生们思考并总结：消费者消费决策的原则是什么？
2. 请学生们讨论：消费者最佳购物数量是如何形成的？

【故事导入】

有一个名叫史蒂文森的罪犯潜逃他国。经过侦查，将可能的嫌疑对象圈定为加拿大的布朗、法国的葛朗台和德国的许瓦茨，并拿到了这3名疑犯的起居、消费记录。大侦探福尔摩斯接受了此案，但在几经分析之后因为没有新的发现只好宣布证据不足，无法定案。这时他的朋友萨谬尔森正好在一旁，他研究了史蒂文森和3名疑犯的消费记录之后发现：

（1）史蒂文森在潜逃之前每周消费10千克香肠和20升啤酒，啤酒每升1镑，香肠每千克为1镑。

（2）布朗每周消费20千克香肠和5升啤酒，啤酒每升1加元，香肠每千克为2加元。

（3）葛朗台每周消费5千克香肠和10升啤酒，1升啤酒和1千克香肠均为2法郎。

（4）许瓦茨每周消费5千克香肠和30升啤酒，1升啤酒1马克，1千克香肠2马克。

萨谬尔森在做出4个人的预算之后，分析指出，除非史蒂文森改变其偏好，否则布朗不必受到怀疑（因为布朗所消耗的香肠比例大于其啤酒比例，其他3人则均相反）。在剩下的两名疑犯中，萨谬尔森又指出，史蒂文森自然选择前往某地，其处境一定比以前好。只要其偏好未改变，他就一定是德国的许瓦茨（因为葛朗台的总消费水平与史蒂文森具有相同的效用，而许瓦茨则更大）。后来经过追查，果然罪犯是许瓦茨。

根据上述故事，你能在其中发现哪些经济学道理？

资料来源：时应峰．经济学基础．北京：人民邮电出版社，2014.

【经济学原理】

一、效用最大化

效用是对消费者从一组物品中得到的满足程度和幸福程度的抽象衡量。那么，如何实现消费者效用最大化呢？经济学家认为，当消费者按照等边际准则安排自己的消费时，就实现了消费者的效用最大化。

满足或效用最大化的基本条件是符合等边际准则（Equimarginal Principle）。即在消费者的收入固定和他面临着各种物品的市场价格既定的条件下，当花费在任何一种物品上的最后一元钱所得到的边际效用正好等于花费在其他任何一种物品上的最后一元钱所得到的边际效用的时候，该消费者就得到最大的满足或效用。

为什么我们必须按照等边际准则安排我们的消费时才能实现效用最大化呢？试想花费在任何一种物品上的最后一元钱能够提供更多的边际效用，那么，一个理性的消费者就必然会把他的钱从其他物品的花费中转移到该物品上去，直到在边际效用递减规律的决定下花费在该物品上的最后一元钱的边际效用下降到与其他物品相等时为止，这种货币的转移消费会增加消费者的总效用。相反，如果花在某种物品上的最后一元钱所提供的边际效用低于其他物品的一般边际水平，那么，理性的消费者就必然减少购买该物品，直到花费在该物品上的最后一元钱所提供的边际效用上升到一般边际水平为止。因此，消费者只有按照等边际准则安排自己的消费活动才能达到效用最大化。

我们可以根据等边际准则的含义，给出如下的表达式：

$$P_1 \cdot Q_1 + P_2 \cdot Q_2 = M \tag{3-4}$$

$$\frac{MU_1}{P_1} = \frac{MU_2}{P_2} = MU_m \tag{3-5}$$

其中，M 为消费者的收入，消费者购买并消费物品 1 和物品 2，物品 1 的价格为 P_1，物品 2 的价格为 P_2，消费者购买物品 1 的数量为 Q_1，购买物品 2 的数量为 Q_2，M、P_1、P_2为固定值。消费者花费在物品 1 上的最后一元钱所提供的边际效用为 MU_1，花费在物品 2 上的最后一元钱所提供的边际效用为 MU_2，单位货币的边际效用为 MU_m。

式（3-4）是收入限制条件，说明收入是既定的，消费者购买物品 1 和物品 2 的支出既不能超过收入，也不能小于收入。超过收入的购买是无法实现的，小于收入的购买达不到既定收入时的效用最大化。

式（3-5）是消费者效用最大化的条件，即消费者花费在物品 1 上的最后一元钱所提供的边际效用与其花费在物品 2 上的最后一元钱所提供的边际效用相等，也就是说，每一单位货币无论用于购买物品 1，还是购买物品 2，所得到的边际效用都相等，都是 MU_m。

如果消费者所消费的不只是两种物品，而是多种物品，那么，我们可以设各种物品的价格分别为 P_1、P_2、P_3……P_n，消费者的购买量分别为 Q_1、Q_2、Q_3……Q_n，消费者花费在各物品上的最后一元钱所提供的边际效用分别为 MU_1、MU_2、MU_3……MU_n，则消费者效用最大化的等边际准则可以表述为：

$$P_1 \cdot Q_1 + P_2 \cdot Q_2 + P_3 \cdot Q_3 + \cdots + P_n \cdot Q_n = M \tag{3-6}$$

$$\frac{MU_1}{P_1} = \frac{MU_2}{P_2} = \frac{MU_3}{P_3} = \cdots = \frac{MU_n}{P_n} = MU_m \tag{3-7}$$

二、消费者的最佳购买量

（一）无差异曲线

1. 无差异曲线的概念

为了简化分析，我们假定消费者只消费两种物品，这样我们就可以用一个两维的平面图形来说明无差异曲线。

无差异曲线（Indifference Curve）是一条用来表示消费者偏好相同的两种物品的所有组合的曲线。或者说，无差异曲线是一条表示能给消费者带来相同的效用水平或满足程度的两种物品的所有组合的曲线。

假定现在有苹果和桃子两种物品，它们有 *a*、*b*、*c*、*d*、*e*、*f* 六种组合方式，并且这六种组合方式能给消费者带来相同的效用，如表 3-3 所示。

表 3-3　　苹果和桃子的无差异组合

组合方式	苹果	桃子
a	2	16
b	4	11
c	6	7
d	8	4
e	10	2
f	12	1

图 3-5 用图形描述了表 3-3 的上述组合。

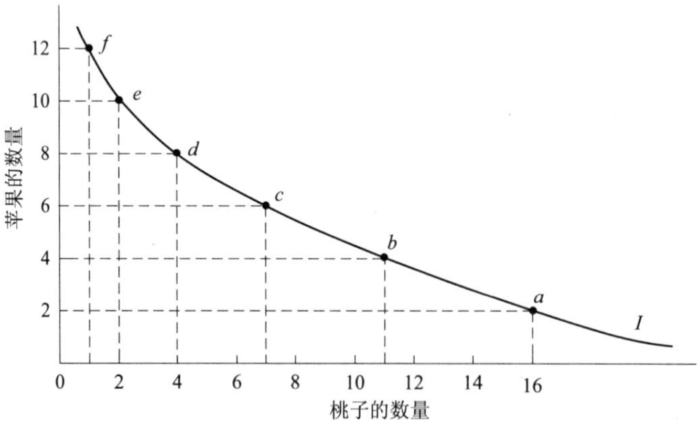

图 3-5　苹果和桃子的无差异曲线

在图 3-5 中，横轴代表桃子的数量，纵轴代表苹果的数量，*a*、*b*、*c*、*d*、*e*、*f* 六种组合方式分别用六个点来表示，把这六点连接起来的平滑曲线 *I* 就是无差异曲线，线上任何一点上苹果与桃子不同数量的组合给消费者所带来的效用都是相同的。

主张采用无差异曲线来表示消费者对两种物品的不同数量组合所带来的效用完全相同的经济学家们认为，效用是不能计算的（这与本模块单元一中的经济学家的观点不同），因此，也不能用基数来表示。因而，无差异曲线就是指两种物品的不同组合方式中的任何一种给消费者带来的满足程度是相同的，而不管这种组合所能带来的具体效用是多少。

2. 无差异曲线的特征

由于无差异曲线代表消费者偏好，因而它具有某些反映这些偏好的特征。下面，我们将介绍大多数无差异曲线的四个基本特征。

特征一：无差异曲线是一条向右下方倾斜的曲线，其斜率为负值。

无差异曲线的斜率反映了消费者愿意用一种物品替代另一种物品的比率。在大多数情况下，消费者对两种物品都喜欢。因此，在收入与价格既定的条件下，如果要减少一种物品的消费量，为了使消费者同样满足，就必须增加另一种物品的消费量。两种物品不能同时增加或减少。由于这个原因，大多数无差异曲线向右下方倾斜。

特征二：同一平面上可以有无数条无差异曲线，其中，消费者对较高的无差异曲线的偏好大于较低的无差异曲线。

同一条无差异曲线代表相同的效用，不同的无差异曲线代表不同的效用。消费者通常对数量多的物品组合的偏好大于对数量少的物品组合的偏好，这种对更大数量的偏好反映在了无差异曲线上。由于较高的无差异曲线所代表的物品量多于较低的无差异曲线，因此，消费者偏好较高的无差异曲线。

我们可以以消费者对羊肉和牛肉的不同数量组合所形成的三条无差异曲线为例，分别用表 3-4 和图 3-6 来说明这一特征。

表 3-4　　羊肉和牛肉无差异曲线

物品组合	I_1		I_2		I_3	
	羊肉	牛肉	羊肉	牛肉	羊肉	牛肉
A	1	10	2	12	3	12
B	2	6	3	8	4	10
C	3	4.5	4	6	5	8
D	4	3.5	5	5	6	7
E	5	3	6	4.4	7	6
F	6	2.6	7	4	8	5.5

表 3-4 是某消费者关于羊肉和牛肉两种物品的无差异列表。表中列出了消费者关于这两种物品的各种不同组合。该表由三个子表组成，分别由 I_1、I_2、I_3 三条无差异曲线表示。每条无差异曲线下的列表都包含六个物品组合，并且假定每一个子表中六个物品组合的效用水平都是相同的。以 I_1 下的列表为例：在表中有 A、B、C、D、E、F 六个物品组合。在 A 组合中，羊肉和牛肉的数量分别为 1 和 10；在 B 组合中，羊肉和牛肉的数量分别为 2 和 6；如此等等。消费者对这六个组合的偏好程度是无差异的。同样地，

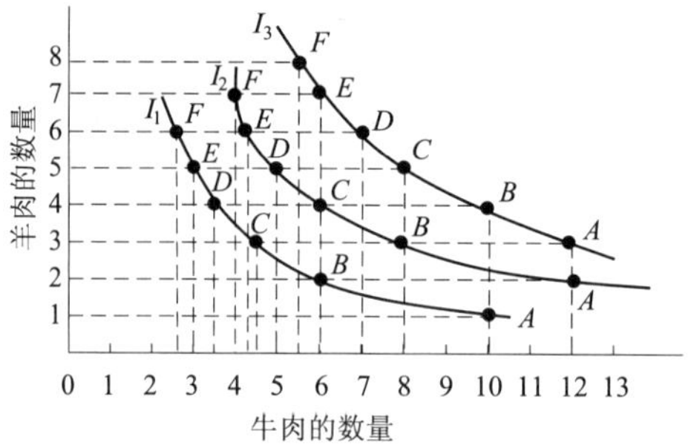

图 3-6　羊肉和牛肉的无差异曲线

消费者对 I_2 下的列表中的所有六个物品组合的偏好程度也都是相同的，I_3 中六个物品组合给消费者带来的满足程度也都一样。

但需要注意的是，I_1、I_2、I_3 各自所代表的效用水平是不一样的。只要对表中的物品组合进行仔细观察和分析就可以发现，根据偏好的非饱和性假设，可以得出结论：根据 I_1、I_2、I_3 各自所代表的效用水平进行的排序是 $I_1<I_2<I_3$。

根据表 3-4，我们可以绘制出图 3-6。图中，横轴为牛肉的数量，纵轴为羊肉的数量，根据表 3-4 中所列出的物品组合数据，我们分别得到了 I_1、I_2、I_3 这三条平滑的无差异曲线。从图中我们可以看到，I_3 高于 I_2，I_2 高于 I_1，又因为 I_1、I_2、I_3 的效用水平排序是 $I_1<I_2<I_3$，因此我们可以得出结论：消费者对较高的无差异曲线的偏好大于较低的无差异曲线。

需要指出的是：我们在表 3-4 中仅列出了三个子表，相应地，在图 3-6 中，我们得到了三条无差异曲线。实际上，我们可以假定消费者的偏好程度无限多，因而可以有无穷个无差异子表，从而得到无数条无差异曲线。其中，越高的无差异曲线所代表的效用水平越高。

特征三：在同一平面上，任意两条无差异曲线不相交。

假定两条无差异曲线相交，如图 3-7 所示。

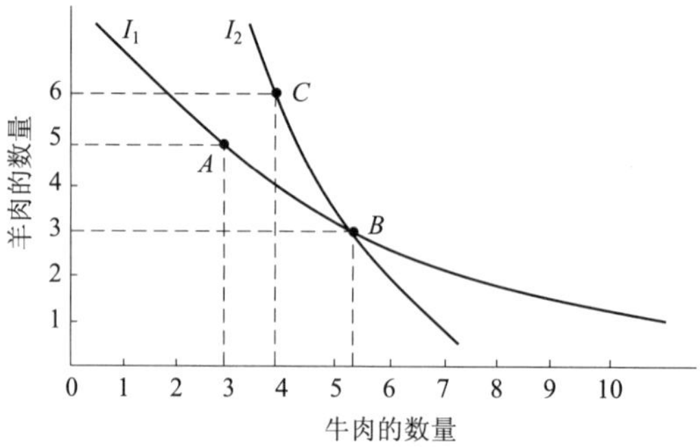

图 3-7　无差异曲线相交的不可能性

由于 A 点和 B 点在同一条无差异曲线 I_1 上，因此两点能使消费者得到同样的满足。

又由于 C 点和 B 点在同一条无差异曲线 I_2 上，因此两点能使消费者得到同样的满足。这就意味着，尽管 C 点对应的羊肉和牛肉的数量比 A 点对应的羊肉和牛肉的数量都要多，但 A 点和 C 点给消费者带来的满足程度是一样的。这就与偏好的非饱和性相矛盾。因为消费者对更多数量的两种物品的偏好大于较少数量的两种物品的偏好，所以，在同一平面内，任意两条无差异曲线不能相交。

特征四：无差异曲线凸向原点。

这是由无差异曲线的斜率——边际替代率所决定的。

（二）边际替代率

1. 边际替代率的概念与公式

我们设想，当一个消费者沿着一条既定的无差异曲线上下滑动的时候，两种物品的数量组合会不断发生变化，而效用水平却保持不变。这就说明，在维持效用水平不变的前提条件下，消费者在增加一种商品的消费数量的同时，必然会放弃一部分另一种物品的消费数量，即两种物品的消费数量之间存在着替代关系。由此，经济学家们提出了物品的边际替代率的概念。

具体地说，物品的边际替代率（Marginal Rate of Substitution）是指在维持效用水平不变的前提下，消费者增加一单位某种物品的消费数量时所需要放弃的另一种物品的消费数量。

根据边际替代率的含义，我们可以写出边际替代率的公式：

$$MRS_{XY}=\frac{\Delta Y}{\Delta X} \tag{3-8}$$

其中，X、Y 为消费者所消费的两种物品，ΔX 代表 X 物品的增加量，ΔY 代表 Y 物品的减少量，MRS 代表以 X 物品代替 Y 物品的边际替代率。因为消费者要保持相同的效用水平，因此，要增加一种物品（X）的消费就必须减少另外一种物品（Y）的消费，ΔX 为增加量，ΔY 为减少量，两者的符号肯定是相反的，因此边际替代率应该是负值。根据边际替代率的公式，我们可以发现，无差异曲线的斜率就是边际替代率。无差异曲线向右下方倾斜就表明边际替代率为负值。为了讨论方便，经济学家们一般采用其绝对值。

我们可以举例示范边际替代率的具体计算。假定某消费者为了保持相同的效用水平，要增加 2 杯可乐，就要减少 1 个汉堡包，则以可乐替代汉堡包的边际替代率就是：

$$MRS=\frac{\text{减少的汉堡包的数量}}{\text{增加的可乐的数量}}=\frac{1}{2}=0.5$$

2. 边际替代率递减规律

我们首先来计算表 3-3 中以苹果来替代桃子的边际替代率，从而得到表 3-5。

表 3-5　　苹果与桃子的边际替代率

替代情况	Δ 苹果	Δ 桃子	*MRS*
a-b	2	5	2.5
b-c	2	4	2
c-d	2	3	1.5
d-e	2	2	1
e-f	2	1	0.5

在表 3-5 中，Δ 苹果是苹果的增加量，Δ 桃子是桃子的减少量，*MRS* 是桃子的减少量与苹果的增加量的比值，因此，*MRS* 应该是负值。边际替代率递减是指边际替代率的绝对值递减。通过表 3-5，我们发现，*MRS* 从 2.5 一直下降到 0.5。这种情况普遍存在于任何两种物品的替代中，被称作边际替代率递减规律。

具体地说，边际替代率递减规律（Law of Diminishing Marginal Rate of Substitution）是指在维持效用水平不变的前提下，随着一种物品的消费数量的连续增加，消费者为得到每一单位的这种物品所需要放弃的另一种物品的消费数量是递减的。

边际替代率递减的原因是：随着一种物品的消费数量的逐步增加，它的边际效用在递减，因而消费者想要获得更多的这种物品的愿望就会递减，从而，为了多获得一单位的这种物品而愿意放弃的另一种物品的数量就会越来越少。或者说，若第一种物品以同样的数量增加，它所能替代的另一种物品越来越少，也就是说，在式（3-8）中当分母 ΔX 保持不变时，分子 ΔY 在不断地减少，从而分数值就在不断减少。

我们可以通过图 3-8 对此进行说明。

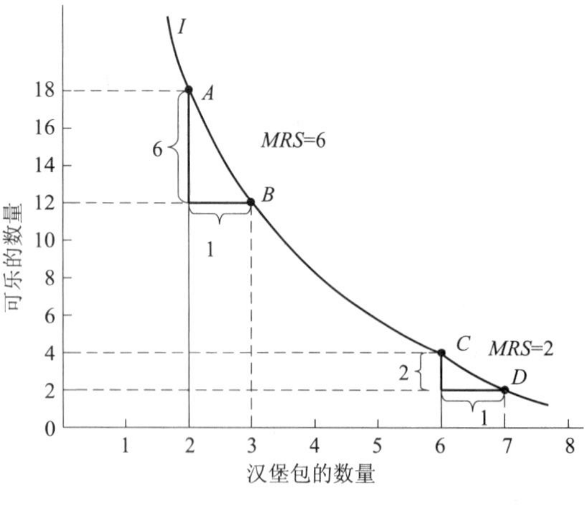

图 3-8　边际替代率递减规律

在图 3-8 中，在 *A* 点时，消费者拥有 18 个单位的可乐和 2 个单位的汉堡包，他非常饿但并不渴，为了增加 1 单位的汉堡包，他宁愿放弃 6 个单位的可乐，此时，消费组合由 *A* 点滑到 *B* 点，消费者的汉堡包增加到 3 个单位，可乐下降到 12 个单位。与此相比，在 C 点，消费者拥有 6 个单位的汉堡包和 4 个单位的可乐，他并不是很饿，要再增加 1 个单位的汉堡包，他仅愿意放弃 2 个单位的可乐，此时，消费组合由 C 点滑到 D 点，消费者的汉堡包为 7 个单位，可乐下降到 2 个单位。

A 点到 B 点的 MRS 为：

$$MRS=\frac{\text{可乐减少的数量}}{\text{汉堡包增加的数量}}=\frac{6}{1}=6$$

C 点到 D 点的 MRS 为：

$$MRS=\frac{\text{可乐减少的数量}}{\text{汉堡包增加的数量}}=\frac{2}{1}=2$$

通过上面的例子，我们发现：一种物品越是稀缺，它的相对替代价值就越大；相对于变得充裕的物品而言，它的边际效用会上升。

（三）预算约束线

1. 预算约束线的概念

预算约束线（Budget Constraint）又称为预算线、家庭预算线、等支出线、价格线、消费可能线等。预算约束线是一条表明在消费者收入与商品的价格既定的条件下，消费者所能购买到的两种商品数量最大组合的线。

预算约束线表明了消费者消费行为的限制条件。这种限制就是购买物品所花的钱既不能大于收入，也不能小于收入。大于收入是在收入既定条件下无法实现的，小于收入则无法实现效用最大化。

我们可以根据预算约束线的含义给出其约束条件方程式：

$$M=P_X\cdot Q_X+P_Y\cdot Q_Y \tag{3-9}$$

其中，消费者的收入为 M，消费者购买 X、Y 两种商品。P_X 是 X 商品的价格，P_Y 是 Y 商品的价格，我们通过预算约束线，讨论消费者在 M、P_X、P_Y 既定的情况下所能购买到的最大组合的 Q_X 和 Q_Y。

式（3-9）也可以写为：

$$Q_Y=\frac{M}{P_Y}-\frac{P_X}{P_Y}\cdot Q_X \tag{3-10}$$

式（3-10）是一个直线方程式，其斜率为$-\frac{P_X}{P_Y}$。

令 $Q_X=0$，则 $Q_Y=\frac{M}{P_Y}$。

令 $Q_Y=0$，则 $Q_X=\frac{M}{P_X}$。

这说明预算约束线在横轴（X 轴）上的截距为$\frac{M}{P_X}$，在纵轴（Y 轴）上的截距为$\frac{M}{P_Y}$。

我们可以做出一个简单的预算约束线的图形，如图 3-9 所示。

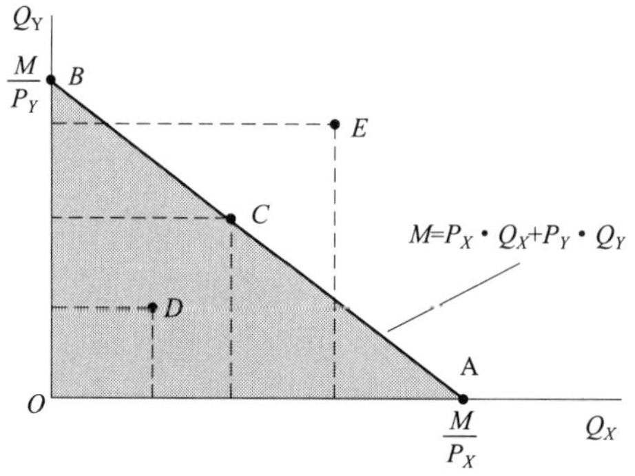

图 3-9 预算约束线

在图 3-9 中，横轴 Q_X 代表消费者购买 X 商品的数量，纵轴 Q_Y 代表消费者购买 Y 商品的数量。A 点为预算约束线与横轴的交点，其值为$\frac{M}{P_X}$。B 点为预算约束线与纵轴的交点，其值为$\frac{M}{P_Y}$。AB 线就是预算约束线，线上的任意一点，例如 C 点，都是消费者在既定约束下（M、P_X、P_Y 既定）所能购买到的 X、Y 两种商品数量的最大组合；而在 AB 线内的任意一点，例如 D 点，表示消费者购买的 X、Y 两种商品的数量组合是可以实现的，但并不是最大数量的组合，即消费者的收入 M 还有剩余；在 AB 线外的任意一点，例如 E 点，表示消费者购买的 X、Y 两种商品的数量组合是不能实现的，因为消费者需要花费的钱超过了他的既定收入 M。

我们可以通过表 3-6 和图 3-10，以消费者购买可乐和汉堡包为例，进一步说明消费者的预算约束线。假定消费者每月收入 M 为 1 000 元，且全部用于购买可乐和汉堡包，每个汉堡包的价格为 P_X 为 10 元，每杯可乐的价格为 P_Y 为 2 元，表 3-6 显示了消费者可以购买可乐和汉堡包的多种组合。

表 3-6　消费者预算约束下可乐与汉堡包的多种组合

可乐/杯	汉堡包/个	可乐支出/元	汉堡包支出/元	总支出/元
0	100	0	1 000	1 000
100	80	200	800	1 000
200	60	400	600	1 000
300	40	600	400	1 000
400	20	800	200	1 000
500	0	1 000	0	1 000

表中第一行表示消费者把他的全部收入都购买汉堡包，他一个月可以吃 100 个汉堡包，但他不能再购买一点可乐。第二行表示他购买 80 个汉堡包，花费 800 元，购买 100 杯可乐，花费 200 元。依此类推。表中的每种消费组合花费正好是 1 000 元。

根据表 3-6，我们可以做出图 3-10。

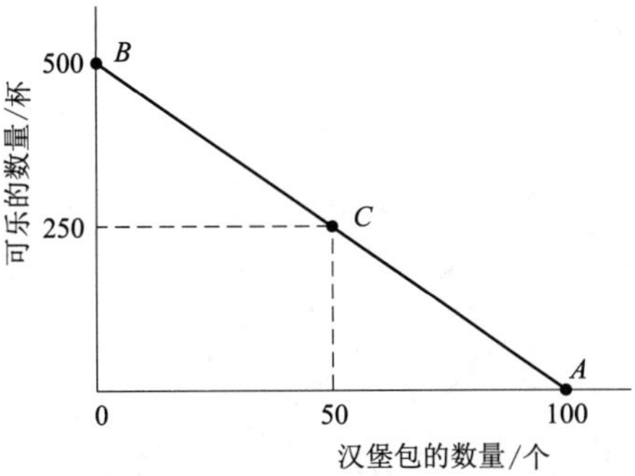

图 3-10 消费者的预算约束线

在图 3-10 中，横轴为汉堡包的数量，纵轴为可乐的数量。A 点表示消费者不买可乐只购买 100 个汉堡包；B 点表示消费者不买汉堡包只购买 500 杯可乐；C 点表示消费者购买 50 个汉堡包和 250 杯可乐。A、B、C 三点只表示消费者可以选择的汉堡包和可乐的多种组合中的三种。线段 AB 上所有各点都是可能的。实际上，消费者预算约束线表示消费者面临的两种物品的权衡取舍。

2. 预算约束线的移动

从以上分析可以看出，只要给定消费者的收入 M 和两种商品的价格 P_X 和 P_Y，则相应的预算约束线的位置和形状就可以确定了。因为，预算约束线在横轴上的截距是 $\frac{M}{P_X}$，在纵轴上的截距是 $\frac{M}{P_Y}$，预算约束线的斜率是 $-\frac{P_X}{P_Y}$，由此可以推断，只要 M、P_X、P_Y 这三个量中任何一个发生变化，原来的预算约束线都会发生变动。

给定一条预算约束线 AB，具体来说，该预算约束线可以有以下四种变动情况。

第一种情况：两种商品的价格 P_X、P_Y 不变，消费者收入 M 发生变化。此时，预算约束线 AB 会发生平移。理由是：P_X、P_Y 不变，则预算约束线的斜率 $-\frac{P_X}{P_Y}$ 不变，M 发生变化，只能使预算约束线在横轴、纵轴上的截距 $\frac{M}{P_X}$、$\frac{M}{P_Y}$ 发生变化。如果此时 M 增加，则预算约束线 AB 向右平移，它表示消费者的全部收入用来购买其中任何一种商品的数量都因收入的增加而增加；如果此时 M 减少，则预算约束线 AB 向左平移，它表示消费者的全部收入用来购买其中任何一种商品的数量都因收入的减少而减少。如图 3-11 所示，当 M 增加时，预算约束线由 AB 向右平移到 $A'B'$；当 M 减少时，预算约束线由 AB 向左平移到 $A''B''$。

第二种情况：消费者收入 M 不变，两种商品的价格 P_X、P_Y 同方向同比例发生变化。此时，预算约束线 AB 也会发生平移。理由是：M 不发生变化，P_X、P_Y 同方向同比例变化，预算约束线的斜率 $-\frac{P_X}{P_Y}$ 不变，只能使预算约束线在横轴、纵轴上的截距 $\frac{M}{P_X}$、

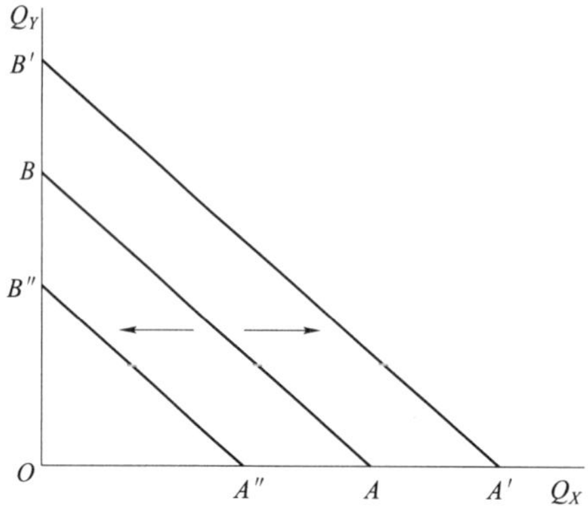

图 3-11 预算约束线的变动（a）

$\frac{M}{P_Y}$发生变化。如果此时 P_X、P_Y 同方向同比例上升，则预算约束线 AB 向左平移，表示消费者的全部收入用来购买其中任何一种商品的数量会因价格的上升而同比例地减少；如果此时 P_X、P_Y 同方向同比例下降，则预算约束线 AB 向右平移，表示消费者的全部收入用来购买其中任何一种商品的数量会因价格的下降而同比例地增加。如图 3-12 所示，当 P_X、P_Y 同方向同比例上升时，预算约束线由 AB 向左平移到 A″B″；当 P_X、P_Y 同方向同比例下降时，预算约束线由 AB 向右平移到 A′B′。

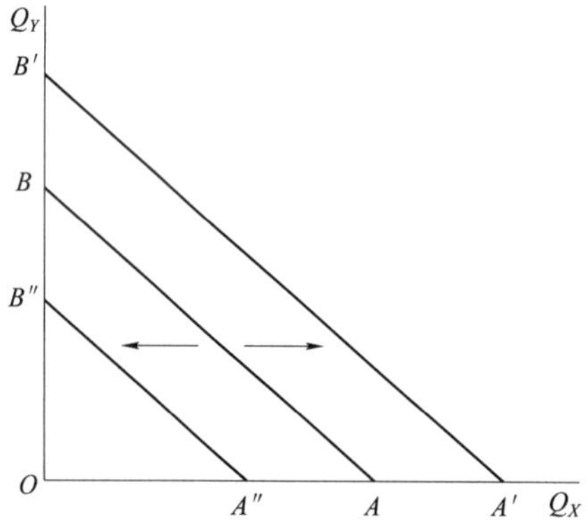

图 3-12 预算约束线的变动（b）

第三种情况：消费者收入 M 不变，X 商品的价格 P_X 发生变化而 Y 商品的价格 P_Y 保持不变。此时，预算约束线的斜率$-\frac{P_X}{P_Y}$会发生变化，预算约束线在横轴上的截距$\frac{M}{P_X}$也会发生变化，但预算约束线在纵轴上的截距$\frac{M}{P_Y}$不会发生变化。如果 X 商品的价格 P_X 下降，预算约束线由 AB 移至 A′B，它表示消费者的全部收入用来购买 X 商品的数量因 P_X 的下降而增加，但全部收入用来购买 Y 商品的数量并未受到影响；如果 X 商品的价格 P_X 上升，预算约束线由 AB 移至 A″B，它表示消费者的全部收入用来购买 X 商品的数量

因 P_X 的上升而减少，但全部收入用来购买 Y 商品的数量并未受到影响。如图 3-13 所示，当消费者收入 M 不变、Y 商品的价格 P_Y 不变、X 商品的价格 P_X 下降时，预算约束线由 AB 移至 $A'B$；当消费者收入 M 不变、Y 商品的价格 PY 不变、X 商品的价格 P_X 上升时，预算约束线由 AB 移至 $A''B$。

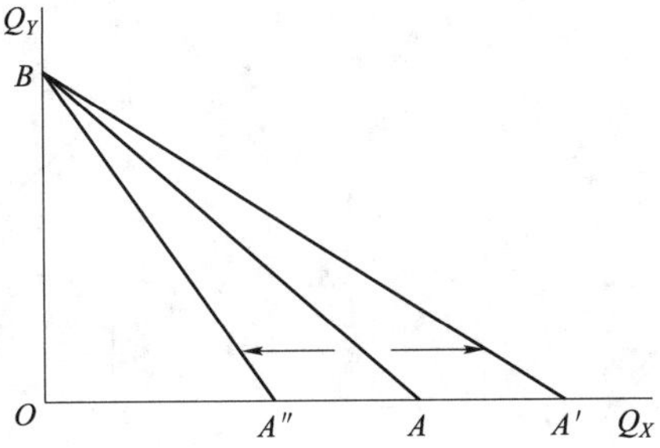

图 3-13 预算约束线的变动（c）

同理，消费者收入 M 不变，Y 商品的价格 P_Y 发生变化而 X 商品的价格 P_X 保持不变。此时，预算约束线的斜率$-\frac{P_X}{P_Y}$会发生变化，预算约束线在纵轴上的截距$\frac{M}{P_Y}$也会发生变化，但预算约束线在横轴上的截距$\frac{M}{P_X}$不会发生变化。如果 Y 商品的价格 P_Y 下降，预算约束线由 AB 移至 AB'，它表示消费者的全部收入用来购买 Y 商品的数量因 P_Y 的下降而增加，但全部收入用来购买 X 商品的数量并未受到影响；如果 Y 商品的价格 P_Y 上升，预算约束线由 AB 移至 AB''，它表示消费者的全部收入用来购买 Y 商品的数量因 P_Y 的上升而减少，但全部收入用来购买 X 商品的数量并未受到影响。如图 3-14 所示，当消费者收入 M 不变、X 商品的价格 P_X 不变、Y 商品的价格 P_Y 下降时，预算约束线由 AB 移至 AB'；当消费者收入 M 不变、X 商品的价格 P_X 不变、Y 商品的价格 P_Y 上升时，预算约束线由 AB 移至 AB''。

第四种情况：消费者的收入 M 和两种商品的价格 P_X、P_Y 都同方向同比例发生变化。此时，预算约束线不发生变化。其理由是：此时，预算约束线的斜率$-\frac{P_X}{P_Y}$、预算约束线在横轴上的截距$\frac{M}{P_X}$以及预算约束线在纵轴上的截距$\frac{M}{P_Y}$都不会发生变化。它表示消费者的全部收入用来购买两种商品中任何一种商品的数量都未发生变化。如图 3-15 所示，当消费者的收入 M 和两种商品的价格 P_X、P_Y 都同方向同比例发生变化时，预算约束线 AB 不发生变化。

（四）消费者的最佳购买量

1. 最优点

我们现在回顾一下上文所讲到的可乐与汉堡包的例子。消费者总是想达到可乐与汉堡包的最好的消费组合，这也就是说想达到在最高可能的无差异曲线上的组合。但由于预算约束线衡量的是消费者可以得到的总资源，因此消费者还必须达到或低于他的预算约束线。这样，我们就把无差异曲线和预算约束线结合在一起来分析消费者如何实现效用最大化。

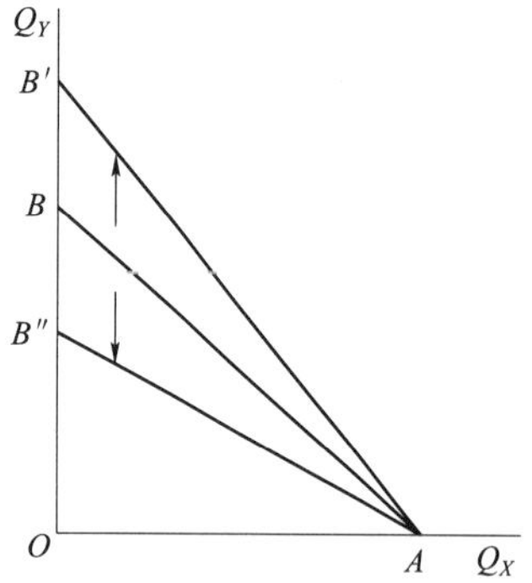

图 3-14　预算约束线的变动（d）

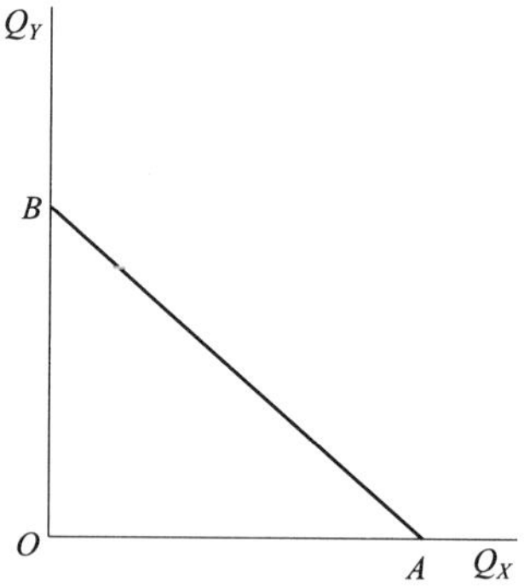

图 3-15　预算约束线的变动（e）

如果把无差异曲线和预算约束线结合在一个图上，那么，消费者的预算约束线必定会与无数条无差异曲线当中的一条相切于一点，在这个切点上，消费者就实现了效用最大化，经济学家把这个点称作最优点。

我们可以用图 3-16 来说明这一结论。

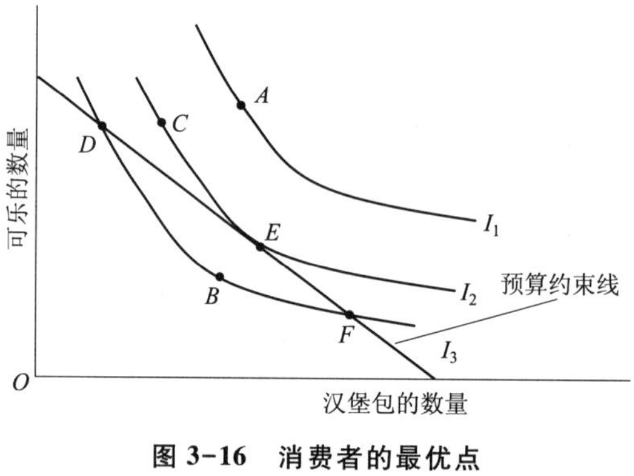

图 3-16　消费者的最优点

在图 3-16 中，I_1、I_2、I_3 分别为同一平面内无数条无差异曲线中的三条，并且它们的效用排序为 $I_1>I_2>I_3$。消费者可以达到的最高无差异曲线是与预算约束线相切的无差异曲线 I_2，它与预算约束线的切点 E 点就是消费者实现效用最大化的最优点。这是为什么呢？

消费者可能更偏爱 A 点，因为 A 点在 I_1 上，而 I_1 所代表的效用水平大于 I_2，但 I_1 与消费者的预算约束线既不相交也不相切，这说明达到 I_1 上任何一点（如 A 点）的可乐与汉堡包的数量组合在消费者收入与商品价格既定的条件下是无法实现的；与 I_1 上任意一点相比，消费者可以负担得起 B 点，因为 B 点在预算约束线之内，但是 B 点是在较低的无差异曲线 I_3 上，因此它给消费者所带来的满足程度较低；I_3 与预算约束线相交于 D、F 两点，消费者在 D 点和 F 点上所购买的可乐与汉堡包的数量也是收入与商品价格既定条件下的最大组合，但是由于$I_3<I_2$，因此D点与F点所对应的可乐与汉堡包的数量组合仍不能达到消费者的最大效用；I_2上除E点之外的任意一点（如C点）均在消费者预算约束线之外，即所代表的可乐与汉堡包的数量组合也是消费者收入与商品价格既定条件下所无法实现的；由以上的分析可见，只有E点，消费者才能得到可乐与汉堡包的最优的数量组合，所达到的效用才是最大的。因此，我们可以说，E点是消费者在收入和商品价格既定条件下的最大效用，也是消费者在效用既定（I_2上任意一点）条件下的最小花费。

需要指出的是，在最优点（E点）由于无差异曲线与消费者的预算约束线相切，因此，此时无差异曲线在E点的斜率就是预算约束线的斜率。我们在本模块的前面已经介绍过，无差异曲线的斜率是边际替代率，预算约束线的斜率是两种商品的价格之比，因此，消费者要实现效用最大化，就必须达到选择的两种商品的数量组合使边际替代率等于相对价格。用数学公式表示这一结论就是：

$$MRS_{XY}=\frac{P_X}{P_Y} \tag{3-11}$$

在本模块中，我们介绍了市场价格是消费者对物品的边际评价。上述对消费者最优选择的分析又一次说明了这一道理。消费者在做出自己的消费选择的时候，把两种商品的相对价格作为既定条件，然后选择使他的边际替代率等于这种相对价格的最优点。两种商品的相对价格是市场愿意用一种商品交换另一种商品的比率，而边际替代率是消费者愿意用一种商品交换另一种商品的比率。在消费者最优时（即消费者实现效用最大化时），消费者对两种商品的评价（用边际替代率表示）等于市场的评价（用两种商品的相对价格来表示）。在消费者最优时，不同商品的市场价格反映了消费者对这些商品的评价。

2. 关于效用最大化的两种表述的比较

在本模块中，我们分别介绍了经济学家们对于消费者实现效用最大化的两种不同的表述。那么，他们的结论是否一致呢？

根据本单元关于消费者效用最大化的表述，消费者欲购买X、Y两种商品，要实现效用最大化，就必须满足以下条件。

$$\frac{MU_X}{P_X}=\frac{MU_Y}{P_Y} \tag{1}$$

根据本单元消费者最佳购买量的介绍，消费者要实现效用最大化，则需

$$MRS_{XY}=\frac{P_X}{P_Y} \tag{2}$$

下面，我们把式（1）、式（2）两个结论性公式进行比较，看一看两者是否一致。

根据边际替代率的含义，我们可以得到：

$$MRS_{XY}=\frac{\Delta Y}{\Delta X} \tag{3}$$

根据边际效用的含义，我们可以得到：

$$MU_X=\frac{\Delta TU}{\Delta X} \tag{4}$$

$$MU_Y=\frac{\Delta TU}{\Delta Y} \tag{5}$$

式（4）可以变为：

$$\Delta X=\frac{\Delta TU}{MU_X} \tag{6}$$

式（5）可以变为：

$$\Delta Y=\frac{\Delta TU}{MU_Y} \tag{7}$$

把式（6）、式（7）分别代入式（3），我们可以得到：

$$MRS_{XY}=\frac{\Delta Y}{\Delta X}=\frac{MU_X}{MU_Y} \tag{8}$$

根据式（8），我们可以把式（2）写为：

$$MRS_{XY}=\frac{P_X}{P_Y}=\frac{MU_X}{MU_Y} \tag{9}$$

式（1）也可以变为：

$$\frac{P_X}{P_Y}=\frac{MU_X}{MU_Y} \tag{10}$$

由此可见，式（1）、式（2）的结论是一致的。

通过上述推导我们可以看出，不同经济学家从不同的角度对于消费者实现效用最大化进行了不同的表述。有的经济学家说，消费者为了实现效用最大化，就要使所有物品的每单位货币的边际效用都相等；有的经济学家说，消费者为了达到最高可能的无差异曲线，就要使其无差异曲线与预算约束线相切。在本质上，这是表述同一件事情的两种方法。

互动训练

辩论赛——“雪中送炭”还是“锦上添花”更有价值？

项目要求：

1. 学生分成偶数组，两两辩论，双方各自持有不同观点，进行讨论和资料准备。
2. 辩论赛：“雪中送炭”还是“锦上添花”更有价值？
3. 教师主持辩论赛，并选出获胜者，进行点评。

学以致用

“百鸡问题”记载于五六世纪成书的《张邱建算经》中，是原书卷中第 38 题，也是全书的最后一题。“今有鸡翁一，值钱五；鸡母一，值钱三；鸡雏三，值钱一。凡百钱买鸡百只，问鸡翁、母、雏各几何?”若用白话文表述，该问题是：公鸡每只值 5 文钱，母鸡每只值 3 文钱，而 3 只小鸡值 1 文钱。用 100 文钱买 100 只鸡。问：这 100 只鸡中，公鸡、母鸡和小鸡各有多少只?

该题用现代数学的方法，很容易得出结果。该题也可以从经济学的角度进行分析。把“公鸡 5 元 1 只，母鸡 3 元 1 只，小鸡 3 只 1 元”解释成“公鸡对小鸡的边际替代率是 15，母鸡对小鸡的边际替代率是 9”，在总预算为 100 元的条件下，如何实现既定预算约束下的消费者均衡问题。

同学们，请谈一下对于用经济学解决我国古代经典数学题“百鸡问题”的看法。

生活中还有什么数学问题可以用经济学知识解决?

拓展阅读

把每一分钱都用在刀刃上

消费者均衡就是消费者购买商品的边际效用与货币的边际效用相等，这就是说消费者的每一元钱的边际效用和用 1 元钱买到的商品的边际效用相等。假定 1 元钱的边际效用是 5 个效用单位，1 件上衣的边际效用是 50 个效用单位，消费者愿意用 10 元钱购买这件上衣，因为这时的 1 元钱的边际效用与用在 1 件上衣上的 1 元钱的边际效用相等，此时消费者就实现了消费者均衡，也可以说实现了效用（满足）的最大化。低于或大于 10 元钱，都没有实现消费者均衡。我们可以简单地说在你收入既定、商品价格既定的情况下，花钱最少得到的满足程度最大就实现了消费者均衡。

商品的连续消费会使边际效用递减，其实货币的边际效用也是递减的。在收入既定的情况下，你储存货币越多，购买物品就越少，这时货币的边际效用在下降，而物品的边际效用在增加，明智的消费者就应该把一部分货币用于购物，增加他的总效用；反过来，消费者卖出商品，增加货币的持有，也能提高他的总效用。通俗地说，假定你有稳定的职业收入，你银行存款有 50 万元，但你非常节俭，吃、穿、住都处于温饱水平，实际上这 50 万元足以使你过上小康生活。要想实现消费者均衡，你应该用这 50 万元的一部分去购房，用一部分去买一些档次高的服装，也要在银行有一些存款；相反，如果你没有积蓄，购物欲望非常强，见到新的服装款式，甚至借钱去买，买的服装很多，而效用降低，如遇到一些家庭风险，没有一点积蓄，生活便会陷入困境。

经济学家的消费者均衡理论看似难懂，其实一个理性的消费者，他的消费行为已经遵循了消费者均衡理论。比如你在现有的收入和储蓄下是买房还是买车，你会做出合理的选择。你走进超市，见到琳琅满目的物品，你会选择你最需要的；你去买服装肯定不会买你已有的服装。所以说经济学是选择的经济学，而选择就是在你资源（货币）有限的情况下，实现消费满足的最大化，使每一分钱都用在刀刃上，这样就实现了消费者均衡。

单元感悟

知识方面：

____

____

素养方面：

____

____

【模块知识自测】

1. 下列能使“甲之砒霜，乙之佳肴”成为可能的是（　　）。

A. 欲望　B. 偏好　C. 预算约束　D. 价格

2. 当总效用达到极大值时，边际效用（　　）。

A. 达到最小　B. 达到最大　C. 为零　D. 为正

3. 以下关于边际效用说法正确的有（　　）。

A. 边际效用不可能为负值

B. 边际效用与总效用呈同方向变动

C. 对于通常情况来说，消费者消费商品服从边际效用递减规律

D. 在边际效用等于零时，总效用也为零

4. 消费者剩余是消费者的（　　）。

A. 实际所得　B. 主观感受

C. 没有购买的部分　D. 消费剩余部分

5. 已知商品 X 的价格为 8 元，商品 Y 的价格为 3 元，若某消费者买了 5 个单位 X 和 3 个单位 Y，此时 X、Y 的边际效用分别为 20、14，那么为获得效用最大化，该消费者应该（　　）。

A. 停止购买两种商品　B. 增加 X 的购买，减少 Y 的购买

C. 增加 Y 的购买，减少 X 的购买　D. 同时增加对两种商品的购买

6. 消费者购买每单位物品所支付的价格一定等于（　　）。

A. 消费者从消费第一单位的这种物品中获取的边际效用

B. 消费者从消费这种物品中获取的总效用

C. 消费者从平均每单位物品的消费中获得的效用

D. 消费者从消费最后一单位物品中获得的边际效用

7. 预算线上的点表明（　　）。

A. 没有用完预算支出　　B. 预算支出条件下的最大可能数量组合

C. 处于均衡状态　　D. 状态不可能确定

8. 同一条无差异曲线上的不同点表示（　　）。

A. 效用水平不同，但所消费的两种商品组合比例相同

B. 效用水平相同，但所消费的两种商品组合比例不同

C. 效用水平不同，两种商品的组合比例也不相同

D. 效用水平相同，两种商品的组合比例也相同

9. 如果用纵轴代表的物品价格上升，预算线将变得（　　）。

A. 更加陡峭　　B. 更加平坦

C. 向外移动，但与原来的预算线平行　　D. 向内移动，但与原来的预算线平行

10. 假定 X 和 Y 的价格 P_X 和 P_Y 已定，当 $MRS_{XY}>P_X/P_Y$ 时，消费者为达到最大满足，他将（　　）。

A. 增加 X 的购买，减少 Y 的购买　　B. 减少 X 的购买，增加 Y 的购买

C. 同时增加 X 和 Y 的购买　　D. 同时减少 X 和 Y 的购买

【知识梳理】

请大家通过复习，梳理出本模块的知识脉络图。

模块四

分析企业生产

【知识目标】

1. 掌握厂商生产函数的概念，理解生产理论中短期和长期的划分。
2. 掌握短期生产理论，掌握总产量、平均产量、边际产量的关系，并能画出关系图。
3. 掌握长期生产理论、两种生产要素最适组合的公式与图形。
4. 掌握规模报酬的含义及其递减规律。
5. 明确几种成本的概念，区分经济利润与会计利润，掌握成本函数。
6. 掌握短期成本理论、短期各成本曲线的关系。
7. 掌握长期成本理论、长期各成本曲线的关系以及短期与长期成本曲线的关系。

【能力目标】

1. 理解规模报酬的经济理论与实践意义。
2. 能运用生产者均衡的条件解题。
3. 能利用机会成本的理论进行经营决策。
4. 能利用边际成本和边际收益的相关知识分析问题。

【思政目标】

1. 引导学生能正确理解企业追求利润最大化与可持续发展、经济高速增长和经济结构合理性之间的辩证关系。
2. 引导学生对“中国制造 2025”战略进行思考和讨论。

【故事导入】

烤鸭店老板的决策

假设有一个烤鸭店，如果烤炉数量不变，只有1个。1个工人烤鸭子，1小时能烤2只；再增加1个工人，炉子还是1个，可能1小时一共能烤5只鸭子；增加到3个工人，一共可以烤10只鸭子。

由此可见，随着工人的不断加入，每个工人的劳动效率是增加的。很显然，这种效率的提高是劳动分工带来的。烤鸭子有多道工序。比如至少三道：把鸭子收拾干净；拿到案板上处理；送到烤炉里烤。当一个人做所有这些事情时，效率一定比较低。因为当他收拾鸭子时，案板和烤炉都闲置着。当工人增加到3个后，1个人收拾鸭子，1个人做案板工作，1个人专门负责烤鸭子。由于分工，案板和烤炉都没有闲置，而且每个人专门做1个工序，也会提高工作效率。可是，如果继续追加工人呢？随着工人数量进一步增加，迟早会出现后面1人的产量不如前面1人多的情况。因为无论是案板还是烤炉，跟工人都有一个最佳的配比，人多到一定数量，超过了这个配比，案板和烤炉前都会排队，窝工又会出现，因此效率反而降了下来。由此看来，人多未必效率高，究竟需要多少个工人是需要老板费费脑筋的。

还是以烤鸭为例，假定烤炉和劳动力的劳动时间都可以无限地细分（劳动时间的细分基本能做到，可以按小时或分钟计算；把烤炉看作是租来的，烤炉的细分就容易理解了，可以按照租借的小时或者分钟来分），如果租烤炉的最后1元钱所产生的烤鸭数量，大于雇用工人的最后1元钱所产生的烤鸭数量，烤鸭店老板会做出什么决定？反之呢？何时可以使烤鸭的总产量达到最大呢？

假定该烤鸭店共生产了1 000只烤鸭，售价是每只100元，但是每只的成本是120元，老板一定是亏损了吗？亏损就一定要停产吗？如果租借烤炉的租金摊到每只鸭子身上约为40元，你认为老板会做出继续生产的决定吗？

带着这些问题，好好学习本模块吧！

单元一　人多一定力量大吗？

【情景教学】

一、准备教学道具

准备视频《三个和尚》。

二、教学目的

通过观看视频，学生能够直观地感觉到生产要素变化对产量的影响，引导学生认识到企业进行生产要素的变动是为了获得成本与产量的最佳组合，从而实现利润的最大化。

三、教学活动组织

1. 学生观看视频。
2. 学生思考：随着人数的增加，工作的效果是如何变化的。

四、活动总结

1. 学生讨论：随着人数的增加，工作效果的变化。
2. 通过讨论，请学生分析为什么会有这种变化，并体会生产要素数量的变动对于生产效果的影响。

【故事导入】

农场里的番茄采摘

在一个小镇的农场里，农场主李叔每年都要雇用工人来采摘番茄。今年，他计划让家人帮忙，同时也考虑雇用更多工人，以确保丰收的番茄能够被快速采摘并运往市场。

起初，农场里只有李叔和他的儿子在工作，每小时能采摘 50 篮番茄。他的妻子加入后，采摘量明显提高，达到了每小时 110 篮。看到人多力量大，李叔又叫来了两个邻居帮忙，采摘量增加到了每小时 180 篮。

然而，当第五个人、第六个人加入时，采摘量的增速却变慢。当增加到第八个人时，大家在田里开始相互干扰，工具不够用，导致每小时采摘的番茄量几乎没有增加，甚至有人无所事事，影响了整体效率。

李叔对此很疑惑：“明明人越多，应该采得越快，为什么到了一定人数后，反而增速减慢，甚至可能下降?”

这正是经济学中“边际产量递减”的典型现象。随着投入（劳动力）的增加，初期生产效率可能迅速提升，但当投入达到一定水平后，边际产量的增长将逐渐减缓，甚至可能下降。那么，边际产量递减的原理是什么？在不同的行业和场景中，它又是如何影响企业的生产决策的呢？让我们一起探索吧！

【经济学原理】

一、生产的基本概念

（一）生产与生产要素

生产是对各种要素进行组合制成产品的行为。生产是一个过程，这个过程的结果是向市场提供消费者所需要的产品和服务。这个过程开始的前提是有必要的生产要素。

生产要素（Factor of Production）是指在生产中所使用的各种经济资源。生产要素可以划分为四种，分别是劳动、土地、资本和企业家才能。

（二）生产函数

生产是将投入的生产要素转化成产品和服务的过程，在这个过程中投入的生产要素的数量与所能生产出的数量之间存在着一定的依存关系。这种关系可以用生产函数表示出来。

1. 概念

生产函数（Production Function）表示在一定技术条件下，生产要素投入量与它的最大产量之间的一种函数关系。

2. 公式

我们可以把生产函数的公式表示为：

$$Q=f(x_1, x_2, \cdots, x_n) \tag{4-1}$$

该生产函数表示在既定的生产技术水平下生产要素组合（x_1，x_2，…，x_n）在每一时期的最大产量为 Q。

若以 L 表示劳动投入量，以 K 表示资本投入量，则生产函数简写为：

$$Q=f(K, L) \tag{4-2}$$

二、一种生产要素的变动对产量的影响

在分析投入的生产要素与产量之间的关系时，我们先从最简单的一种生产要素的投入开始。我们所要研究的问题是在其他生产要素不变的情况下，一种生产要素的增加对产量的影响，以及这种可变的生产要素的投入量以多少为宜。

我们假定资本投入量是不变的，分析劳动投入量的增加对产量的影响以及劳动投入量多少是最合理的。这时的生产函数为：

$$Q=f(\overline{K}, L) \tag{4-3}$$

其中，$\overline{K}$表示资本投入量不变，这时的产量只取决于劳动投入量 L，我们研究的是 Q 与 L 的关系，即生产函数也可以写为：

$$Q=f(L) \tag{4-4}$$

（一）总产量、平均产量和边际产量的概念

（1）总产量（Total Product，TP）是指投入一定数量生产要素所获得的产量总和。

（2）平均产量（Average Product，AP）是指平均每单位可变要素投入所获得的产量。

（3）边际产量（Marginal Product，MP）是增加一单位可变要素投入量所增加的产量。

如果可变要素以劳动为例，则总产量、平均产量、边际产量可以分别记作 TP_L、AP_L、MP_L。用 Q_L代表劳动力的数量，TP_L、AP_L、MP_L之间的关系可以表述为：

$$TP_L=AP_L \cdot Q_L \tag{4-5}$$

$$AP_L=\frac{TP_L}{Q_L} \tag{4-6}$$

$$MP_L=\frac{\Delta TP_L}{\Delta Q_L} \tag{4-7}$$

（二）边际报酬递减规律

边际报酬递减规律（Law of Diminishing Marginal Returns）是指在技术水平不变的条件下，若其他生产要素不变，连续增加某种生产要素的投入量，最初这种生产要素的增加会使报酬增加，但在达到一定限度后，增加的报酬将要减少。边际报酬就是增加一单位的生产要素所带来的报酬的增加量。如果用物质产品来表示就叫作边际产量递减规律，如果用产品的价值形式来表示就叫作边际收益递减规律。

理解上述内容时，应注意以下几点。

（1）如果最后的产出是物质产品的形式，此规律又称为边际产量递减规律；若以产品的价值形式给出，此规律又称为边际收益递减规律。

（2）边际报酬递减规律作用前提之一是技术水平不变。它不否认技术水平提高可能会导致劳动生产率提高。例如，纺织工人看车床，可能原本 5 个工人看 5 台车床是最匹配的组合，再增加 1 台车床，就有可能会使得其中 1 个工人要看两台，导致效率降低，边际产量下降。但如果新增加的车床是电脑操控的，则在这种技术条件下，完全可以实现效率的提高。

（3）规律表述有“最终”二字限制条件。也就是说，某一投入要素边际报酬并非自始至终递减，它有可能在一定范围内呈现增加趋势。原因在于，在产品的生产过程中，不变要素投入和可变要素投入之间存在着一个最佳组合比例。由于不变要素投入量总是存在的，随着可变要素投入量逐渐增加，生产要素的组合逐渐接近最佳组合比例，可变要素的边际产量递增。生产要素的组合达到最佳组合比例时，可变要素的边际产量达到最大值。此后，随着可变要素投入量继续增加，生产要素的组合逐渐偏离最佳组合比例，可变要素的边际产量递减。

边际报酬递减规律存在的原因：随着可变要素投入量的增加，可变要素投入量

与固定要素投入量之间的比例在发生变化。在可变要素投入量增加的最初阶段，相对于固定要素来说，可变要素投入量过少，因此，随着可变要素投入量的增加，其边际产量递增，当可变要素与固定要素的配合比例恰当时，边际产量达到最大。如果再继续增加可变要素投入量，由于其他要素的数量是固定的，可变要素就相对过多，于是边际产量就必然递减。

（三）总产量、平均产量和边际产量的曲线及其变动规律

根据前面提到的例子，我们可以编制一种可变生产要素的生产函数的总产量、平均产量和边际产量的表格，如表 4-1 所示。

表 4-1　总产量、平均产量和边际产量

资本投入量（K）	劳动投入量（L）	总产量（TP）	平均产量（AP）	边际产量（MP）
10	0	0	—	—
10	1	100	100	100
10	2	300	150	200
10	3	600	200	300
10	4	1 000	250	400
10	5	1 500	300	500
10	6	1 800	300	300
10	7	1 960	280	160
10	8	2 080	260	120
10	9	2 160	240	80
10	10	2 160	216	0
10	11	1 980	180	-180

根据表 4-1 可以用几何图形表示总产量、平均产量和边际产量，如图 4-1 所示。

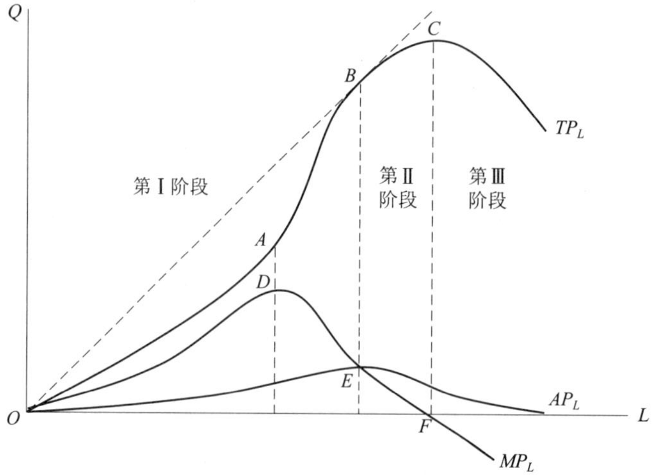

图 4-1　总产量、平均产量和边际产量

从图 4-1 中可以看出，总产量曲线、平均产量曲线和边际产量曲线都呈现出倒

"U"形的变化趋势，即先呈现上升趋势，达到最大值后再下降。

（1）总产量曲线。总产量曲线先以递增速率上升，然后再递减上升，在由递增向递减的速率转变时出现拐点，最后总产量曲线下降。

（2）平均产量曲线。平均产量曲线先上升后下降，在与边际产量曲线相交的时候取得最大值。平均产量曲线始终位于总产量曲线的下方。

（3）边际产量曲线。边际产量曲线也是先上升再下降，但有可能小于零，这是由边际报酬递减规律决定的。

（四）总产量曲线、平均产量曲线和边际产量曲线之间的关系

1. 总产量曲线和平均产量曲线的关系

连接 TP_L 曲线上任一点和坐标原点的线段的斜率，可以表示为该点上的 AP_L 值。

在图 4-1 中，当 AP_L 曲线在 E 点达最大值时，TP_L 曲线必然有一条从坐标原点出发的最陡的切线，与 TP_L 曲线相切于 B 点。

2. 总产量曲线和边际产量曲线的关系

过 TP_L 曲线上任一点的切线的斜率，可以表示为该点上的 MP_L 值。

在图 4-1 中，在总产量的上升段（C 点以前），MP_L 为正值。当 TP_L 曲线在 C 点达最大值时，MP_L 为 0。在总产量的下降段（C 点以后），MP_L 为负值。进一步地，当 TP_L 曲线先以递增的速率增加时，MP_L 曲线上升；当 TP_L 曲线的斜率在拐点 A 达最大值时，MP_L 曲线在 D 点达最大值；当 TP_L 曲线在 A 点后以递减的速率继续增加时，MP_L 曲线在 D 点后下降。直至 TP_L 曲线的斜率在 C 点降为 0 时，MP_L 曲线在 F 点与横轴相交。

根据上述分析，我们可以得到更加普遍的总量与边际量的关系：对任何一对相应的总量和边际量而言，只要边际量大于零，总量就会增加；边际量小于零，总量就会减少；当边际量等于零时，总量达到最值；边际量的几何意义可以表示为过总量曲线上某一点的切线的斜率。

3. 平均产量曲线和边际产量曲线的关系

平均产量曲线和边际产量曲线相交于平均产量曲线的最大值点。MP_L 曲线的变动快于 AP_L 曲线的变动。

在图 4-1 中，在 E 点以前，MP_L 曲线高于 AP_L 曲线，MP_L 曲线将 AP_L 曲线上拉，AP_L 曲线是上升的；在 E 点以后，MP_L 曲线低于 AP_L 曲线，MP_L 曲线将 AP_L 曲线下拉，AP_L 曲线是下降的。MP_L 曲线与 AP_L 曲线相交于 AP_L 曲线的最大值点——E 点。

根据上述分析，我们可以得到更加普遍的边际量与平均量的关系：对于任何两个相应的边际量和平均量而言，只要边际量小于平均量，边际量就把平均量下拉；只要边际量大于平均量，边际量就把平均量上拉；当边际量等于平均量时，平均量必然达到其自身的极值点。

我们可以举个例子来帮助大家理解，某排球队的平均身高是 1.80 米（平均量），新加入的一名队员身高 1.85 米（边际量），则全队的平均身高就会增加；反之，如果新加入的一名队员身高是 1.75 米（边际量），则全队的平均身高就会下降。

（五）生产的三个阶段

根据可变生产要素的总产量曲线、平均产量曲线和边际产量曲线之间的关系，可以

将生产过程划分为三个阶段。

第Ⅰ阶段：TP_L曲线上 B 点以前。

在这一阶段，劳动的平均产量上升，劳动的边际产量大于劳动的平均产量，劳动的总产量增加。这说明：不变要素资本的投入量相对过多。相对于不变的资本量而言，劳动量的增加可以使资本得到充分利用，从而产量递增，因此劳动量需要继续增加，否则资本无法得到充分利用。厂商将会做出决定扩大生产至第Ⅱ阶段。

第Ⅱ阶段：TP_L曲线上 B 点到 C 点之间。

在这一阶段，平均产量开始下降，边际产量递减。由于边际产量仍然大于零，总产量仍在增加。这时可变要素劳动力的投入量越来越接近饱和，创造了可能的最大产量。

第Ⅲ阶段：TP_L曲线上 C 点以后。

在这一阶段，劳动的平均产量继续下降，劳动的边际产量降为负值，劳动的总产量下降。这说明：可变要素劳动的投入量相对过多，过多的劳动量非但没有给生产者带来有利的结果，反而使总产量下降。因此，厂商将会缩减生产至第Ⅱ阶段。

根据以上分析可知，劳动量的增加应在第Ⅱ阶段为宜，但在第Ⅱ阶段的哪一点上，还要考虑其他因素。如果企业以利润最大化为目标，那就必须结合成本与产品价格来分析。

互动训练

视频资料——“杂交水稻之父”袁隆平

项目要求：

1. 认真观看视频，了解袁隆平院士对中国 14 亿人的贡献。
2. 小组派代表陈述组内讨论的主要观点。
3. 教师对各小组讨论结果进行归纳和点评。

学以致用

内卷化一词源于美国人类学家吉尔茨（Clifford Geertz）的《农业内卷化——印度尼西亚的生态变化过程》（*Agricultural Involution*: *The Processes of Ecological Change in Indonesia*）。根据吉尔茨的定义，内卷化是指一种社会或文化模式在某一发展阶段达到一种确定的形式后，便停滞不前或无法转化为另一种高级模式的现象。这一概念最早是用来研究爪哇的水稻农业。在殖民地时代和后殖民地时代的爪哇，农业生产长期以来原地不动，未曾发展，只是不断地重复简单再生产，不能提高单位人均产值。

黄宗智在《长江三角洲小农家庭与乡村发展》中，把内卷化这一概念用于中国经济发展与社会变迁的研究，他把通过在有限的土地上投入大量的劳动力来获得总产量增长的方式，称为没有发展的增长，即“内卷化”。

资料来源：孙秀岭．换个角度看，“内卷”更像社会进步了．大众日报，2020-10-26.

试运用经济学理论分析上述“内卷”现象。

拓展阅读

从“大跃进”到“杂交水稻”

袁隆平是我国著名的农业科学家，也是享誉世界的“杂交水稻之父”。杂交水稻这项技术由于大幅度地提高了水稻的亩产量，而对全球的水稻供应产生了革命性的影响。这两件事能联系在一起，主要是与经济学上的边际收益递减规律有关。

根据边际收益递减规律，边际产量先递增后递减，递增是暂时的，而递减则是必然的。边际产量递增是生产要素潜力发挥、生产效率提高的结果，而到一定程度之后边际产量递减，则是生产要素潜力耗尽、生产效率下降的原因所致。

规律既然是客观的，就必须得到尊重，否则就会受到规律的惩罚。由于“大跃进”时期的舆论导向把人定胜天的思想拔高到了让人头脑发昏的地步，当时的人们错误地提出“人有多大胆，地有多大产”。超限度的强行“密植”必然导致粮食的大幅减产，结果“人祸”加“天灾”，在当时的中国造成了灾难性的后果。

改革开放以来，我国并没有出现所谓的“粮食危机”，这归因于农业科技进步。从边际收益递减规律的角度来看，我国没有发生“粮食危机”的后果，主要是因为在长期这一规律的前提条件（技术水平不变）发生了变化。以袁隆平的事迹为例，为了提高水稻亩产量，他几十年如一日蹲在田间地头，经过无数次艰苦的实验和研究，终于将水稻种植技术推进到“杂交水稻”时代。在袁隆平取得成就的基础上，我国科学家通过联合攻关，现在已全部破解了水稻的基因密码。这对我国今后大幅度提高水稻亩产量提供了技术支持。

从“大跃进”到袁隆平的成就，给我们展示了如何对待边际收益递减规律的正反两方面的例证。在短期，我们必须尊重边际收益递减规律，确定合理的投入限度；但在长期，通过积极地实施技术创新战略，打破边际收益递减规律的限制，可为人民谋取更大的福利。

资料来源：刘华．经济学案例教程．大连：大连理工大学出版社，2013.

单元感悟

知识方面：

____

____

素养方面：

____

____

单元二　企业应当做大还是做小？

【情景教学】

一、准备教学道具

1. 学生准备搜集的关于王永庆与台塑集团的资料。
2. 教师准备备用视频“经营之神王永庆”。

二、教学目的

通过视频观看，学生能够认识到企业生存需要获得最大利润，而适度的规模是企业获得最大利润的重要条件。

三、教学活动组织

1. 观看视频，让学生直观地感受到规模效益对企业的重要性。
2. 分析台湾台塑集团的发展历程。

四、活动总结

1. 学生讨论：台塑集团成功的原因有哪些？
2. 企业如何实现适度规模？

【故事导入】

亚当·斯密在其著作《国民财富的性质和原因的研究》中描述了他参观一个针厂的情况。斯密所看到的工人之间的专业化及其引致的规模经济给他留下了深刻的印象。他写道：“一个人抽铁丝，另一个人拉直，第三个人截断，第四个人削尖，第五个人磨光顶端以便安装圆头。做圆头要求有两三道不同的工序，装圆头是一项专门的业务，把针涂白是另一项，甚至将针装进纸盒中也是一门手艺。由于这种专业化，针厂每个工人每天生产成千上万枚针。”他得出结论：如果工人选择独立工作，而不是作为一个团队来工作，那他们肯定不能每人每天制造出20枚针，或许连1枚也造不出来。换句话说，由于专业化，大针厂可以比小针厂实现更高的人均产量和每枚针更低的平均成本。斯密在针厂观察到的专业化在现代经济中普遍存在。例如，如果你想盖一栋房子，你可以试图自己去完成所有工作。但大多数人找建筑商，建筑商又雇用木工、水暖工、电工、油漆工和许多其他类型的工人。这些工人把他们的培训和经验集中在某种工作上，因此，这使他们在这种工作上比作为通用型工人时做得更好。实际上，运用专业化实现规模经济是现代社会这样繁荣的原因之一。

资料来源：曼昆．经济学原理．7版．北京：北京大学出版社，2015.

【经济学原理】

两种生产要素都发生改变时，若以 K 表示资本投入量、以 L 表示劳动投入量，则此时生产函数为 $Q=f(K, L)$。

一、两种生产要素的变动与要素的最佳组合

（一）生产要素的最佳组合比例

投入的诸要素都能够最大限度地加以利用，使企业生产一定数量的产品所耗费的生产要素量最小，或者投入一定量的生产要素的产量最大，从而使厂商获得最大化的经济效益的生产要素组合比例。

厂商为了实现生产要素的最适组合，一定要考虑购买各种生产要素所能获得的边际产量与所付出的价格。这样，生产要素最适组合的原则就是：在生产与生产要素价格既定的条件下，应该使所购买的各种生产要素的边际产量与价格的比例相等，要使每一单位货币无论购买何种生产要素都能得到相等的边际产量。

假定所购买的生产要素是资本与劳动，则生产要素最适组合条件可以写成：

$$P_K \cdot Q_K + P_L \cdot Q_L = M \tag{4-8}$$

$$\frac{MP_K}{P_K} = \frac{MP_L}{P_L} = MP_m \tag{4-9}$$

其中，P_K 与 P_L 分别代表资本的价格和劳动的价格，也就是获得每单位资本和劳动需要付出的代价；Q_K 和 Q_L 分别代表资本和劳动在生产中的投入数量；M 表示一定的货币数量；MP_K 和 MP_L 分别代表资本和劳动的边际产量，也就是分别增加一单位资本和劳动所带来的产量的增加量。

式（4-8）是限制条件，说明生产者所拥有的货币量是既定的，购买资本和劳动的支出不能超过这一货币量，也不能小于这一货币量。超出这一货币量是无法实现的，而小于这一货币量的购买也达不到既定资源时的产量最大化，也就是说，小于货币量的购买没有充分地利用给定的资源，不可能得到最大产量。式（4-9）是生产要素最适组合的条件，即所购买的生产要素的边际产量与其价格之比相等，也就是说，每一单位货币无论用于购买资本，还是用于购买劳动，所得到的边际产量都相等，而且都应该等于货币的边际产量 MP_m。

（二）等产量线

1. 等产量线的概念

等产量曲线（Isoquant）表示其他条件不变时，为达到一定的产量所需投入的两种

生产要素之间的各种可能组合点的轨迹。

表 4-1 中的数据关系可以用图 4-2 表示出来。

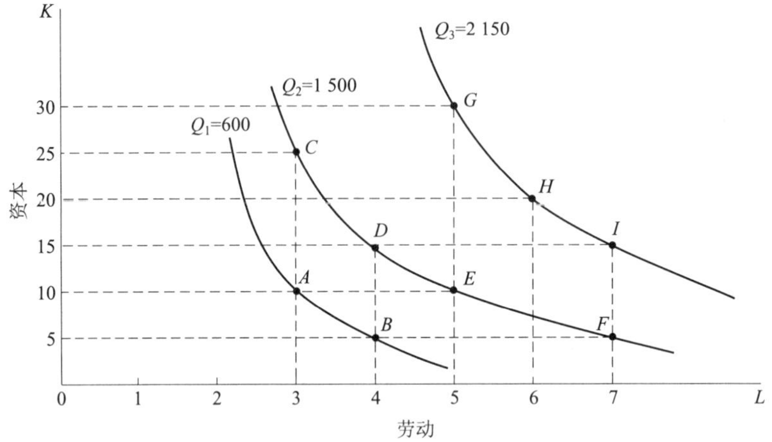

图 4-2 等产量曲线

与无差异曲线相似，等产量曲线也可以呈现出四点特征。

2. 等产量曲线的特征

特征一：等产量线是一条向右下方倾斜的线，其斜率为负值。

这就表明，在生产者的资源与生产要素价格既定的条件下，为了达到相同的产量，在增加一种生产要素时，必须减少另一种生产要素。两种生产要素的同时增加是资源既定时无法实现的，两种生产要素的同时减少不能保持相等的产量水平。

特征二：在同一平面图上，可以有无数条等产量线。

同一条等产量线代表相同的产量，不同的等产量线代表不同的产量水平。离原点越远的等产量线所代表的产量水平越高，离原点越近的等产量线所代表的产量水平越低。

特征三：在同一平面图上，任意两条等产量线不能相交。

因为在交点上两条等产量线代表了相同的产量水平，与第二个特征相矛盾。

特征四：等产量曲线是凸向原点的。

（三）等成本线

1. 等成本线的概念

生产理论中的等成本线与效用论中的预算约束线十分相似。

等成本线（Isocost Line）是指在一定时期内，在既定的成本和既定的生产要素价格条件下，厂商可以购买到两种生产要素所有可能的组合。

2. 等成本线的公式

$$C=w\cdot L+r\cdot K \tag{4-10}$$

等成本线的公式也可以写成：

$$K=-\frac{w}{r}L+\frac{C}{r} \tag{4-11}$$

其中，C 表示既定的成本，w 表示劳动（L）的价格（即工资率），r 表示资本（K）的价格（即利息率）。由于成本方程式是线性的，所以等成本线必是一条直线。如图 4-3 所示。

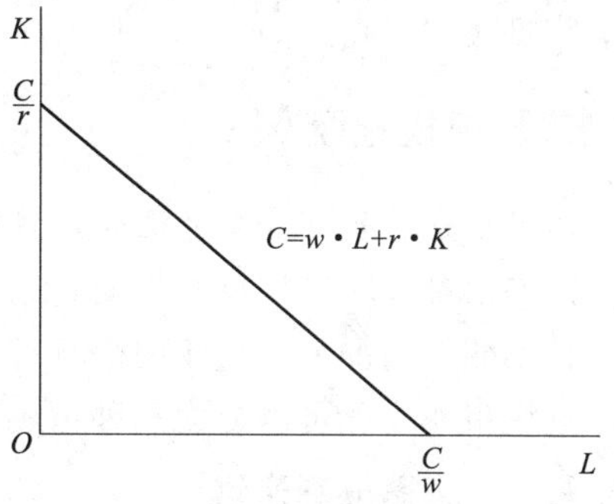

图 4-3　等成本线

3. 等成本线的移动

成本与生产要素价格的变动会使等成本线发生变动。等成本线的变动与预算约束线的变动相类似。

（四）生产要素的最优投入组合

研究生产者如何选择最优的生产要素组合，需要把等产量曲线和等成本线结合在一起，并分为在既定成本条件下的产量最大化和既定产量条件下的成本最小化两种情况进行讨论。

1. 关于既定成本条件下的产量最大化（成本约束下的厂商均衡）

在图 4-4 中，有一条等成本线 AB 和三条等产量曲线 Q_1、Q_2 和 Q_3。唯一的等成本线 AB 与其中一条等产量曲线 Q_2 相切于 E 点，该点即生产的均衡点，劳动投入量和资本投入量分别为 OL_1 和 OK_1。任何更高的产量（如 Q_3）在既定成本条件下都是无法实现的。任何更低的产量（如 Q_1）在既定成本条件下都是低效率的。

2. 关于既定产量条件下的成本最小化（产量既定下的厂商均衡）

在图 4-5 中，有一条等产量曲线 Q 和三条等成本线 C_1、C_2 和 C_3。唯一的等产量曲线 Q 与其中一条等成本线 C_2 相切于 E 点，该点即生产的均衡点，劳动投入量和资本投入量分别为 OL_1 和 OK_1。等成本线 C_3 虽然与既定的等产量曲线 Q 相交于 R、S 两点，但其代表的成本过高。等成本线 C_1 虽然代表的成本较低，但其无法实现等产量曲线 Q 所代表的产量。

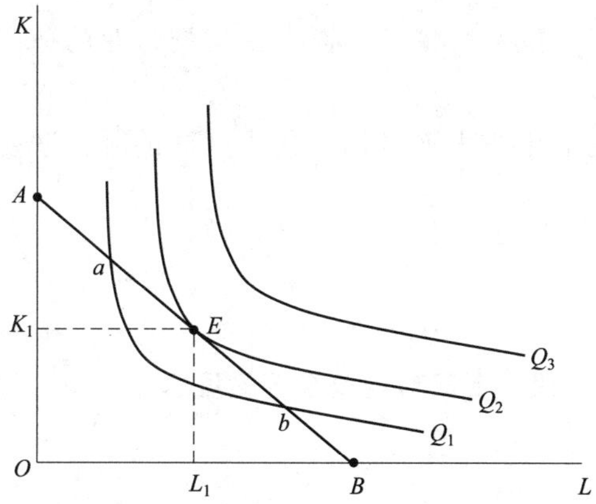

图 4-4　既定成本条件下的产量最大化

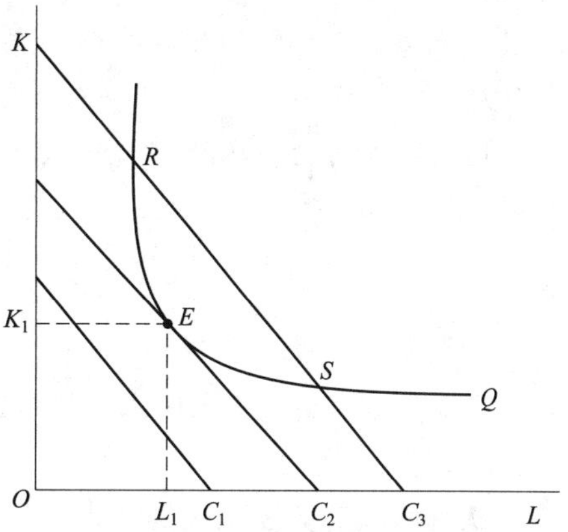

图 4-5　既定产量条件下的成本最小化

综合上述两种情况可知，厂商在既定产量条件下实现最小成本与在既定成本条件下实现最大产量的两要素的最优组合原则是相同的，即最优化的状态都是出现在等成本线与等产量线的切点上。

二、规模报酬

规模报酬分析的是企业的生产规模变化与所引起的产量变化之间的关系。通常以全部生产要素都以相同比例发生变化来定义企业的生产规模变化。规模报酬变化是指在其他条件不变的情况下，企业内部各种生产要素按相同比例变化时所带来的产量变化。

规模报酬变化可以分为三种情况。

（一）规模报酬递增

规模报酬递增是指产量增加的比例大于各种生产要素的比例。产生规模报酬递增的主要原因是由于企业生产规模扩大所带来的生产效率的提高。

（二）规模报酬不变

规模报酬不变是指产量增加的比例等于各种生产要素的比例。

（三）规模报酬递减

规模报酬递减是指产量增加的比例小于各种生产要素的比例。产生规模报酬递减的主要原因是由于企业生产规模过大，使生产的各方面难以协调，从而降低了生产效率。

规模报酬变化一般呈现出如下规律：当企业从最初很小的生产规模开始逐步扩大时，面临的是规模报酬递增阶段。在企业得到了由生产规模扩大所带来的产量递增的全部利益后，一般会继续扩大生产规模，将生产保持在规模报酬不变阶段。规模报酬不变阶段可能会比较长。此后，企业若继续扩大生产规模，将进入规模报酬递减阶段。

三、适度规模

适度规模是指生产规模递增达到最大化时的生产规模。厂商在确定适度规模时应考虑的因素主要有：

（1）要考虑本行业的技术特点。通常来说，技术密集型、资本密集型行业的适度规模较大。

（2）要考虑所处市场条件。一般地，市场需求量大而且标准化程度高的企业适度规模较大。

互动训练

撰写体会——结合王永庆本人的成功经历，谈谈自己对规模经济的理解

项目要求：

1. 认真阅读有关王永庆的故事。

2. 结合王永庆本人的成功经历，每位学生写一篇不少于 1 000 字的心得体会，并谈谈自己对规模经济的理解。

3. 教师批改，并挑选出优秀作品进行课堂公开展示。

学以致用

在面临越来越广阔的市场时每个企业都有两种战略选择：一是多产业、小规模，低市场占有率；二是少产业，大规模，高市场占有率。格兰仕选择的是后者。格兰仕微波炉，在国内已达到70%的市场占有率；在国外已达到35%的市场占有率。

格兰仕的成功就运用规模经济的理论，即某种产品的生产，只有达到一定的规模时，才能取得较好的效益。微波炉生产的最小经济规模为100万台。早在1996—1997年期间，格兰仕就达到了这一规模。随后，规模每上一个台阶，生产成本就下降一个台阶。这就为企业的产品降价提供了条件。格兰仕的做法：当生产规模达到100万台时，将出厂价定在规模80万台的成本价以下；当规模达到400万台时，将出厂价又调到规模为200万台的成本价以下；而现在规模达到1 000万台以上时，又把出厂价降到规模为500万台的成本价以下。这种在成本下降的基础上所进行的降价，是一种合理的降价。降价的结果是将成本较高的企业一次又一次大规模地淘汰，使行业的集中度不断提高，使行业的规模经济水平不断提高，由此带动整个行业社会必要劳动时间不断下降，进而带来整个行业的成本不断下降。

成本低，则价格必然就低，降价最大的受益者是广大的消费者。从1993年格兰仕进入微波炉行业的10年间，微波炉的价格由每台3 000元以上降到每台300元左右，降幅达90%以上，这不能不说是格兰仕的功劳，不能不说是格兰仕对中国广大消费者的巨大贡献。

根据以上材料，谈一下你对规模经济的看法。

拓展阅读

王永庆的成功之路

台塑集团老板王永庆被称为“主宰台湾的第一大企业家”“华人经营之神”。他的成功之路与经济学原理是一致的。

当一个企业的产量达到平均成本最低时，就充分利用了规模收益递减的优势，实现了最适规模。应该说，不同行业中最适规模的大小是不同的。一般而言，重工业、石化、电力、汽车等行业的最适规模都很大。这是因为在这些行业中所用设备先进、复杂，最初投资大、技术创新和市场垄断程度都特别重要。王永庆经营的化工行业正属于这种最适规模大的行业，所以，规模的扩大带来了收益递增。

然而，一个规模大的企业固然有许多优势，但也会存在一些问题。这主要是随着企业规模扩大，管理效率下降，管理成本增加，一个大企业也像政府机构一样会滋生官僚主义。同时，企业规模大也会缺乏灵活性，难以适应千变万化的市场。所以，“大就是好”并不适用于一切企业。对那些“大就是好”的企业来说，要特别注意企业规模大引起的种种问题，王永庆在扩大企业规模和产量的同时，注意降低建厂成本、生产成本和营销成本，并精减人员，提高管理效率。这对他的成功也很重要。

其实企业并不是一味求大或求小，而是以效益为标准。那种盲目合并企业，以追求进500强的做法往往事与愿违。绑在一起的小舢板绝不是航空母舰。王永庆的成功不在于台塑大，而在于台塑实现了规模收益递增的最优规模。

资料来源：梁小民．微观经济学纵横谈．北京：生活·读书·新知三联书店，2000.

单元感悟

知识方面：

素养方面：

单元三 “天下没有免费的午餐”

【情景教学】

一、准备教学道具

文字资料展示：

生活中的成本

购物篇

（1）你认为网购比在实体店更能省钱，但花了大量的时间挑选，结果却货不对板，不得不退货，浪费了时间和金钱。

（2）打折的时候，你买了很多东西，钱没少花，其实没有几件是真正你能用得到的，或者你买了一堆打折的书，其实你压根没看。

饮食篇

（3）你觉得单点比套餐要贵，所以你选择了套餐，结果套餐里面没有几样是令你吃得开心的。

（4）难得吃一次自助餐，你为了不浪费或者“吃回来”，你点了很多东西吃，结果真的是吃撑了。

健康篇

（5）你喜欢熬夜工作，但长期熬夜的代价是你的体质越来越糟糕，而你却觉得你年轻力壮无所谓。

（6）去健身房你觉得没必要请教练，但却不知道你的训练方法和方式其实根本不对，你不知道自己慢慢地陷入了一种叫“运动损伤”的状态。

资料来源：节选自腾讯财经《30 条生活中的隐性成本，你被戳中了几条?》。

二、教学目的

通过资料的阅读及思考，了解成本的含义。

三、教学活动组织

1. 学生阅读文字资料。
2. 指导学生讨论以下问题。
(1) 生活中的成本。
(2) 成本就是指钱财的付出吗？就是会计账面上给出的数字吗？

四、活动总结

1. 引导学生理解“成本是研究一切经济学问题的出发点。”
2. 使学生认识到经济学与会计学对于成本的不同理解。

【故事导入】

你是否曾经走进一家餐馆吃午饭，发现里面几乎没人？你可能会问，为什么这种餐馆还要开门呢？因为看起来来自几个顾客的收入不可能弥补餐馆的经营成本。

在做出是否在午餐时营业的决策时，餐馆老板必须记住固定成本与可变成本的区别。餐馆的许多成本，如租金、厨房设备、桌子、盘子等，都是固定的。在午餐时停止营业并不能减少这些成本。换句话说，在短期中，这些是沉没成本。当老板决定是否提供午餐时，只有可变成本（增加的食物价格和增加的店员工资）是与决策相关的。只有从吃午餐的顾客那里得到的收入少到不能弥补餐馆的可变成本时，老板才会在午餐时间关门。

夏季度假区小型高尔夫球场的经营者也面临着类似的决策。由于不同的季节收入变动不大，企业必须决定什么时候开门，什么时候关门。固定成本（购买土地和修建球场的成本）是与决策无关的。只有在一年中收入大于可变成本的时间里，小型高尔夫球场才应开业经营。

资料来源：曼昆．经济学原理．7 版．北京：北京大学出版社，2015.

【经济学原理】

一、成本类型

（一）成本的概念

厂商的生产成本一般是指生产一定产量时在生产过程中所支付的费用。很明显，厂商货币支出总额的大小取决于两个基本因素：产量（Q）和各种生产要素的价格（P）。

成本函数表示在一定时间内，在技术水平和要素价格不变的条件下，成本与产量之间依存关系的函数表示。通常记作：

$$C=f(Q) \tag{4-12}$$

生产过程中，成本的内涵远远要比在生产经营中的各种实际支出丰富得多。

（二）成本类型

1. 机会成本与会计成本

经济学假设厂商的目标是实现利润最大化。从会计学的意义上讲，利润等于总收益减去总成本。需要注意的是，经济学家所考虑的成本与会计学中的成本是不同的。为了说明这种不同，我们需要了解机会成本和会计成本的概念。

所谓机会成本，是指厂商将一定资源用作某种用途时所放弃其他用途中的最大收入，或者是将一定资源保持在这种用途上必须支付的成本。西方经济学从稀缺资源配置的角度来研究生产一定数量某种产品所必须支付的代价。这意味着必须用机会成本概念来研究厂商的生产成本。西方经济学中生产成本概念与会计成本概念的区别在于后者不是从机会成本而是从各项直接费用的支出来统计成本的。

在理解机会成本这一概念时要注意这样两个问题。

第一，机会成本不同于实际成本，不是做出某项选择时实际支付的费用或损失，而是一种观念上的成本或损失。在讨论机会成本时我们看不到真实的货币支付，也看不到真实的实物损失。假如，某企业现在拥有资金 200 万元，如果用于生产再投资，可能会从中获利 30 万元，但如果选择放进银行吃利息，只能获利 12.5 万元。那么把钱放进银行的机会成本就是 30 万元。显然，这里企业并没有发生真正的损失，机会成本只是指原本可以得到但实际没有得到的损失。所以，企业经营者必须懂得机会成本的概念，这样才能真正评价企业某项投资究竟是否最为有利，是否最大限度地获得了经济利益，是否还有可挖掘的利润空间。

第二，机会成本是做出一种选择所放弃的其他若干种可能的选择中最好的一种。

我们在决定做一件事时，会放弃做很多事情，每放弃一件事对我们来说都有损失，其中最大的损失才能称为机会成本。如上面提到的例子中某企业有 200 万元，如果这 200 万元有更好的用途，可以给企业带来更多的盈利，如 40 万元，那么机会成本就是 40 万元。

会计成本是厂商在生产过程中按市场价格直接支付的一切费用，这些费用一般均可以通过会计账目反映出来。

2. 显成本与隐成本

企业的生产成本可以分为显成本和隐成本。

显成本就是一般会计学上的成本概念。显成本是指厂商在生产要素市场上购买或租用所需要生产要素的实际支出，这些支出是在会计账目上作为成本项目记入账上的各项费用支出。如需要向工人支付的工资、向银行支付的利息、向土地的所有者支付的地租等都属于企业应负担的显成本。

隐成本是对厂商自己拥有的且被用于该企业生产过程的那些生产要素所应支付的费用。这些费用并没有在企业的会计账目上反映出来，所以称为隐成本。显然，隐成本指的是厂商自己拥有的生产要素的机会成本。

3. 沉没成本与新增成本

沉没成本是指过去已经发生并且不能由现在或将来的任何决策加以改变的成本。沉没成本因其已经“沉没”，故决策时无须顾及。

4. 经济成本与会计成本

经济学家所考虑的成本与会计学中的成本是不同的。

会计人员似乎更关心企业已经发生的实实在在的支出，很明显，会计成本可以完全等同于显成本。而比起已经发生的成本，经济学家则更在乎做出决策时面临的预计新增成本是多少。考虑经济成本时，将所有参与生产经营的生产要素的价值都计入其中，而不管其是否真正产生实际的货币支付。

经济学中的成本概念与会计学成本概念之间的关系，可以用下列公式表示：

$$会计成本=显成本 \tag{4-13}$$

$$经济成本=显成本+隐成本 \tag{4-14}$$

显然经济成本比会计成本的含义更广泛、内容更丰富，因此，我们在做出决策时不但要考虑会计成本，更重要的是要考虑经济成本。

二、生产成本

（一）生产中的长期和短期的概念

与平时所说的表示时间跨度的意义不同，这里所说的短期和长期的划分是以生产者能否变动全部要素投入数量作为标准。短期是指生产者来不及调整全部生产要素投入数量，至少有一种生产要素投入数量是固定不变的时间周期。在短期内，生产要素投入分为不变要素投入（如厂房、机器设备等）和可变要素投入（如劳动、原材料等）。长期是指生产者可以调整全部生产要素投入数量的时间周期。在长期内，所有生产要素投入都是可变要素投入。

短期和长期的划分并非按照具体的时间长短。对于不同的产品生产，短期和长期的具体时间的规定是不同的。例如，变动一个大型钢厂的规模可能需要 5 年，则其短期和长期的划分以 5 年为界，而变动一个小快餐店的规模可能只需要 1 个月，则其短期和长期的划分以 1 个月为界。

（二）短期成本分析

1. 短期总成本

（1）相关概念

短期总成本（STC）是指厂商在短期内为生产一定数量的产品所耗费的全部成本，包括固定成本和变动成本两部分。

固定成本（FC）是指厂商在短期内为生产一定数量的产品，购买不变生产要素的费用支出。这种成本不随产量的变动而变动。

可变成本（SVC）是指厂商在短期内生产一定的产品，购买可变生产要素的费用支出。例如，原材料、燃料、雇用工人的工资等。

显然，短期总成本、固定成本、可变成本之间的关系满足：

$$STC=SVC+FC \tag{4-15}$$

（2）曲线

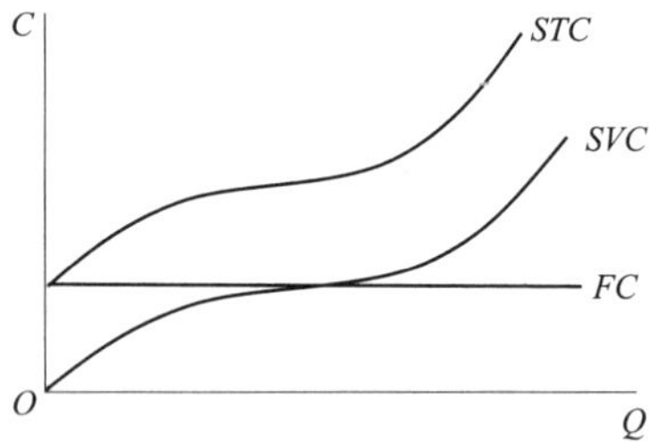

图 4-6 短期总成本、固定成本和可变成本曲线

显然，短期总成本曲线可由相应的 TP_L 曲线求出　　在 TP_L 曲线上，找到与每一产量水平相对应的可变要素劳动的投入量；再用所得的 L 去乘已知的劳动价格 w，便可得到每一产量水平上的可变成本，即 SVC 曲线。

曲线的特征（见图 4-6）：

第一，FC 是一常数，故 FC 曲线是一条与横轴平行的直线，表示不随产量的变动而变动，是一固定数。

第二，SVC 曲线是一条从原点出发且向右上方倾斜的曲线，表示随产量的增加而增加，但增加的幅度却是先以递减的速率增加，然后以递增的速率增加。

第三，STC 曲线的形状与 SVC 曲线相同，也是向右上方倾斜，说明 STC 与 SVC 变动规律相同。STC 曲线与 SVC 曲线之间的垂直距离即是 FC 的值。

2. 短期平均成本

（1）相关概念

短期平均成本（SAC）是指平均每单位产品上分摊的全部成本。其公式为：

$$SAC=\frac{STC}{Q}=\frac{SVC+FC}{Q}=\frac{SVC}{Q}+\frac{FC}{Q} \tag{4-16}$$

记 $\frac{FC}{Q}$ 为 AFC，AFC 叫作平均固定成本，是指每单位产品上分摊的固定成本。记 $\frac{SVC}{Q}$ 为 AVC，AVC 叫作平均变动成本，是指每单位产品上分摊的变动成本。因此，短期平均成本分为短期平均固定成本和短期平均可变成本。

$$SAC=AFC+AVC \tag{4-17}$$

（2）曲线

如图 4-7 所示。第一，由于 $AFC=\frac{FC}{Q}$，所以 AFC 曲线是一条与纵轴和横轴无限接近的渐近线。它表示 AFC 随着产量的增加而不断减少，且 AFC 减少的幅度出现先大后小的趋势。

第二，由于 AVC 曲线是 U 形曲线。它表示 AVC 随产量的增加，先下降后上升的特征（与 AP_L 正相反——由于边际报酬的递减规律）。

第三，SAC 曲线的形状与 AVC 曲线相同，也是先下降后上升的“U”形曲线。它表明随产量数的增加先下降而后上升的变动规律，但它开始时比平均可变成本陡峭，说明下降的幅度比平均可变成本大，以后的形状与平均可变成本曲线基本相同。

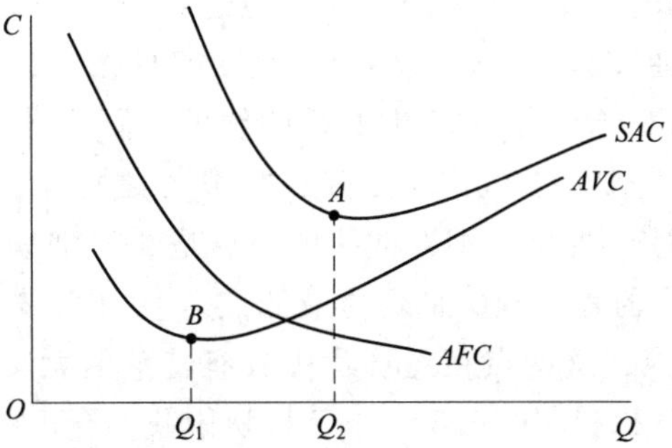

图 4-7 短期平均成本、平均固定成本与平均可变成本曲线

第四，由于 $SAC=AFC+AVC$ ，*AFC* 与 *AVC* 都是正值，所以 *SAC* 曲线永远在 *AVC* 曲线的上方；在 *AVC* 曲线达到最低点后，*SAC* 曲线会继续下降，达到最低地段后，才会有上升的趋势。

第五，*SAC* 曲线和 *AVC* 曲线随着产量的增加而逐渐接近，但永不相交。

3. 短期边际成本

（1）相关概念

短期边际成本（SMC）是指厂商在短期内增加一单位产品所增加的总成本。其公式为：

$$SMC=\frac{\Delta STC}{\Delta Q}=\frac{\Delta SVC+\Delta FC}{\Delta Q}=\frac{\Delta SVC}{\Delta Q} \tag{4-18}$$

（2）曲线

如图 4-8 所示。*SMC* 曲线呈“U”形，表示 *SMC* 随产量的增加，先下降后上升的特征（与 MP_L 正相反）。开始时，边际成本随着产量的增加而减少，当产量增加到一定程度时，就随着产量的增加而增加。*SMC* 曲线是一条先下降而后上升的“U”形曲线。

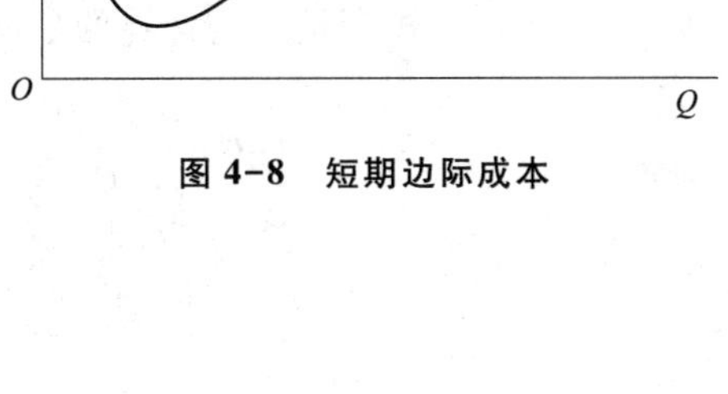

图 4-8 短期边际成本

4. 各种短期成本曲线之间的关系

（1）*SMC* 曲线与 *AVC* 曲线、*SAC* 曲线之间的关系

由图 4-8 中可以看出 *SMC* 曲线穿过 *SAC* 曲线的最低点 *N*。也就是说，在 *N* 点之左，当 *SMC* 小于 *SAC* 时，*SAC* 曲线趋于下降；在 *N* 点之右，当 *SMC* 大于 *SAC* 时，*SAC* 曲线趋于上升。因此，*SMC* 曲线与 *SAC* 曲线的交点是 *SAC* 曲线的最低点。

由图 4-8 中可以看出 *SMC* 曲线穿过 *AVC* 曲线的最低点 *M*。也就是说，在 *M* 点之左，当 *SMC* 小于 *AVC* 时，*AVC* 曲线趋于下降；在 *M* 点之右，当 *SMC* 大于 *AVC* 时，*AVC* 曲线趋于上升。因此，*SMC* 曲线与 *AVC* 曲线的交点是 *AVC* 曲线的最低点。

这里需要进一步指出的是：*SAC* 曲线的最低点 *N* 叫作收支相抵点，而 *AVC* 曲线的最低点 *M* 叫作停止营业点，这两点在经济学中具有特殊的意义。关于这两点的具体分析还需要更多地结合收益和利润的知识，下一模块中我们会进一步涉及。

（2）*SMC* 曲线与 *STC* 曲线、*SVC* 曲线之间的关系

从几何意义上看，*SMC* 可以表示为 *STC* 曲线上某点的切线的斜率，同时也可看作是 TVC 曲线的切线的斜率。

（3）*STC* 曲线与 *SAC* 曲线之间的关系

SAC 曲线可以看作是 *STC* 曲线上所有点与原点连线的斜率值的轨迹。同理，*SVC* 曲线与 *AVC* 曲线之间，*FC* 曲线与 *AFC* 曲线之间亦保持上述关系，在这里不一一赘述。

（三）长期成本分析

讨论厂商长期成本，实际上是假定厂商有足够的时间调整其全部生产要素，甚至可以进入或退出一个行业。因此在长期成本分析中，所有的生产要素都是可变的，没有固定成本和可变成本之分。这样，长期中用到的概念只有三个：长期总成本、长期平均成本、长期边际成本。

1. 长期总成本

长期总成本（LTC）是指厂商在长期中在每一个产量水平上通过改变生产规模所能达到的最低总成本。长期总成本随产量的增加而增加。因此，长期总成本可以被看作是产量的函数。公式：

$$LTC = LTC(Q) \tag{4-19}$$

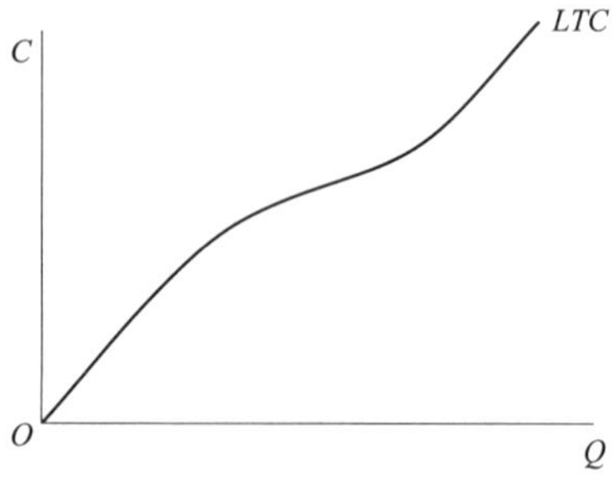

图 4-9 长期总成本曲线

LTC 曲线是一组 *STC* 曲线的包络线。它从短期总成本曲线的下方包络众多短期总成本曲线。大致形状如图 4-9 所示。

2. 长期平均成本

长期平均成本（LAC）表示的是厂商在长期内按产量平均计算的最低点总成本。公式：

$$LAC = \frac{LTC(Q)}{Q} \tag{4-20}$$

LAC 曲线是无数条 SAC 曲线的包络线。在这条包络线上，在连续变化的每一个产量水平，都存在 LAC 曲线和一条 SAC 曲线的相切点，该切点所对应的平均成本就是相应的最低平均成本。LAC 曲线表示厂商在长期内在每一产量水平上可以实现的最小的平均成本。大致形状如图 4-10 所示。

3. 长期边际成本

长期边际成本（LMC）是指在长期内每增加一单位产量所增加的总成本。大致形状如图 4-11 所示。其公式为：

$$LMC=\frac{\Delta LTC}{\Delta Q} \tag{4-21}$$

由于 LTC 是厂商最优产量时的最低短期总成本 STC。因此，长期总成本 LTC 曲线与 STC 曲线相切于最优产量那一点。

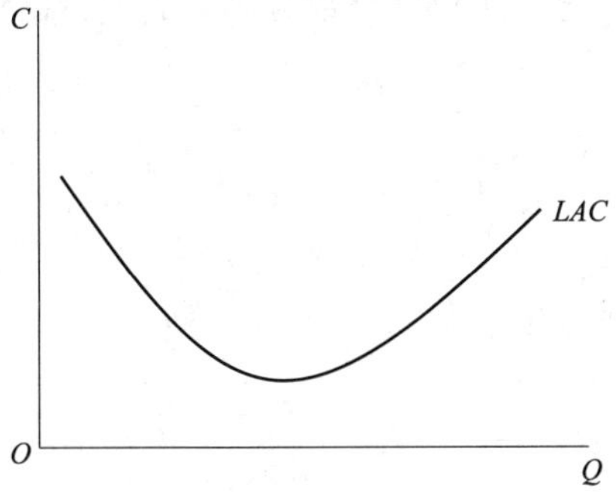

图 4-10 长期平均成本曲线

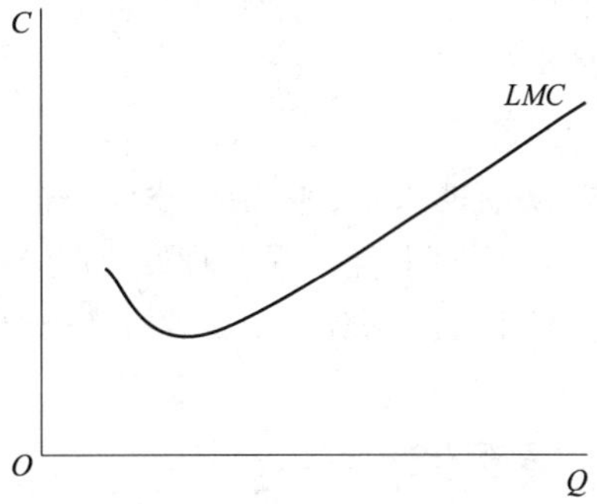

图 4-11 长期边际成本曲线

互动训练

案例分析——天下到底有没有免费的午餐？

经济学上有一句话：天下没有免费的午餐。是说要想得到什么就必须付出一定的其他东西。应该说，“天下没有免费的午餐”这句话可以解释许多行为和现象，但是尚不存在金科玉律，任何概括都有例外。每年的 12 月，各大报刊都做了大量的广告，以期留住老客户、吸引新客户。看到这样一则通知，本地的一家晚报向某学校各个班赠送一个月的报纸，并且可以在以后进行破订。商家总是要赠送一些试用品，报社的这种行为当然也是可以理解的。不过令人奇怪的是，一个月以后，这种赠送行为仍然在进行。

项目要求：

1. 认真阅读案例。
2. 分组，联系实际，运用相关经济学原理进行评析。
3. 教师进行适当的引导。

学以致用

亏本的买卖还做吗？在现实中，人们经常会看到一些厂商没有利润甚至是亏损，但依然在维持经营。如某些保龄球馆在淡季推出优惠套餐——打保龄球的价格甚至低于成本。这是为什么呢？

从经济学角度来看，在短期中，保龄球馆经营成本包括固定成本和可变成本。保龄球馆的场地、设备、管理人员的工资是短期中无法改变的固定投入。保龄球馆营业所支出的可变成本，如电费、服务员的工资等，如果不营业，这种成本就不存在，如果营业量增加，这种成本也增加。保龄球馆在决定是否持续营业时，考虑的主要是可变成本。当打保龄球的价格高于平均可变成本时，保龄球馆仍然会继续营业，因为它除了可以收回可变成本外，还可以收回一部分固定成本。如果不经营，损失的将是全部固定成本。

有些行业，如旅游、餐饮等，经营的固定成本高而可变成本低，只要服务价格仍然高于平均可变成本，继续经营就要比不经营有利，至少可以弥补部分固定成本，以实现损失最小化。

请回答：

1. 从短期来看，厂商亏本经营的底线是什么？

2. 从长期来看，亏本的买卖厂商还要做吗？

资料来源：邓先娥．经济学基础．北京：人民邮电出版社，2016.

拓展阅读

生活中的“沉没成本”

人们在决定是否做一件事情的时候，不仅仅是看这件事情未来对他是不是有好处，同时也会注意自己是不是在过去，已经在这件事情上面有过投入，这是一种非常有趣而顽固的非理性的心理，我们称之为沉没成本。

这种效应，每天都在我们身边发生。运用我们知道沉没成本的概念之后，如何帮助我们在日常生活中做出更理智的决定呢？我们可以站在客户和商家不同的立场来分别分析，也就是增加沉没成本和对冲沉没成本。

（一）增加沉没成本

场景：买衣服讨价还价

买衣服时，在店里反复挑选，反复试穿，不停地跟店员沟通。店员在你身上花费了大量的精力，为了不让这部分沉没成本损失掉，可能会给你更多的优惠。一家店的利润最终是需要计算每个流量的成本，也就是我们客户的成本。如果店员在你身上花费时间太多又没有任何收入的话，量少的话可以，量多的话单个流量成本太高。

（二）对冲沉没成本

场景：自助餐厅

自助餐厅的老板都可能会有的忧虑：自助餐厅既想靠自己的食物品类多、花钱又少的方式吸引客户，但如果大家真的都“扶墙入，扶墙出”，餐厅就又肯定亏了。开了家自助餐厅，怕没有人来吃，但又怕被吃穷，怎么办？

要解决这个“怎么办”的问题，我们首先要理解这个问题的本质。顾客的心理是：付了钱，就要把它吃回来，多吃的就是赚到的。这个问题的本质是顾客把“吃回票价”，而不是吃饱吃好，当成了吃饭的目标。如何减小“票价”这个因素的影响，也就是这顿饭的“沉没成本”，对用户心理的影响，是解决这个问题的关键。

我们对待“沉没成本”，也就是已经发生、无法回收的成本支出，最理性的态度，应该是忘了它，而只关注未来收益和未来投入的性价比。但用户，总是不理性的那怎么办呢？我们可以试着“对冲”他心中的“沉没成本”。我们也可以用发优惠券的方式，“对冲”顾客心中作为此行目标的，打算必须吃回来的那个“沉没成本”。比如，你可以发一张下次可用的50元现金折扣券。这样既锁定了下一次的生意，又会让顾客“扶墙入，扶墙出”的目标，调低至少20元。你也可以发一张进口冰激凌的优惠券。这样他甚至会留着一点肚子，等着饭后用优惠券买个甜点。

划重点：有目的性地制造对方的沉没成本或者对冲对方的沉没成本，有利于提高交易的成功率。你如果真的能够克服这种沉没成本所带来的心理偏见，不被这种情绪所左右，将有可能做出更加理性的商业判断。

资料来源：Super 含 . CSDN 微博 . 2020.

单元感悟

知识方面：

素养方面：

单元四 成本和收益——决策天平的两端

【情景教学】

一、准备教学道具

准备视频“航空公司频推超低价机票”。

二、教学目的

通过观看视频，让学生知道航空公司为什么在如此低价位上仍能持续经营，他们的利润从何而来。

三、教学活动组织

1. 观看视频。
2. 让学生思考打折的原因，同时认识到航空公司为何在低价位下生存。

四、活动总结

1. 请学生讨论，为什么航空公司能接受如此低廉的票价？
2. 企业维持生产经营的底线是什么。

【故事导入】

廉价航空公司1978年诞生于美国，美国西南航空公司首创了廉价航空公司的“无花边费用”业务模式。所谓无花边费用就是指在航空服务中剔除了免费提供餐点等服务，从而节省了餐点成本和航空乘务员的人力成本。在航线安排上，廉价航空公司主要从事航程在3个小时以内的国内航线上的旅客运输服务，而且仅使用同种机型，如澳大利亚廉价航空公司Virgin Blue使用的飞机就全部是波音737系列机型，这样航空公司用于航行的投资和飞行员培训的费用就随之大大降低。

电话和网上订票也是廉价航空公司降低成本的法宝。Virgin Blue约85%的售票是通过呼叫中心或互联网完成的。有数字显示，分销或票务成本通常占航空公司预算的15%～17%，如果乘客都采用在网上订票，则每名乘客的购票成本将仅是原来的1/10。

通过在每个甚至很细微的环节上节约成本，廉价航空公司的票价往往只有同航线一般票价的一半；在某个特别优惠日，其最低票价甚至仅为主流航空公司票价的五分之一。在这个价格主导大众消费的市场环境里，这种低票价无疑对大多数消费者有着巨大的吸引力。

今天，廉价航空公司也似乎成了航空业“低成本、高利润”的代名词。就在航空业最黑暗的2002年，Jet Blue和西南航空等美国廉价航空公司以及瑞安和易捷等欧洲廉价航空公司的规模却迅速扩大，Jet Blue在当年大举订购了100架空中客车飞机，而瑞安和易捷则订购了120架。

资料来源：王爱红，刘东波．经济学基础．北京：机械工业出版社，2014.

【经济学原理】

一、收益的概念

收益是指厂商销售商品或服务所获得的货币收入。与产量和成本概念类似，收益也有三个重要的概念：总收益、平均收益、边际收益。

（一）总收益

总收益（Total Revenue，TR）是指厂商生产并销售一定数量商品和服务所获得的货币收入总额，也即全部的销售收入。其公式为：

$$TR = P \cdot Q \tag{4-22}$$

式中，P 表示价格，Q 表示销售量。西方经济学中假定厂商能顺利地出售产品，即销售量等于产量，且销售量也正是市场对该产品的需求量。

当产品的市场价格为一定时，厂商的产品都按照这一价格销售。这样，当销售量为 0 时，$TR=0$，随着销售量的增加，TR 不断上升。

（二）平均收益

平均收益（Average Revenue，AR）是指厂商平均出售每一单位的商品和服务所能得到的货币收入。其公式为：

$$AR = \frac{TR}{Q} = \frac{P \cdot Q}{Q} = P \tag{4-23}$$

当所有商品按同一价格销售时，平均收益就是每一单位商品的售价。实际上，在任何情况下，平均收益总是该销售量下的单位商品价格。

（三）边际收益

边际收益（Marginal Revenue，MR）是指厂商增加销售每一单位的商品和服务所引起的总收益的变动量。其公式为：

$$MR = \frac{\Delta TR}{\Delta Q} \tag{4-24}$$

当价格为既定时，边际收益等于既定价格。从厂商的收益概念看，厂商收益取决于两个因素：价格（P）和产量（Q）。

二、经济利润

厂商的利润通常指的是厂商的经济利润。所谓经济利润是指厂商的总收入和总成本之间的差额。厂商所追求的最大利润，指的就是最大的经济利润。经济利润也被称作超额利润。与此相类似的还有两个概念：正常利润和会计利润。正常利润是指厂商对自己所提供的企业家才能的报酬的支付。根据上面对隐成本的分析可知，正常利润是隐成本的一种组成部分。

会计利润即企业的总收益减去企业的会计成本。因此，经济学中的利润概念与会计利润也不一样。

利润与成本之间的关系可用下列公式表示：

会计利润=总收益-显成本 （4-25）

经济利润=总收益-经济成本 （4-26）

=总收益-（显成本+隐成本）

=会计利润-隐成本

=会计利润-正常利润

=超额利润

当经济利润等于0时，厂商不盈不亏；当会计利润大于正常利润时，经济利润为正，厂商获得超额利润；当会计利润小于正常利润时，经济利润为负，厂商是亏损的。

三、利润最大化原则

如果用π代表厂商的利润，公式可表示为：

$$\pi = TR - TC \quad (4\text{-}27)$$

所谓利润最大化就是使 TR 与 TC 之间的差额最大。厂商利润最大化的必要条件是 $MR=MC$。如果 $MR>MC$，则厂商每增加一单位产量所带来的收益大于生产这一单位产量的成本，所以厂商增加产量有利于厂商利润总额的提高；反之，如果 $MR<MC$，则厂商每增加一单位产量所能带来的收益小于生产这一单位产量的成本，所以厂商增加产量将导致利润总额减少；当 $MR=MC$ 时，虽然最后一单位产量的收支相抵，无利润可赚，但以前生产的产量使总利润达到最大程度。因此，$MR=MC$ 是厂商利润最大化的基本原则。

必须明确：虽然 $MR=MC$ 是利润最大化原则，但这必须在考虑 TR 与 TC 对比情况下，才能判断是否有利润。实现 $MR=MC$，可使厂商处于有利状态，但并不意味着必定保证获得经济利润，可能盈利，也可能亏损。可以确定的是，若厂商有盈利，按此原则确定产量，一定是利润最大；若厂商有亏损，按此原则确定产量，一定亏损最小。

互动训练

校友企业采访——价格低于工厂成本的订单该不该接？

项目要求：

1. 按照分工，各小组带着问题到校友企业采访，了解企业成本的构成以及价格构成。
2. 小组讨论：当价格低于工厂成本的订单什么情况下该接？什么情况下不该接？
3. 小组要给出此案例的分析结果，并说明对“利润最大化”的理解。
4. 教师对各小组讨论结果进行归纳和点评。

学以致用

在我国，商场和超市晚上仍开门营业，给白天工作繁忙的市民购物带来了极大的方便。但是，我们很少看到银行把工作时间延长到晚上。请分析一下银行为什么晚上不营业呢？

拓展阅读

饮料店里的“边际成本”

在经济学中，边际成本是指每一单位新增生产的产品（或者购买的产品）带来的总成本的增量。通俗点来说就是，增加总体中的一个部分，所带来的总成本的增加。在生活中，边际成本又是如何发挥效用的呢？

举一个最常见的例子——喝奶茶。在奶茶点单时，即使你明确表明你要点一个中杯，但是服务员却会跟你再三确认：你确定要中杯吗？中杯是我们这边最小的，你只需要多加几块钱，就可以升级为大杯。当你拿到大杯时，可能会明显感觉大杯比中杯增加的量值得上多花的钱。

实际上，不管是一杯中杯奶茶，还是一杯大杯奶茶，对于奶茶店来说，它所花费的人工成本、店租成本、运营成本几乎都是固定不变。中杯变大杯仅仅只是多了一些奶茶粉或是水果粒而已。多收的即使是两块钱，也几乎是不需增加成本的利润。

边际成本的运用在餐饮行业最为广泛。麦当劳的无限续杯咖啡也是同样的道理，说是无限续杯，一般咖啡杯第三次就会损坏。

咖啡的成本除了原材料，还包括了店租、水电、人工等，在购买第一杯时，定价已经包含了成本及利润，后面的第二杯只需要原材料的成本，即为边际成本，而这个成本是非常低的。所以，即使第二杯免费，麦当劳仍能赚到钱。

单元感悟

知识方面：

____

____

素养方面：

____

____

【模块知识自测】

1. 能反映生产要素（投入）和产量水平关系的是（　　）。

A. 生产函数　　B. 生产可能性曲线　C. 平均成本曲线　D. 总成本曲线

2. 如果连续地增加某种生产要素，在总产量达到最大值的时候，边际产量曲线与（　　）相交。

A. 平均产量曲线　B. 纵轴　　C. 横轴　　D. 总产曲线

3. 在总产量、平均产量和边际产量的变化过程中，下列（　　）首先发生。

A. 边际产量下降　　B. 平均产量下降

C. 总产量下降　　D. B 和 C

4. 生产函数 $Q=f(L, K)$ 的 TP_L为正且递减时，MP_L可以（　　）。

A. 递减且为正　B. 递减且为负　C. 为零　D. 以上都有可能

5. 生产函数 $Q=f(L, K)$ 反映生产的第二阶段应该（　　）。

A. 开始于 AP_L曲线的最高点，终止于 MP_L为零处

B. 开始于 AP_L曲线的最高点，终止于 MP_L曲线和水平轴的相交处

C. 开始于 AP_L曲线和 MP_L曲线的相交处，终止于 MP_L曲线和水平轴的相交处

D. 以上都对

6. 下列各说法中错误的是（　　）。

A. 只要总产量减少，边际产量一定是负数

B. 只要边际产量减少，总产量一定也减少

C. 随着某种生产要素投入量的增加，边际产量和平均产量增加到一定程度将趋于下降，其中边际产量的下降一定先于平均产量

D. 边际产量曲线一定在平均产量曲线的最高点与之相交

7. 等产量曲线（　　）。

A. 说明为了生产一个给定的产量两种投入要素各种可能的组合

B. 除非得到所有要素的价格，否则不能画出这条曲线

C. 表明了投入与产出的关系

D. 表明了无论投入的数量如何变化，产出量都是一定的

8. 等成本曲线绕着它与纵轴 Y 的交点向外移动表明（　　）。

A. 生产要素 Y 的价格下降了　　B. 生产要素 X 的价格上升了

C. 生产要素 X 的价格下降了　　D. 生产要素 Y 的价格上升了

9. 在生产的有效区域内，等产量曲线（　　）。

A. 凸向原点　B. 不能相交　C. 负向倾斜　D. 上述说法都对

10. 对于生产函数 $Q=f(L, K)$ 和成本方程 $C=w \cdot L+r \cdot K$ 而言，在最优的生产要素组合点上应该有（　　）。

A. $MRTS_{LK}=\frac{w}{r}$　　B. 等产量曲线和等成本线相切

C. $\frac{MP_L}{w}=\frac{MP_K}{r}$　　D. 上述说法都对

11. 假定大学生决定参加外语培训班而放弃获取 1 000 元收入的打工机会，参加培训班需要花费的学费为 1 000 元、课本费为 500 元，参加培训班期间的生活费为 500 元。

请问参加培训班的机会成本为（　　）。

A. 1 500 元　　B. 2 000 元　　C. 2 500 元　　D. 3 000 元

12. 被用来自己开厂的自有资本的利息属于（　　）。

A. 显性成本　　B. 隐性成本　　C. 机会成本　　D. B 和 C

13. 会计账目一般无法反映（　　）。

A. 显性成本　　B. 可变成本　　C. 沉没成本　　D. 机会成本

14. 当一个厂商在多生产一单位商品所获得的收益和所耗费的词成本之间进行权衡，这个厂商是在进行（　　）决策。

A. 利润最大化　　B. 收益最大化　　C. 成本最大化　　D. 价值最小化

15. 平均可变成本曲线是一条呈现为（　　）。

A. 先下降、后上升的曲线　　B. 先上升、后下降的曲线

C. 向右下方倾斜的曲线　　D. 向左上方倾斜的曲线

16. 在短期内，随着产量的增加，*AFC* 会越变越小，于是 *AC* 与 *AVC* 曲线（　　）。

A. 最终相交　　B. 仅可无限接近　　C. 永远不会相交　　D. 重合

17. 长期与短期的区别在于（　　）。

A. 短期中存在着不变的收益而长期中不存在

B. 从长期来看，所有的投入都可变

C. 三个月

D. 平均成本在短期内是递减的，而长期成本在长期内是递增的

18. 经济成本和经济利润具有以下特征（　　）。

A. 前者比会计成本大，后者比会计利润小

B. 前者比会计成本小，后者比会计利润大

C. 两者都比相应的会计成本和会计利润小

D. 两者都比相应的会计成本和会计利润大

19. 长期总成本曲线是（　　）。

A. 从原点开始，以递增的速度上升

B. 从不变成本高度开始，以递减的速度上升

C. 从原点开始，先以递减的速度上升，后以递增的速度上升

D. 从原点开始，先以递增的速度上升，后以递减的速度上升

20. 企业使其利润最大意味着（　　）。

A. 使它的亏损最小化

B. 使总的收益和总的成本之间的差额最大

C. 根据边际收益和边际成本相等来决定产出的水平

D. 以上都正确

【知识梳理】

请大家通过复习，梳理出本模块的知识脉络图。

模块五

认识市场结构

【知识目标】

1. 明确厂商行为的相关概念，理解现实经济社会中存在的不同市场结构类型，掌握厂商收益及其利润最大化行为。

2. 掌握完全竞争市场、完全垄断市场的条件，了解行业与厂商的需求曲线形状。

3. 重点掌握完全竞争厂商的短期均衡和长期均衡分析。

4. 了解完全垄断市场中的需求曲线、边际收益，掌握完全垄断市场中价格和产量的决定。

【能力目标】

1. 能对不同市场类型下的厂商的均衡问题进行分析。

2. 能运用厂商均衡模型进行相关盈亏分析。

3. 掌握价格歧视的含义和分类以及竞争和垄断的利弊分析。

4. 掌握完全竞争和垄断的利弊分析。

【思政目标】

1. 引导学生对中国平台经济的反垄断调查进行思考。

2. 培养学生对身边经济现象的敏锐感，能够运用所学知识初步观察和分析身边的经济现象。

【故事导入】

著名的日本三洋电器公司初创时只是一家生产自行车用电灯的小厂。然而，最初生产的这种小电灯就与众不同。当时是1947年，日本制造自行车用电灯的企业共有16家，年总产量只有10万只。产品小、批量小、利润小，许多企业无法维持生计，打算另谋出路，但智雄井植有他的眼光，他看到了新的领域——生产自行车上的电灯。果然，当产品投放市场后，一向被人视为难销的自行车电灯，竟惊人地畅销。三洋电器公司的自行车用电灯第一年的销量为50万只，4年后实现了200万只的年销量目标，第五年的销量为300万只，此时，三洋电器公司已经从小企业跻身于日本大中型企业之林了。

请同学们思考，什么是市场？行业的发展与市场有什么关系？

资料来源：刘华，李克国．经济学案例教程．大连：大连理工大学出版社，2009.

单元一　为什么集市上的菜贩无力改变价格？

【情景教学】

一、准备教学道具

可用于教学活动的小商品，如青菜等。

二、教学目的

创造一个销售市场环境，以商品销售方式，让学生参与到销售活动中来。通过真实的销售体验，引导学生认识完全竞争市场的概念、特点及定价策略。

三、教学活动组织

1. 把讲台布置成一个简单的销售柜台，摆放好用来销售的小商品。
2. 教师和选定的学生分别扮演售货员的角色，其他学生充当消费者。
3. 销售活动开始，售货员开始销售，学生开始选择购买青菜，直到准备的青菜被全部卖出为止。

四、活动总结

1. 分析跟不同的售货员购买有没有区别，售货员是市场价格的决策者，还是市场价格的接受者。

2. 通过本次销售活动，请学生思考完全竞争市场有什么特点。

3. 通过讨论，请学生分析完全竞争市场，各厂商进出有无限制。

【故事导入】

某农贸市场主要向周围 7 个村 5 000 余户居民供应日用品。贴春联是中国民间的一大传统，春节临近，春联市场红红火火，而农村更是如此。

在该春联市场中，需求者有 5 000 多农户，供给者为 70 多家零售商，市场中存在许多买者和卖者；供应商的进货渠道大致相同，且产品的差异性很小，产品具有高度同质性（春联所用纸张、制作工艺相同，区别仅在于春联所书写内容的不同）；供给者进入、退出没有限制；农民购买春联时的习惯是逐个询价，最终决定购买，信息充分；供应商的零售价格水平相近，提价基本上销售量为零，降价会引起利润损失。

供应商在销售产品的过程中，都不愿意单方面降价。春联是过年的必需品，购买春联的支出在购买年货的支出中只占很小的比例，因此其需求弹性较小。某些供应商为增加销售量，扩大利润而采取的低于同行价格的竞争方法，反而会使消费者认为其所经营的产品存在瑕疵（例如，上年库存、产品质量存在问题等），反而不愿买。

春联市场是一个特殊的市场，时间性很强，仅在年前存在 10 天左右，供应商只有一次批发购进货物的机会。供应商对于该年购入货物的数量主要基于上年销售量和对新进入者的预期分析。如果供应商总体预期正确，则该春联市场总体商品供应量与需求量大致相同，则价格相对稳定。一旦出现供应商总体预期偏差，价格机制就会发挥巨大的作用，将会出现暴利或者亏损。

资料来源：杨晓东．农村春联市场：完全竞争的缩影．经济学消息报，2004-06-25.

同学们，通过上述材料的阅读，你能说出农村春联市场的特征吗？它与其他种类的市场相比有哪些特点？这与你在日常生活中购买其他的商品有什么不同吗？

【经济学原理】

一、划分市场结构的标准

厂商的决策包括三个方面：价格选择、产量选择和规模选择。经济学的研究表明，这些决策的过程和结果都与市场的组织形式有关。市场是指交易的组织形式或制度安排。市场不仅仅是指交易的场所，它还包括组织这些交易的方式和制度安排。如果我们把可交易的物品分为产品和生产要素两大类，相应的交易就分别在产品市场和生产要素市场进行。产品又可分为有形产品（物质产品）和无形产品（非物质产品），因此，产品市场又可分为有形产品市场和无形产品市场。微观经济学研究划分更细致的市场，如小麦市场、土地市场、苹果市场等。一个具体产品市场中的全体厂商称为一个行业。

微观经济学通常用市场竞争强度来划分市场结构。影响市场竞争强度的因素主要有以卜四点：

（1）厂商数目。厂商的数目越多意味着他们的销售和购买量占的市场份额越小，自己的买卖行为对市场价格的影响就越小，市场的竞争程度便越强。

（2）产品差异度。产品差异度是指同一行业中厂商生产的产品之间的差别程度。商品间的比较不仅指商品的质量，还包括销售条件、商标和包装等。通常，产品差异程度越大，越容易形成垄断，竞争程度越弱。

（3）进入壁垒。进入壁垒是指厂商进入该市场的难易程度。进入的壁垒越高，市场上现有厂商的数目就越少，会使得厂商在决定进入时更加谨慎，垄断程度就越高。

（4）单个厂商对价格的控制程度。这是衡量厂商的市场垄断力的最全面和最权威的指标。厂商的定价能力越强，市场的竞争程度便越弱。

二、市场结构类型

市场可以按不同的方法进行分类，西方经济学通常依照这四个标准，将市场划分为四个类型：完全竞争市场、垄断竞争市场、寡头垄断市场和完全垄断市场。关于这四个市场的特点可以用表 5-1 来说明。

表 5-1　　市场类型的划分与特点

市场类型	厂商数目	产品差异度	进入壁垒	对价格的控制能力	现实中接近市场
完全竞争	很多	完全无差别	非常容易	完全不能	农产品市场
垄断竞争	比较多	有一定差别	比较容易	有一些	轻工产品
寡头垄断	少数几个	有或没有差别	比较困难	相当程度	汽车、钢铁
完全垄断	一个	唯一产品，没有替代品	非常困难	很大程度，但是受到政府管制	公用事业，如邮政、电信、电力、自来水等

从表 5-1 中可以看出，完全竞争市场的竞争最为充分，垄断竞争与寡头垄断市场既有垄断又有竞争，而完全垄断市场则完全没有竞争。市场竞争是大多数经济学家认为市场经济制度之所以“好”的原因所在。市场竞争使厂商在追逐自身利润最大化的同时也促进了社会资源的最优配置，实现消费者的最大福利。市场竞争程度越弱的行业，生产者地位越高，厂商也能更好地实现利润最大化目标，但是消费者的地位相对越弱。

完全竞争是古典经济学的一个重要假设。不完全竞争的理论直到 20 世纪 30 年代，才由哈佛大学的张伯伦和剑桥大学的罗宾逊提出。

三、完全竞争市场

完全竞争市场（Perfect Competition）是指不包含任何垄断因素的市场。经济学家对它有以下四个假设。

（一）市场上有无数多的买者和卖者

买者、卖者充分多是完全竞争的最为重要的条件。这里特别强调卖者充分多，每一个厂商都是市场这个汪洋大海中的“沧海一粟”，它无论怎样调整产量都不能影响产品的市场价格。它们都只能被动地接受由市场决定的价格，因而完全竞争厂商被称作“价格的接受者”。

（二）产品同质

同质产品要求产品的功能、质量、规格、包装、商标、购物环境和售后服务等完全相同，消费者无法区分产品是由哪一家厂商生产的。这样一来，消费者就不会关心产品的生产厂商，购买任何一家厂商生产的产品都是一样的。于是，任何一家厂商提高自己产品的价格都会导致其产品无人问津。这个条件从另一个角度保证了完全竞争厂商只能是市场价格的接受者。

（三）厂商进入或退出市场是完全自由的

正是由于这个假设，一旦某个厂商短期内获得超额利润，长期中市场就将吸引新厂商加入这一行业来争夺所存在的超额利润。争夺的最终结果是超额利润被消灭。相反，厂商的亏损也会被退出行业的行为所消除。

（四）市场信息是完全透明的

信息完全是指市场是完全透明的，不存在买者或卖者不了解的信息。每一个消费者和厂商都可根据完全的信息做出对自己最有利的经济抉择。消费者根据完全的信息准确地确定使自己获得最大效用的购买数量，厂商则根据完全信息准确地决定能获得最大利润的工厂规模和产量。

显然，在现实的经济环境中完全符合以上假设条件的市场是根本不存在的。人们将一些竞争异常激烈的行业，比如小麦市场、大米市场等看作是近似于完全竞争市场。没有一个小麦买者可以影响市场价格，因为相对于整个市场来说，单个消费者购买的量很少。同理每个麦农对价格的控制能力也是有限的，因为其他麦农也提供基本相同的小麦，如果他收取较高价格，买者就会转到其他地方买；而因为每个麦农都可以按照现行市场价格卖出他想卖的量，所以也没有理由降价。如果任何一个人都可以决定开一个农场，而任何一个农场主也都可以决定离开这个行业，那么小麦市场就基本满足完全竞争市场的假设条件了。

既然经济学家对完全竞争市场的假设与现实相距甚远，为什么还要进行研究呢？从下文中可以看到，完全竞争市场能够有效地预测厂商的行为，所得到的厂商行为的知识对我们分析不完全竞争市场很有帮助。

四、完全竞争市场上的价格、需求曲线、平均收益与边际收益

（一）价格、需求曲线

在完全竞争市场，由于产品是同质的，每一个厂商都是均衡价格的接受者，而均衡价格是由整个行业的供给和需求所决定的。所以当行业均衡价格确定之后，对单个厂商来说这个价格就是既定的。这意味着，一方面，在给定价格下厂商可以销售无穷多数量的商品，但只要提价就不会有人购买。因为所有厂商都销售同样的产品，而消费者也知道在哪里能买到更便宜的产品。另一方面，如果厂商是理性经营，就不会降价。因为他能够在既定价格下销售他所有想卖的产品，降价只是徒然使利润受损。

那么如何确定均衡价格？行业的需求曲线是描述消费者对整个行业所生产的商品的需求状况的曲线，一般情况下，需求曲线 D 是一条向右下方倾斜的曲线，而供给曲线 S 是一条向右上方倾斜的曲线，如图 5-1（a）所示，整个行业的产品均衡价格就是 P^*。图 5-1（b）中厂商面临的需求曲线 dd 是相对于市场供求曲线所决定的均衡价格 P^* 而言的。如果市场供求曲线发生变动，就会形成新的均衡价格，那么厂商就面临一条从新的均衡价格水平出发的水平需求曲线。

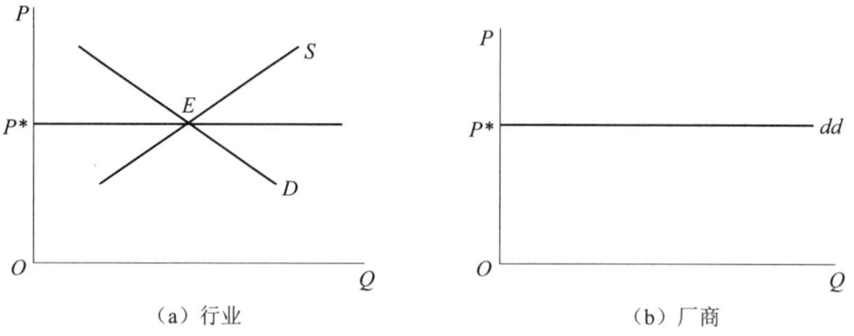

图 5-1　行业供求曲线与厂商需求曲线

（二）平均收益与边际收益

假设市场上青菜每千克 1 元，菜农的收益如表 5-2 所示。

表 5-2　　菜农收益表

价格（P）	销售量（Q）	总收益（TR）	平均收益（AR）	边际收益（MR）
1	100	100	1	
1	200	200	1	1
1	300	300	1	1
1	400	400	1	1

从表 5-2 中可以很清楚地看出，菜农对每单位商品都是按均衡价格 1 元出售，菜农总收益随销售量的增加而增加，但是由于商品的单位价格不变，不仅平均收益保持不变，而且边际收益也保持不变，平均收益和边际收益都等于商品的单位售价 1 元。

在完全竞争市场中，个别厂商销售量的变动对市场价格没有任何影响，即厂商只能按均衡价格 P^* 来出售商品，所以每增加销售一单位产品所增加的收益仍然是 P^*，也就是说厂商的平均收益曲线、边际收益曲线和个别厂商的需求曲线是完全重合的水平线，如图 5-2 所示，即

$$AR = MR = P \tag{5-1}$$

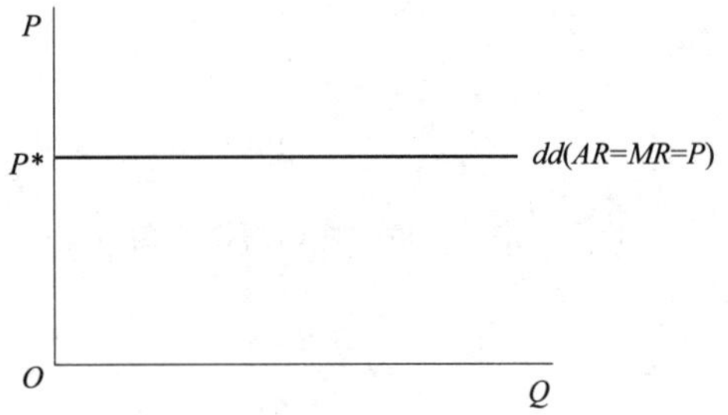

图 5-2 厂商需求曲线、平均收益曲线及边际收益曲线

五、完全竞争市场上的短期均衡

在完全竞争市场，由于厂商是价格的接受者，所以不需要做价格决策，但必须做出生产决策，即生产和出售产品的生产数量。

在短期内，厂商来不及调整生产规模，只能通过产品数量的调整来实现最大利润。完全竞争市场短期均衡的原则是：在其他条件不变的前提下，完全竞争厂商所选择的最优产量，应该是最后一单位产品所带来的边际收益等于所付出的边际成本的数量，即 $MR=MC$。

这样在既定价格下，完全竞争厂商的短期均衡可能出现以下几种情况。

（一）获超额利润的情形

在图 5-3 中，市场价格大于厂商平均成本，即 $P>SAC$。在这种情况下，厂商处于获利状态，为使利润最大化，厂商必须使生产数量满足 $MR=MC$。根据这一原则，MR 与 MC 的交点 E 点就决定了厂商的均衡产量为 OQ^*。此时平均成本为 Q^*D，总成本等于均衡产量乘以平均成本（$TC=OQ^* \cdot Q^*D$），即图中矩形 OQ^*DC 的面积；平均收益为 Q^*E，总收益等于平均收益乘以均衡产量（$TR=Q^*E \cdot AE$），即总收益大小相当于图中矩形 OQ^*AE 的面积。总收益大于总成本，存在超额利润，超额利润就等于总收益减去总成本（$\pi=TR-TC$），即超额利润的大小相当于图中矩形 $ACDE$ 的面积。

（二）获正常利润的情形

这种情况下，市场价格等于平均成本，即 $P=SAC$。如图 5-4 所示，厂商的需求曲线相切于平均成本曲线的最低点，且边际成本曲线也经过该点。

为使利润最大化，厂商必须使生产数量满足 $MR=MC$。从图 5-4 中可以看出，MR 与 MC 的交点 E 点就决定了厂商的均衡产量为 OQ^*，此时平均成本等于平均收益等于 Q^*E，总成本与总收益大小相等，相当于图中矩形 AOQ^*E 的面积，意味着厂商既没有超额利润又没有亏损，只有正常利润，这一点又称为盈亏平衡点。

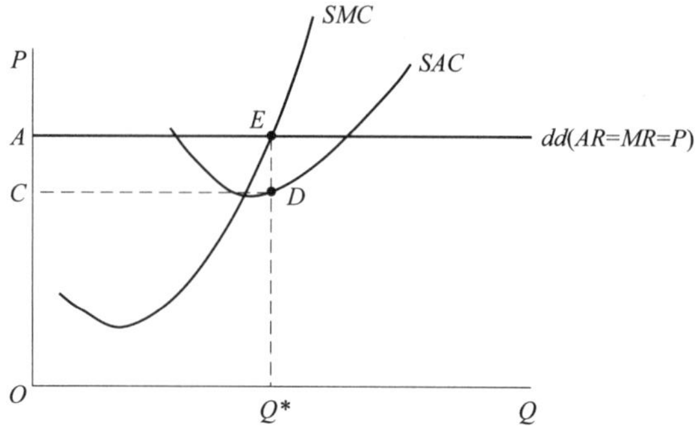

图 5-3 完全竞争厂商的短期均衡（a）

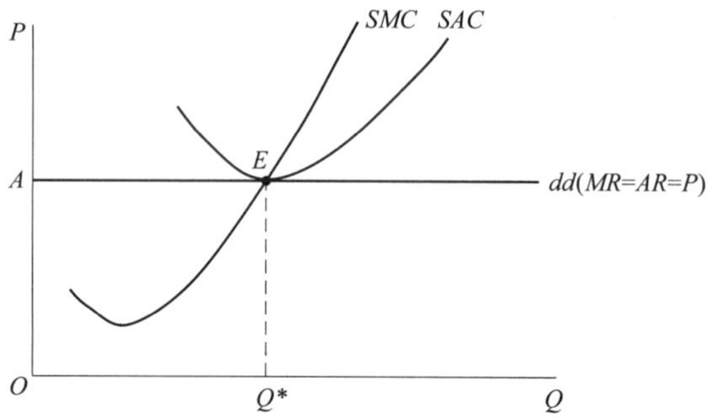

图 5-4 完全竞争厂商的短期均衡（b）

（三）亏损的情形

在这种情况中，市场价格小于平均成本，即 $P<SAC$，如图 5-5 所示，为使利润最大化，厂商必须使生产数量满足 $MR=MC$。MR 与 MC 的交点 E 就决定了厂商的均衡产量为 OQ^*。此时平均成本为 Q^*F，总成本等于均衡产量乘以平均成本（$TC=OQ^* \cdot Q^*F$），即图中矩形 OQ^*FB 的面积；平均收益为 Q^*E，总收益等于平均收益乘以均衡产量（$TR=OQ^* \cdot Q^*E$），即总收益大小相当于图中矩形 OQ^*EA 的面积。从图 5-5 中可以看出，总收益小于总成本，也就是说厂商出现亏损，亏损额相当于矩形 $AEFB$ 的面积。

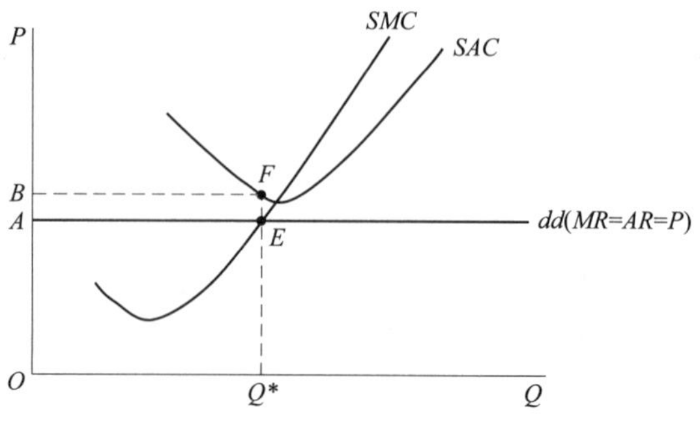

图 5-5 完全竞争厂商的短期均衡（c）

既然厂商选择任何产量都要蒙受亏损，那么它是否要停止营业呢？这取决于市场价格和平均变动成本的关系。

1. 亏损但仍须继续营业的情形

如果市场价格小于平均成本但是大于平均变动成本，即 $AVC<P<SAC$，如图 5-6 所示。为使利润最大化，厂商必须使生产数量满足 $MR=MC$。如果厂商按均衡产量 OQ^* 进行生产，则总成本为矩形 OQ^*GB 的面积，总收益大小相当于图中矩形 OQ^*EA 的面积。此时总变动成本等于均衡产量 OQ^* 乘以平均变动成本 Q^*F（$TVC=OQ^*\cdot Q^*F$），即相当于图中矩形 COQ^*F 的面积，则可以计算出固定成本等于矩形 OQ^*GB 的面积减去矩形 COQ^*F 的面积，也就是矩形 $BCFG$ 的面积。在这种情况下，如果厂商选择停产，亏损额为矩形 $BCFG$ 的面积；如果继续生产，亏损额为矩形 $BAEG$ 的面积。从图 5-6 中可见，矩形 $BCFG$ 的面积大于矩形 $BAEG$ 的面积。这是因为继续生产所获得的收益不仅可以补偿因为生产而发生的全部变动成本，剩余部分还可以补偿部分固定成本。所以当市场价格小于平均成本但是大于平均变动成本时，应该继续生产。

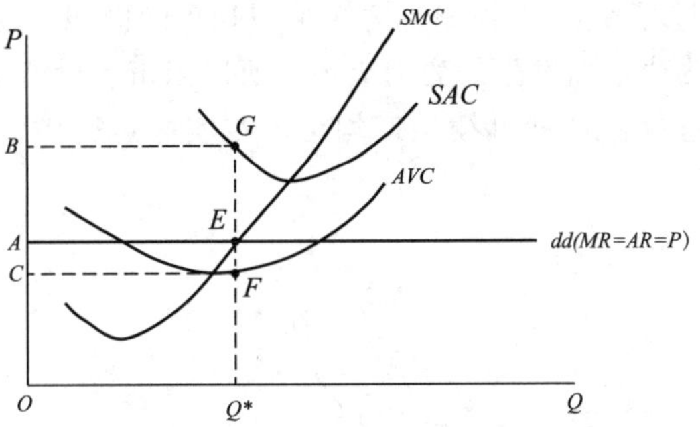

图 5-6 完全竞争厂商的短期均衡（d）

2. 亏损且须停止营业的情形

如果市场价格不仅小于平均成本，而且小于平均变动成本，如图 5-7 所示，即 $P<AVC$。为使利润最大化，厂商必须使生产数量满足 $MR=MC$。如果厂商按均衡产量 OQ^* 进行生产，则总成本为矩形 OQ^*GB 的面积，总收益大小相当于图中矩形 OQ^*EA 的面积。此时总变动成本等于均衡产量 OQ^* 乘以平均变动成本 Q^*F（$TVC=OQ^*\cdot Q^*F$），即相当于图中矩形 COQ^*F 的面积，则可以计算出固定成本等于矩形 OQ^*GB 的面积减去矩形 COQ^*F 的面积，也就是矩形 $BCFG$ 的面积。在这种情况下，如果厂商选择停产，亏损额为矩形 $BCFG$ 的面积；如果继续生产，亏损额为矩形 $BAEG$ 的面积。从图 5-7 中可见，矩形 $BAEG$ 的面积大于矩形 $BCFG$ 的面积，即继续生产的亏损额大于停产的损失。这是因为继续生产所获得的收益连因为生产而发生的变动成本都无法补偿。所以当市场价格不仅小于平均成本，而且小于平均变动成本时，应该停止生产。

3. 亏损且继续营业、停止营业均可的情形

如果市场价格小于平均成本且等于平均变动成本，如图 5-8 所示，即 $P=AVC$。为使利润最大化，厂商使生产数量满足 $MR=MC$，即按均衡产量 OQ^* 进行生产，则总成本为矩形 BOQ^*F 的面积，总收益大小相当于图中矩形 OQ^*EA 的面积。此时总变动成

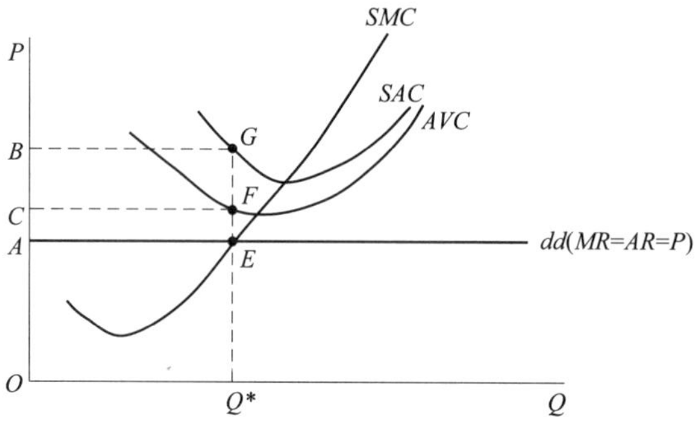

图 5-7 完全竞争厂商的短期均衡（e）

本等于均衡产量 OQ^* 乘以平均变动成本 Q^*E（$TVC=OQ^* \cdot Q^*E$），即相当于图中矩形 OQ^*EA 的面积，则可以计算出固定成本等于矩形 BOQ^*F 的面积减去矩形 OQ^*EA 的面积，也就是矩形 $BAEF$ 的面积。在这种情况下，如果厂商选择停产，亏损额为矩形 $BAEF$ 的面积；如果继续生产，亏损额也为矩形 $BAEF$ 的面积。这是因为继续生产所获得的收益正好补偿因为生产而发生的变动成本。所以当市场价格小于平均成本且等于平均变动成本时，厂商选择停产和继续生产均可。在实际运营中，厂商一般会选择继续生产。

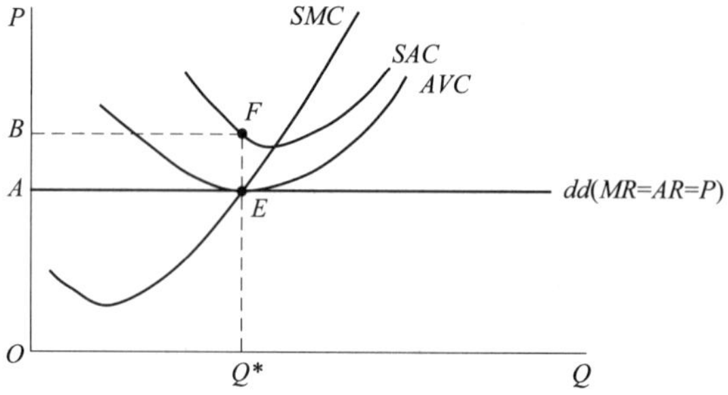

图 5-8 完全竞争厂商的短期均衡（f）

六、完全竞争市场上的长期均衡

在长期生产中，厂商投入的所有要素的数量都是可以改变的。正如我们前面讲过的，在完全竞争市场中厂商对生产要素的调整主要表现为两个方面：厂商进入或退出某行业，厂商对生产规模的调整。利润是厂商进入或退出某个行业的原因。

当短期内出现亏损，长期内厂商就会考虑退出行业或缩小生产规模，引起整个行业的生产和供给减少，从而导致均衡价格上升，厂商需求曲线上移，亏损消失。如果短期内有超额利润，长期内就吸引新厂商进入该行业，或原有厂商扩大生产规模，引起整个行业的生产和供给增加，从而导致均衡价格下降，厂商需求曲线下移，最终超额利润消失。这样不断调整的结果，就是只有当所有厂商获得正常利润，超额利润和亏损消失，才能实现长期均衡。上述这个过程，我们利用图 5-9 来说明。

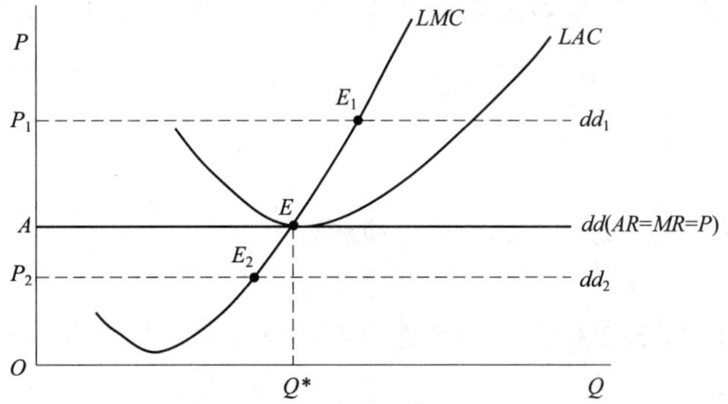

图 5-9 完全竞争厂商的长期均衡

图 5-9 中 *LMC* 和 *LAC* 分别为厂商的长期边际成本曲线和长期平均成本曲线，dd_1、dd（$AR=MR=P$）和 dd_2分别代表厂商的需求曲线。

长期内，当行业供给小于需求，市场价格为 P_1时，根据均衡条件 $MR=LMC$，厂商在 E_1点实现均衡，并获得超额利润。新厂商受到利润吸引进入该行业，原有厂商也会扩大生产规模，增加行业供给，引起价格下降，厂商需求曲线向下平移。

长期内，当行业供给大于需求，市场价格为 P_2时，根据均衡条件 $MR=LMC$，厂商在 E_2点实现均衡，厂商处于亏损状态。原有的部分厂商就会退出该行业，减少行业供给，引起价格上升，相应地厂商需求曲线也向上平移。

无论行业供给大于还是小于需求，调整到最后，厂商需求曲线都会平移到与长期平均成本相切，市场价格调整到 *A* 的位置，此处既无超额利润，也无亏损，只能实现正常利润，厂商数目不再发生变化，整个行业处于长期均衡状态，单个厂商实现长期均衡。

综上所述，*dd* 曲线相切于 *LAC* 曲线的最低点 *E*，*LMC* 曲线经过该点，就是 $MR=LMC$ 的长期均衡点。即完全竞争市场中厂商的长期均衡条件是：

$$AR=MR=LMC=LAC=P \qquad (5\text{-}2)$$

七、对完全竞争市场的评论

在完全竞争条件下，价格可以充分发挥其“看不见的手”的作用，调节整个经济的运行，使整个经济资源流向能够更好发挥资源效用的行业，在整个社会资源稀缺的前提下达到资源的有效流动。同时完全竞争市场上的供给与需求相等，避免了资源的浪费，并且使厂商在长期均衡时所达到的平均成本处于最低点，平均成本最低决定了产品的价格也是最低的，这对消费者是有利的。

完全竞争市场也有其缺点：第一，产品无差别，消费者的多种需求无法得到满足。第二，完全竞争市场上生产者的规模都很小，他们没有能力去实现重大的科学技术突破，从而不利于技术发展。第三，在实际中完全竞争的情况是很少的，一般来说，竞争最终也必然引起垄断。

尽管完全竞争市场在现实经济生活中几乎是不存在的，但是研究完全竞争市场类型仍有其积极的意义。分析研究完全竞争市场有利于建立完全竞争市场类型的一般理论，当人们熟悉掌握了完全竞争市场类型的理论及其特征以后，就可以用其指导自己的市场决策。

互动训练

课堂讨论—— 四种市场类型的综合比较和评价

项目要求：

1. 每人先选出自己熟悉的有代表性的四种具体行业，写出自己对行业的市场结构的判断。

2. 小组进行汇总。

3. 小组组长将汇总后的结果填至相关表格中。

4. 教师进行总结与点评。

学以致用

为了实现“市长保证菜篮子”的诺言，许多大城市都由政府投资修建了大型养鸡场，结果这些大型养鸡场在市场上反而竞争不过农民养鸡专业户或养鸡的老太太，往往赔钱者多。

请同学们利用所学的经济学原理对大型养鸡场竞争不过小养鸡专业户的原因做出解释和分析。

拓展阅读

近乎完全竞争的小麦市场

小麦市场是一个比较接近完全竞争的市场。因为这个市场有众多买者和卖者，并且没有谁能够影响小麦的价格。相对于市场规模，每个小麦买者的购买量很小，以致无法影响价格，也就是说，其不可能因为购买量较大而以比别人低的价格进行购买。因为对于该买者来说，再大的购买量，对于市场规模来说仍然微乎其微；对于卖者来说，其提供的是几乎同质的小麦产品，而且任何一个卖者提供的小麦数量对于市场规模来说也微不足道，每个卖者可以在现行价格水平上卖出其想卖的所有产量，其没有理由收取较低价格，如果其收取高价格，买者则会到其他地方购买。因此，在小麦市场上，小麦的价格由众多买者的需求和卖者的供给共同决定。买者和卖者都是价格的接受者，其必须接受市场供求所决定的价格，按照市场价格买卖。

与此同时，对于一个种植小麦的农民来说，是决定继续种植小麦，还是改种蔬菜、水果甚至挖鱼塘养鱼，主要取决种植小麦的成本收益比较，即种植小麦与其他种植业和养殖业的净收益比较。如果种小麦有利可图，那么总有农民愿意继续种植小麦，甚至有更多的农民加入种植小麦的行列；如果种植小麦是亏损的，或者种植小麦的净收益比其他种植业的净收益要小，长期中，农民就会改种其他作物。在农民决定继续种植小麦还是改种其他作物时，他们的选择基本是自由的，也就是说，农民进入或退出小麦种植的障碍很小。

略微不足的是，小麦市场上无法满足信息完全的假定条件。这是大多数农产品市场化过程中存在的通病。当众多的小生产者与大市场对接时，单个的小生产者无法及时准确地把握决策所需要的所有信息，而只能在有限的信息条件下做出决策，只能以上期的价格作为本期产量的决策依据。这样决策的结果很可能导致其决策与整体市场的实际运行情况相反，从而遭遇价格波动所带来的市场风险。小麦等农产品市场经常性出现“去年买粮难，今年卖粮难”的现象，这就是信息不完全所致的。

资料来源：骆俊．经济学基础．成都：西南财经大学出版社，2018.

单元感悟

知识方面：

____

____

素养方面：

____

____

单元二　他们的薪资为何那么高?

【情景教学】

一、准备教学道具

教师准备图片，学生准备关于垄断市场的搜集资料。

二、教学目的

通过图片漫画的分析，学生能够思考垄断市场中有哪些行业，垄断行业形成的原因，垄断行业如何控制价格，对完全垄断市场进行评价。

三、教学活动组织

看图片后进行分析讨论，对相关问题加以陈述解释，并举出相关实例，教师对讨论结果进行归纳和点评。

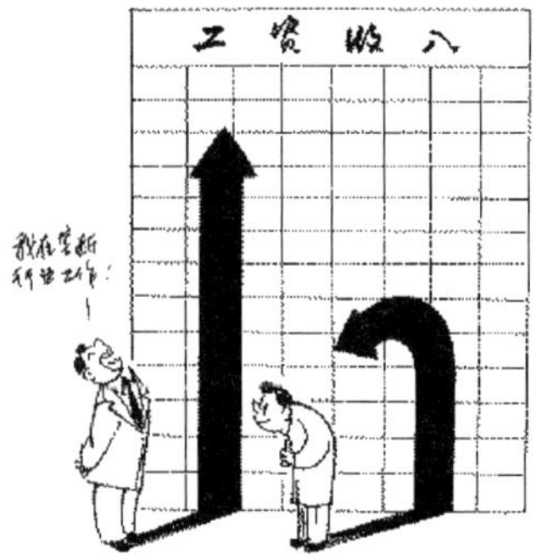

四、活动总结

1. 活动结束，请学生思考垄断市场的形成原因有哪些？

2. 请学生讨论：现实中有哪些行业属于垄断行业，其有何特征？

【故事导入】

平台经济强监管　剑指大数据杀熟

平台经济领域的反垄断指南来了。这项我国在互联网领域加强反垄断监管的重要举措，将给平台经济无序扩张定下规矩，防止肆意“跑马圈地”，营造公平竞争的市场环境，更好地促进平台经济创新发展。

近年来，平台经济领域“强者愈强”的马太效应不断加剧，“大数据杀熟”、平台“二选一”等涉嫌垄断问题引发公众强烈不满。一些头部互联网平台利用资本优势形成垄断行为，以打价格战、限制竞争等手段打压中小企业，减少竞争者出现，这是对市场竞争机制的破坏。社会需要竞争，需要创新的出现，垄断就是创新前进中的阻挡器。

正因如此，中央经济工作会议将强化反垄断和防止资本无序扩张作为2021年经济工作的八项重点任务之一，要求健全数字规则，完善平台企业垄断认定等方面的法律规范，加强规制，提升监管能力，坚决反对垄断行为。

反垄断指南为平台领域经营者提供了具体指引。对照指南条文、认真梳理自身经营行为，有利于相关企业将更多资源用于技术革新、质量改进、服务提升和模式创新，有效激发全社会创新创造动力。平台经济企业有哪些垄断的行为？中国政府为什么要对平台经济企业进行反垄断调查？

【经济学原理】

一、完全垄断市场

完全垄断又称为独占、卖方垄断或纯粹垄断，与完全竞争市场结构相反，完全垄断市场（Monopoly Market）是指一家厂商控制了某种产品全部供给的市场结构。在完全垄断市场上，具有以下特征：

（1）厂商数目唯一，一家厂商控制了某种产品的全部供给。

完全垄断市场上垄断企业排斥其他竞争对手，独自控制了一个行业的供给。由于整个行业仅存在唯一的供给者，企业就是行业。

（2）完全垄断企业是市场价格的制定者。

由于垄断企业控制了整个行业的供给，也就控制了整个行业的价格，成为价格制定者。完全垄断企业可以有两种经营决策：以较高价格出售较少产量，或以较低价格出售较多产量。

（3）完全垄断企业的产品不存在任何相近的替代品。

否则，其他企业可以生产替代品来代替垄断企业的产品，完全垄断企业就不可能成为市场上唯一的供给者。因此消费者无其他选择。

（4）其他任何厂商进入该行业都极为困难或不可能。

完全垄断市场上存在进入障碍，其他厂商难以参与生产。垄断厂商之所以能够成为某种产品的唯一供给者，是由于该厂商控制了这种产品的供给，使其他厂商不能进入该市场并生产同种产品。导致垄断的原因一般来自原料资源的独家控制、政府特许权、规模经济的要求等几方面原因。

这样的市场在现实生活中非常少见，在我国，邮政、铁路、电力等行业都属于完全垄断行业。

二、垄断市场的需求曲线、平均收益与边际收益

在完全垄断市场，整个行业只有垄断者这一个卖者，厂商需求曲线就是行业需求曲线。但完全垄断厂商不同于完全竞争厂商的重要区别是完全垄断厂商能影响其产品价格，如果垄断者降低价格，需求量就会增加，也可以通过减少供给量来提高价格。如图 5-10 所示，完全垄断厂商的需求曲线是向右下方倾斜的。平均收益就是总收益除以销售量的商，也就是价格。在任何市场类型，平均收益一定等于价格。在完全垄断市场，平均收益曲线和需求曲线是完全重合的。

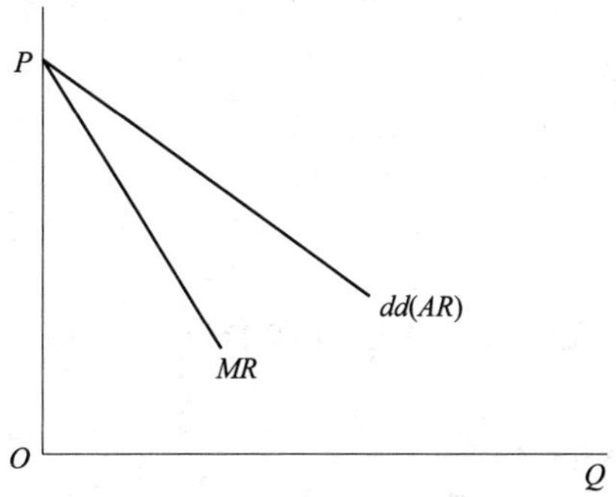

图 5-10 完全垄断厂商的需求曲线、平均收益曲线与边际收益曲线

完全垄断市场中，由于厂商的需求曲线向右下方倾斜，厂商要多销售一单位产品，就必须降低价格。从表 5-3 中可见，每多销售一单位产品所带来的总收益的增加量总是小于产品单价，即边际收益小于平均收益。因此，完全垄断市场中边际收益曲线也向右下方倾斜，但位于平均收益曲线的下方。

表 5-3　　某完全垄断厂商收益表

价格（P）	销售量（Q）	总收益（TR）	平均收益（AR）	边际收益（MR）
5	10	50	5	5
4	20	80	4	3
3	30	90	3	1
2	40	80	2	-1

三、垄断市场上的短期均衡

在短期内，厂商的各种固定生产要素无法调整，只能通过供给量和价格的调整来实现利润最大或亏损最小。在完全垄断市场中，垄断厂商同样遵循利润最大化原则 $MR=MC$ 来决定产品价格或供给量。

（一）获超额利润的情形

在图 5-11（a）中，短期均衡点为 E，均衡产量为 OM，均衡价格为 OB，平均成本为 OA，总收益等于均衡产量乘以价格（$TR=OM \cdot OB$），即相当于图中矩形 $BOMG$ 的面积；总成本等于均衡产量乘以平均成本（$TR=OM \cdot OA$），即相当于图中矩形 $AOMF$ 的面积。总收益大于总成本，厂商可获得超额利润，超额利润的大小即为图中矩形 $BAFG$ 的面积。

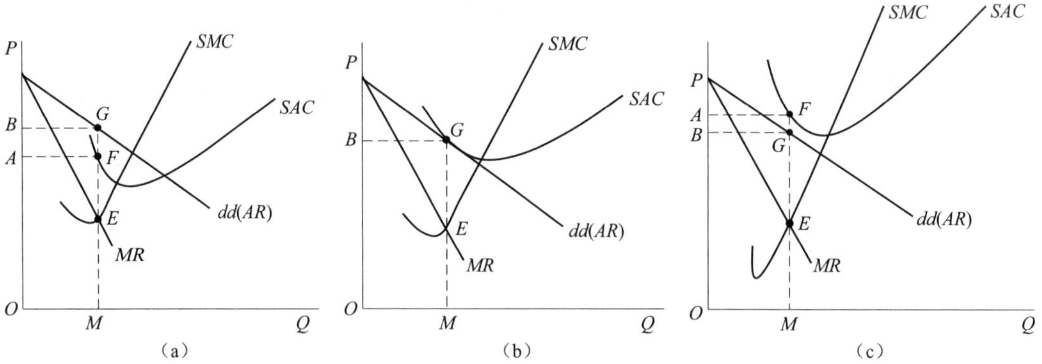

图 5-11　完全垄断厂商的短期均衡

（二）获正常利润的情形

在图 5-11（b）中，短期均衡点为 E，均衡产量为 OM，在该产量上，平均成本曲线相切于需求曲线，此时的平均成本与价格恰好相等，总收益与总成本大小相当，都相当于图中矩形 $BOMG$ 的面积，厂商在此点处于盈亏平衡状态，既不亏损也没有超额利润。

（三）亏损的情形

在短期内垄断厂商也有可能会亏损，在图 5-11（c）中，根据利润最大化原则确定的均衡点为 E 点，均衡产量为 OM，平均成本为 OA，总收益等于均衡产量乘以价格（$TR=OM\cdot OB$），即相当于图中矩形 $BOMG$ 的面积；总成本等于均衡产量乘以平均成本（$TC=OM\cdot OA$），即相当于图中矩形 $AOMF$ 的面积。总收益小于总成本，厂商处于亏损状态，亏损额的大小为图中矩形 $ABGF$ 的面积。

综上所述，完全垄断厂商的短期均衡条件是：

$$MR=SMC \tag{5-3}$$

在完全垄断市场，虽然只有一个厂商，但也可能面临生产成本过高和市场需求过小的问题。因此，垄断厂商在短期内并不能保证获得超额利润，也有可能处于盈亏平衡的状态或亏损状态。当厂商处于亏损状态时，是选择停产还是继续营业，取决于价格与平均可变成本的关系。当 $AVC<P<SAC$ 时，意味着继续生产所获得的收益不仅可以补偿因为生产而发生的全部变动成本，剩余部分还可以补偿部分固定成本。所以当市场价格小于平均成本但是大于平均变动成本时，应该继续生产。当 $P<AVC$ 时，继续生产所获得的收益连因为生产而发生的变动成本都无法补偿。所以当市场价格不仅小于平均成本，而且小于平均变动成本时，应该停止生产。

四、垄断市场上的长期均衡

长期内，厂商为实现利润最大化，可以调整所有生产要素的投入。如果厂商在短期内是亏损的，在长期内，厂商可以通过调整生产规模来获得利润，如果在长期内也不存在一个使它盈利的生产规模，则该厂商会退出该行业；但如果长期内存在这样一个生产规模，垄断厂商可以获得利润，那么无论短期内是盈利还是亏损，厂商都会留在这个行业，通过生产规模的调整，获得比短期更大的利润。

完全竞争市场中，厂商无法长期获得超额利润，原因是在超额利润的吸引下会不断地有其他厂商进入市场，增加市场供给，引起价格下降，最终超额利润消失。但完全垄断市场不同，市场上只有一个厂商，短期内获得的利润长期内仍然可以保持，而且垄断厂商还通过不断调整生产规模，降低长期平均成本，获得可能的最大利润。图 5-12 表示了这一调整过程。

SAC_1、SMC_1 和 SAC_2、SMC_2 分别代表垄断厂商短期的两个生产规模，LAC 和 LMC 分别代表垄断厂商的长期平均成本和长期边际成本。短期内，垄断厂商根据利润最大化原则 $MR=SMC_1$ 在 E_1 处达到均衡，均衡产量和价格分别为 Q_1 和 P_1，超额利润为矩形 P_1ADC 的面积。此时，生产规模较小，平均成本较高，为获取更多利润，厂商必然扩大生产规模，在 E_2 处达到新的均衡，降低平均成本到 B 点，此时短期边际成本等于长期边际成本等于边际收益，超额利润为矩形 P_2BGF 的面积，显然垄断厂商获得了更大的利润。

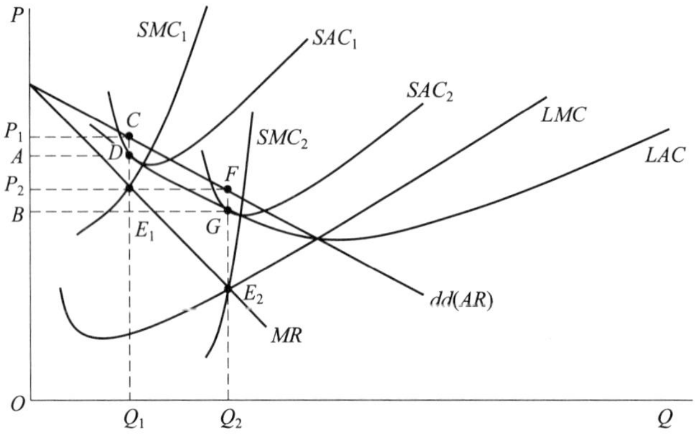

图 5-12 完全垄断厂商的长期均衡

综上所述，完全垄断厂商的长期均衡条件：

$$MR = LMC = SMC \quad (5\text{-}4)$$

五、垄断企业的定价策略

与完全竞争市场所有商品按同一市场价格销售不同，完全垄断厂商是市场价格的制定者，可以根据市场情况选取不同的定价策略确定市场价格。

（一）价格歧视

歧视价格（Price Discrimination）是指同样的商品向不同的消费者收取不同的价格，并且此时的价格差异并不是由于生产厂商成本不同所造成的。歧视定价可以实现更大的利润，其基本原则是对需求富有弹性的消费者收取低价，而对需求缺乏弹性的消费者收取高价。比如服装市场，一些规模比较小的店铺（非统一定价）对同一件衣服就会根据消费者的不同而收取不同的价格。

一般根据价格差别的程度把价格歧视分为三种类型。

（1）一级价格歧视，又称为完全价格歧视（Perfect Price Discrimination），即每一单位产品都有不同的价格。垄断厂商根据每个消费者愿意支付的最高价格来制定产品价格。一般二手市场上常见这种情况。

（2）二级价格歧视（Second-degree Price Discrimination），即垄断企业根据不同购买量确定不同的价格。很多厂商为鼓励消费者购买，经常采取第一件原价，第二件半价的促销策略来刺激消费。

（3）三级价格歧视（Third-degree Price Discrimination），即垄断企业对不同市场的不同消费者实行不同的价格。例如，天然气工业用和居民用就收取不同的价格，居民用是每立方米 2.4 元，非居民类是每立方米 3.6 元。

（二）双重收费

双重收费又称为两部收费，是与价格歧视有关但不完全等同于价格歧视的一种定价策略，其目的也是攫取消费者剩余。在双重收费中，垄断厂商要求消费者先付费以获得一种商品的购买权，然后再要求消费者为他们所希望消费的每一单位该商品支付额外的费用。当厂商只面对一类消费者时，实行双重收费等同于一级价格歧视。日常生活中实行双重收费的例子很多，如出租车的起步价和所走路程的价格、手机的月租费和话费等。

（三）捆绑销售

捆绑销售是指厂商要求客户购买其某种产品的同时也必须购买他的另一种产品。在顾客偏好存在差异而厂商又无法实施价格歧视的条件下使用这一决策，可以增加厂商的利润。

六、对完全垄断市场的评论

对完全垄断一般认为是有害的。因为在垄断企业里，往往用较少的追加资源可以生产出较高价格的产品，从社会资源合理分配的角度看，说明企业的产量不是最优，生产效率不高，存在生产资源的浪费；垄断厂商实行价格歧视，即价格差别，消费者所付的价格高，就是消费者剩余减少，这种减少是社会福利的损失。

少数垄断资本家能保持垄断利润，是以全社会消费者收益的减少为代价的，所以是对消费者的剥削；同时，垄断也容易引起腐败，妨碍社会进步。在大多数情况下，垄断会扼杀竞争。

因此，在大多数西方国家，政府都对垄断企业进行管制。如对垄断企业征税，目的是把厂商的超额（垄断）利润抽走，使分配公平；对市场结构进行控制，尽量增强市场的竞争性，减弱垄断性；政府对垄断企业的价格直接进行控制，以减少超额利润，促使增加产量。

但也有经济学家认为，垄断也有其有利的一面。首先，在一些行业可以实现规模经济；其次，垄断企业可以以自己雄厚的资金与人才实力实现重大的技术突破，有利于技术进步；最后，尽管在一国内是垄断的，有效率损失，但在国际上有竞争力，有利于国际竞争力的提高。

互动训练

资料搜集——请利用网络查找近五年来国际上著名的反垄断案资料

项目要求：

1. 认真查询网页资料。

2. 根据查询资料内容，思考问题：为何各个国家都要制止市场上的垄断行为？垄断的危害有哪些？

3. 教师进行归纳和点评。

学以致用

案例背景：

近年来，全球科技行业涌现出一批拥有巨大市场影响力的企业，如谷歌（Google）、苹果（Apple）、亚马逊（Amazon）、腾讯（Tencent）、阿里巴巴（Alibaba）等。这些企业在各自领域占据主导地位，如搜索引擎市场、智能手机生态系统、电子商务、社交媒体等，形成了强大的垄断或寡头竞争结构。

例如，某些智能手机品牌建立了封闭生态系统，消费者只能在该品牌的应用商店购买软件，导致开发者必须接受该平台设定的规则，否则难以触及大量用户。此外，一些互联网平台通过并购竞争对手、算法推荐控制流量分配、数据壁垒等方式，进一步巩固市场主导地位，削弱竞争压力。

针对这些现象，各国政府采取了一系列反垄断措施，如欧盟对某科技巨头开出巨额罚单，美国政府对某些企业进行市场竞争调查，中国也加强了互联网平台经济的监管，要求公平竞争，保护中小企业的发展机会。

问题探讨：

1. 这些科技公司是属于完全垄断，还是更接近寡头垄断？为什么？

2. 这些企业的市场支配地位对消费者、竞争对手和整个行业有哪些正面和负面的影响？

3. 政府应该如何监管这些大型企业，确保市场公平竞争？如果你是政策制定者，你会采取哪些措施？

4. 在现实生活中，你是否遇到过某些商品或服务只有少数几家企业提供？你是否感受到垄断带来的好处或弊端？

拓展阅读

阿里被罚182亿元，国家为何要反垄断？

最近内地互联网公司的股价在香港股市暴跌都跟一件事有关，即经过4个月的调查，2021年4月10日，市场监管总局对阿里做出了行政处罚——罚款182亿元。这是有史以来最高的行政处罚的金额，让人大跌眼镜，不知道出了什么事，为什么处罚这么重，国家为什么要反垄断呢？

所谓垄断是指一种产品或一种服务，是独家供应或者接近独家供应的，它缺乏有效的经济竞争。垄断权是指一个企业可以影响甚至决定市场价格和市场供给的程度。监管机构通常会考虑这个企业在市场中的垄断程度，来确定是否该进行干预。

我们再来看看阿里的案例：第一，看它是否垄断。阿里的收入占全国10个网络平台合计的70%以上，技术和财力上都有支配地位，违反了《中华人民共和国反垄断法》（简称《反垄断法》）第十八条；第二，看它是否有不公平的竞争行为。经过4个月的调查取证，证明阿里确实存在二选一的问题，这分明是对不合作的商家进行行政处罚的行为；第三，是该怎么罚？《反垄断法》规定的罚金比例是1%～10%，这次罚款是阿里2019年在中国境内销售额的4%，既不封顶也不至于过低，取了中间偏下的数额。由此看来，阿里被罚182亿元，算是开了一个反垄断的头，对此阿里集团发表公告表示诚恳接受，坚决服从。

事实上，很多互联网企业是靠创新发展起来的。然而，垄断之后往往就不想继续创新，只希望利用自身的大流量来垄断市场，用资本和流量去抢占市场，让中小企业和商家厂家都无利可图了。那反垄断的好处在哪里？很重要一点是给那些中小互联网公司以更好的发展机会，这样的经济才会充满活力。

诚然，互联网平台的发展给我们的生活带来了很多便利，但是需要更好地规范市场。“阿里受罚”事件告诉我们，反垄断是全球的趋势，之前各国互联网行业的监管政策相对少，现在的趋势是加大监管，毕竟竞争才是发展市场经济最好的方式。

资料来源：改编自视频《韩秀云讲经济》。

单元感悟

知识方面：

____

____

素养方面：

____

____

单元三 OPEC与世界石油市场

【情景教学】

一、准备教学道具

由学生展示搜集到的关于石油输出国组织（OPEC）的资料。

二、教学目的

通过阅读，学生能够思考寡头垄断市场中有哪些行业，寡头垄断行业的特点，为什么寡头市场会产生卡特尔，对寡头垄断市场进行评价。

三、教学活动组织

看图片后进行分析讨论，对相关问题加以陈述解释，并举出相关实例，教师对讨论结果进行归纳和点评。

四、活动总结

1. 通过本次活动总结出哪些行业属于寡头垄断行业？

2. 寡头之间是否存在勾结，他们之间是如何决定价格和产量的？

【故事导入】

中国邮电拆分历程

1994 年 7 月，中国联通成立，打破“老中国电信”的垄断地位。经国务院批准，中国联通成立，是中国第二家经营电信基本业务和增值业务的全国性国有大型电信企业，被赋予打破“老中国电信”垄断地位的色彩。

1998 年 3 月，邮电分家，将当时的邮电部拆分形成了两个独立的部门，电信政企分开，组建信息产业部，负责电信行业的监管，原邮电部副部长杨贤足入主中国联通。

1998 年 5 月 15 日，北京电信长城码分多址（CDMA）网商用试验网——133 网，在北京、上海、广州、西安投入试验。

1999 年 7 月，筹建中国移动集团，分离中国电信的移动业务。

1999 年 10 月 28 日，小网通成立。

1999 年 12 月，初步形成了电信、移动、联通、卫通、小网通、吉通的电信业格局。

2000 年 4 月，电信移动分离。中国移动通信集团公司于 2000 年 4 月 20 日成立。2000 年 5 月 17 日，在剥离了无线寻呼、移动通信和卫星通信业务之后，成立了中国电信集团公司。

2001 年 1 月，中国铁通正式挂牌成立。这家由铁道部控股、铁路全路 14 个铁路局等共 18 家股东共同出资组建的电信运营企业，专门从事固定电话、互联网、数据通信等业务。至此，中国电信七雄争霸格局形成。

2002 年，电信南北分拆，中国电信集团被拆分成南电信、北网通两大运营商。2002 年 5 月，国务院对电信进行了南北拆分重组，将北方九省一市划给中国网通，成立了新的中国电信集团公司。

2008 年 3 月，信息产业部改为工业和信息化部。

2008 年 4 月 1 日，中国自主 3G 标准 TD-SCDMA 试商用网络运行。

2008 年 6 月，六大通信运营商整合为电信集团、联通集团、移动集团。

经过多年拆分，中国电信市场出现竞争，电信服务价格逐渐下降，服务质量大幅提高。普通家庭开始安装电话，普通人开始使用手机。

“老中国电信”属于典型的垄断市场。同学们，目前中国的电信市场属于哪种类型的市场？与原来垄断的电信市场相比，这种电信市场的优势表现在哪些方面？

资料来源：新浪博客。

【经济学原理】

一、寡头垄断市场的特征

在现实生活中，我们还会看到这样一种市场，既不是只有一个厂商存在，也不是很多厂商竞争，而是由少数几个厂商控制着某一行业，这种市场就是寡头垄断（Oligopoly）市场。寡头垄断市场又称为寡头市场，是指由少数几家大型厂商控制某种产品供给的大部分乃至整个市场的一种市场结构。寡头垄断是介于垄断竞争与垄断之间的一种市场结构。寡头厂商之间生产的产品可以是同质的，如我们在钢铁、水泥、石油、有色金属、塑料、橡胶等行业中所看到的那样；而在有些行业，产品则是有差别的，如汽车、飞机、家用电器、铁路运输、电信服务业等。一般而言，寡头垄断市场应具备以下特征。

（1）厂商数目屈指可数，厂商在一定程度上控制产品价格和绝大部分的市场份额。

（2）产品差别可有可无。寡头垄断厂商提供的产品可以是相同的，也可以是有差别的。由此分为无差别寡头垄断市场和有差别寡头垄断市场。

（3）存在进入的障碍，其他厂商无法顺利地进入该行业。一种可能性是这些寡头行业存在规模经济，使得大规模的生产占有强大的成本优势和产量优势，大企业不断发展壮大，而小企业则无法生存，最终形成少数几个厂商竞争的局面；有时寡头厂商之间相互勾结，构筑进入的壁垒，阻止其他厂商进入；寡头厂商为了减少其竞争压力，也会采用收购、兼并一些小企业等形式来减少厂商的数目。在有的行业，寡头市场的形成则直接由于政府的产业政策所致（厂商数目较稳定）。

（4）寡头垄断之间相互利害关系极为密切，双方均是反应后再决策。由于市场中厂商的数目较少，每个厂商在市场中都占有一个很大的份额，对市场都有举足轻重的影响力。一个厂商的价格和产量变动，不仅影响到自己的市场份额和所得利润，而且会直接影响其他厂商的市场份额和利润，因而厂商所做的价格—产量决策也很容易遭到其竞争对手的报复。所以，寡头厂商在做出决策的时候必须把其竞争对手可能采取的对策考虑进去，而竞争对手的可能对策又是难以推测的。因此，寡头垄断厂商的决策具有重要的不确定性。寡头厂商的价格—产量决策过程就是该寡头厂商与其他寡头厂商之间相互博弈的过程，价格的确定实际上是一个搜寻的过程。我们知道，完全竞争厂商是价格的被动接受者，而垄断厂商则是价格的主动制定者，但寡头厂商则只能是“价格搜寻者”。正是由于寡头厂商之间价格决策的不确定性，厂商之间往往尽力避免打“价格战”。在寡头行业中除价格竞争之外，更经常进行的是非价格竞争，比如广告竞争、品牌竞争、服务竞争等。

二、卡特尔

这是寡头市场的厂商采取协议的形式。各寡头勾结起来共同协商定价，寡头之间进行公开的勾结，组成卡特尔。卡特尔是寡头的价格联盟，协商确定价格。但是，由于卡特尔各成员之间的矛盾，有时达成的协议也很难兑现，或引起卡特尔解体。

为什么会产生上述现象？因为在寡头垄断的市场上，由于相互之间的依存和牵制，单个厂商在采取行动之前，会估计、猜测其他厂商对这一行动的反应，而后决定是否付诸实施。也就是说，单个厂商的决策会因其他厂商的不同行为反应而改变，相互之间存在一种博弈关系。

下面我们用“囚徒困境”这个经典的博弈故事来说明。

假设有两个小偷 A 和 B 因私入民宅被警察抓住，则 A 和 B 为局中人，此局属于双人博弈。警方将两人分别置于不同的两个房间内进行审讯，对每一个犯罪嫌疑人，警方给出的政策是：如果一个犯罪嫌疑人坦白了罪行，交出了赃物，因为证据确凿，两人都被判有罪。如果另一个犯罪嫌疑人也坦白了罪行，则两人各被判刑 8 年；如果另一个犯罪嫌疑人没有坦白而是抵赖，则以妨碍公务罪（因已有证据表明其有罪）再加刑两年，而坦白者有功被减刑 8 年，立即释放。如果两人都抵赖，则警方因证据不足不能判两人的偷窃罪，但可以私入民宅的罪名将两人各判入狱 1 年。他们每个人可以选择的行为有两种：交代或不交代。他们无法勾结（ 不能合作 ），各自选择的结果要取决于对方的选择。共有 4 种可能的决策，也有 4 种可能的结果。

以下给出了这个博弈的支付矩阵（Payoff Matrix），如图 5-13 所示。左边是 B 的支付，右边是 A 的支付。

		A 坦白	A 抵赖
B	坦白	-8 \ -8	0 \ -10
	抵赖	-10 \ 0	-1 \ -1

图 5-13 支付矩阵

我们来看看这个博弈可能的结果是什么。对 A 来说，尽管他不知道 B 作何选择，但他知道无论 B 选择什么，他选择“坦白”总是最优的。显然，根据对称性，B 也会选择“坦白”，结果是两人都被判刑 8 年。但是，倘若他们都选择“抵赖”，每人只被判刑 1 年。不难看出，A 和 B 都会按照坦白策略行事，博弈的最终结果是两个人都坦白，即每个人都被监禁 8 年。

但其实从支付矩阵也能看出，两人都选择抵赖才是对彼此都好的结果。但这种结果要求两人有足够的信任，或事先已经达成抵赖的协议。否则，如果 A 相信 B 会遵守协议，一直抵赖，而 B 却选择了坦白，那么 A 就会陷入最糟糕的境地，被监禁 10 年。同样地，如果 B 抵赖而 A 坦白，则 B 也会被监禁 10 年。因此，只要是局中人以利己主义的原则行事，就不可能达成最好的结果。

正因如此，出于各自对于自身利益的考虑，卡特尔最后的结局往往是自动解体。例如，石油输出国组织（OPEC）于1960年9月由五个主要输出国——伊朗、伊拉克、科威特、沙特阿拉伯和委内瑞拉设立。它的目的就是通过限制每个国家的石油输出量，达到提高石油价格的目的。但实际上，各成员国因为配额分配、提价幅度等不同而经常争吵。后来随着俄罗斯石油输出、英国北海石油开采，OPEC对世界石油市场的影响逐渐减弱。

互动训练

出牌游戏——不同状况下的博弈

项目要求：

1. 学生分成6组，两两对弈，每组私自商量出牌的颜色，进行记分。

2. 游戏规则：双方都出红牌，各得3分，双方都出黑牌，各得-3分，一方出红，另外一方出黑，则红方得-6分，黑方得6分。根据出牌情况进行记分。出牌三次后改变规则，双方可以协商后出牌。再出牌两次后改变规则，告诉大家下一次出牌将是最后一次出牌，最后一次出牌不许商量。出牌情况反映到一张综合的表中。

3. 进行小组讨论并总结。

4. 教师进行点评。

学以致用

2020年8月11日，中国汽车蓝皮书论坛会议在武汉开幕。在这场论坛会议上，李斌、何小鹏、曹德旺等知名企业家纷纷发表了自己对汽车行业的看法。

其中，华为智能汽车解决方案部总裁王军发言表示，国内汽车行业不会出现几家独大的局面。而小鹏汽车CEO何小鹏却认为，汽车行业的智能化会让行业呈现集中趋势，3年后只会有5家龙头企业。

近些年来，新能源汽车市场如火如荼地发展，造车新势力不断出现。对于未来的市场结构，你是怎么看的？你同意王军的看法还是何小鹏的看法？

拓展阅读

纳什与纳什均衡

2002年第74届奥斯卡金像奖的最大赢家是纪实性电影《美丽心灵》（*A Beautiful Mind*），当观众被影片中所表现出来的爱和美丽心灵所打动的时候，荧幕背后的人物原型——约翰·纳什（John Nash）也逐渐走进了人们的视野。纳什是一位数学与经济学的双料怪才，他在博弈理论方面的卓越贡献一直改变着我们的生活。他第一次证明了非合作博弈及其均衡的存在性——即著名的纳什均衡，从而揭示了博弈均衡与经济均衡的内在联系。他本人也于 1994 年荣获诺贝尔经济学奖。

纳什均衡在现实生活中很普遍，以麦当劳和肯德基为例。我们都知道麦当劳与肯德基在产品口味和价格上并无太大差别。如此一来，消费者在选择麦当劳或是肯德基时，最先考虑的就是距离问题。如果两家店都希望能够离消费者更近一点，那么它们的店铺应该开在哪里更合适呢？

假设一条 1 000 米长的街道为 AB，街道的最左端的起始点是 A，最右端的终结点是 B，那么对顾客而言最理想的商店位置是怎么样的呢？以街道 1/2 处为中心点，显然是麦当劳和肯德基其中一家在街道 1/4 处开店，另一家在街道 3/4 处开店，这样既方便了这条街上任何一个地点的顾客，又能确保麦当劳和肯德基各自包揽一半顾客的生意。

但事情没有这么简单——麦当劳与肯德基两家的产品存在一定的同质性，两者之间存在竞争，它们都不会甘心这种平均主义，它们都想比对手得到更多客流量。于是，麦当劳与肯德基都选了在 1/2 处开店，从而可以不流失任何顾客。因此，两家店就凑在一起了。而那种原来双方各占 1/4 位置的分配并不是一种稳定的配置。

麦当劳与肯德基所选择的就是纳什均衡的位置，在这个位置上谁要单独移开一点就会丧失这一点市场份额，所以谁都不愿意偏离中心。由此，我们也可以得出，只有两家店铺紧挨在街的中心位置开张才是最稳定的“纳什均衡”。这也就是麦当劳的旁边总有肯德基的原因。

资料来源：符永蔚．写给年轻人的经济故事书．北京：中国商业出版社，2018.

单元感悟

知识方面：

____

____

素养方面：

____

____

单元四　为何日化用品需要广告打开市场?

【情景教学】

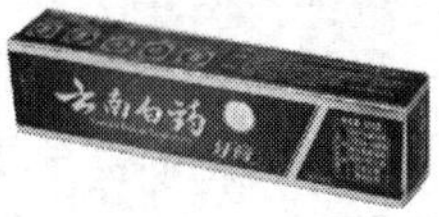

一、准备教学道具

准备不同品牌的牙膏各 5 支。

二、教学目的

通过牙膏销售来分析垄断竞争市场的特点，解释为什么这种市场中的厂商之间既存在垄断又存在竞争。

三、教学活动组织

1. 把讲台布置成一个简单的销售柜台，摆放好用来销售的小商品。
2. 教师和选定的学生分别扮演售货员的角色，其他学生充当消费者。
3. 销售活动开始，售货员开始销售，学生开始选择购买牙膏，直到全部卖出为止。
4. 购买不同牙膏的同学请说明自己为何选中所买牙膏。

四、活动总结

1. 通过本次销售活动，请学生思考垄断竞争市场有什么特点。
2. 通过讨论，请学生分析现实中有哪些行业属于垄断竞争市场，垄断竞争厂商如何在竞争中突围。

【故事导入】

洽洽的品牌差异化营销

当许多炒货公司还热衷于传统的炒制技术时，洽洽却在默默地研发怎么既能保持香瓜子香脆的特性，又能使消费者吃了不上火乃至不脏手的香瓜子。煮制瓜子就此应运而生。这不单是营销上的标新立异，也是整个炒货行业在瓜子技术上的一大突破，更是广大香瓜子消费者的一大福音。

洽洽在打破传统炒货技术之后，又加上传统秘制配方，将葵花子与多种有益于人体健康的中草药，经过特殊调制后，经“煮”而成，就有了如今百吃不厌的“洽洽”香瓜子。“煮”瓜子是“洽洽”香瓜子生产技术的代表，它不仅去除了炒制瓜子多吃易上火的缺点，且用既有营养、口味又佳的配方调制，使得一般的香瓜子具有了入味、香酥、不脏手、不上火等特色，消费者也在不知不觉中吃上了瘾……

资料来源：美御．学会洽洽的这些品牌策略，成功打造休闲零食品牌．https：//www.mroyal.cn/markting/markting398.html.

【经济学原理】

一、垄断竞争市场

在现实社会中，完全竞争市场和完全垄断市场是极为罕见的，比较常见的是介于两者之间的既有垄断又有竞争的混合体——垄断竞争市场和寡头垄断市场，又称为不完全竞争市场。垄断竞争更接近于完全竞争市场，而寡头垄断更接近于完全垄断市场。所谓垄断竞争（Monopolistic Competition）市场，是指在一个市场中有许多厂商生产和销售相近又有差别的商品。垄断竞争是一种介于完全竞争和完全垄断之间的市场组织形式。在这种市场中，既存在着激烈的竞争，又具有垄断的因素。比如现在的手机市场就属于垄断竞争市场。作为垄断竞争的市场应具有如下基本特征。

（1）市场中存在着较多数目的厂商，彼此之间存在着较为激烈的竞争。

由于每个厂商都认为自己的产量在整个市场中只占有一个很小的比例，因而厂商会认为自己改变产量和价格不会招致其竞争对手们相应行动的报复。

（2）厂商所生产的产品是有差别的。

产品差别是指同一产品在价格、外观、性能、质量、构造、颜色、包装、形象、品牌、服务及商标广告等方面的差别以及消费者想象为基础的虚幻的差别。由于存在着这些差别，使得产品成了带有自身特点的“唯一”产品了，也使得消费者有了选择的必然，使得厂商对自己独特产品的生产销售量和价格具有控制力，即具有了一定的垄断能力，而垄断能力的大小则取决于它的产品区别于其他厂商的程度。产品差别程度越大，垄断程度越高。

（3）厂商进入或退出该行业都比较容易。

垄断竞争市场是常见的一种市场结构，如肥皂、洗发水、毛巾、服装、布匹等日用品市场，餐馆、旅馆、商店等服务业市场，牛奶、火腿等食品类市场，书籍、药品等市场大都属于此类。

二、垄断竞争市场的需求曲线、平均收益与边际收益

由于垄断竞争厂商生产的是有差别的产品，因而对该产品都具有一定的垄断能力，和完全竞争的厂商只是被动地接受市场的价格不同，垄断竞争厂商对价格有一定的影响力。比如，厂商如果将它的产品的价格提高一定的数额，则习惯于消费该物品的消费者可能不会放弃该物品的消费，该产品的需求不会大幅度下降。但若厂商大幅度提价的话，由于存在着大量的替代品，消费者就可能舍弃这种偏好，转而购买该商品的替代

品。因此，垄断竞争厂商所面临的需求曲线相对于完全竞争厂商而言要更陡一些，而相对于垄断厂商来讲需求曲线要更缓，即更富有弹性。

由于厂商的平均收益总是等于该销售量的价格，因此，平均收益曲线就是厂商的需求曲线。需求曲线向右下方倾斜，则平均收益曲线也是向右下方倾斜的，且两线重合。平均收益递减，则边际收益必定也是递减的，并且小于平均收益。所以与垄断厂商类似，垄断竞争厂商的边际收益曲线也是位于平均收益曲线之下且较平均收益曲线更为陡峭。

三、垄断竞争市场的短期均衡

在短期内，垄断竞争厂商同样遵循利润最大化原则 $MR=MC$ 来确定均衡产量和价格。处于垄断竞争市场中的厂商，在短期内可能有正利润、零利润和负利润。

在短期内，厂商的各种固定生产要素无法调整，只能通过供给量和价格的调整来实现利润最大或亏损最小。在完全垄断市场中，垄断厂商同样遵循利润最大化原则 $MR=MC$ 来决定产品价格或供给量。

（一）获得超额利润的情形

在图 5-14 中，短期均衡点为 E，均衡价格为 OB，平均成本为 OA，总收益大于总成本，厂商可获得超额利润，超额利润的大小即为图中矩形 $BAFG$ 的面积。

（二）仅获得正常利润的情形

在图 5-15 中，短期均衡点为 E，此时均衡价格等于平均成本，总收益与总成本大小相当，厂商在此点处于盈亏平衡状态。

（三）亏损的情况

在图 5-16 中，根据利润最大化原则确定的均衡点为 E 点，平均成本为 OA，均衡价格为 OB，总收益小于总成本，厂商处于亏损状态，亏损额的大小为图中矩形 $ABGF$ 的面积。

综上所述，垄断竞争厂商的短期均衡条件为：

$$MR=SMC \tag{5-5}$$

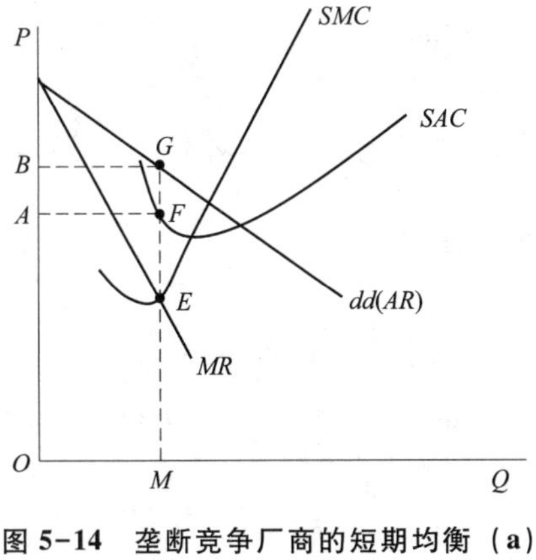

图 5-14 垄断竞争厂商的短期均衡（a）

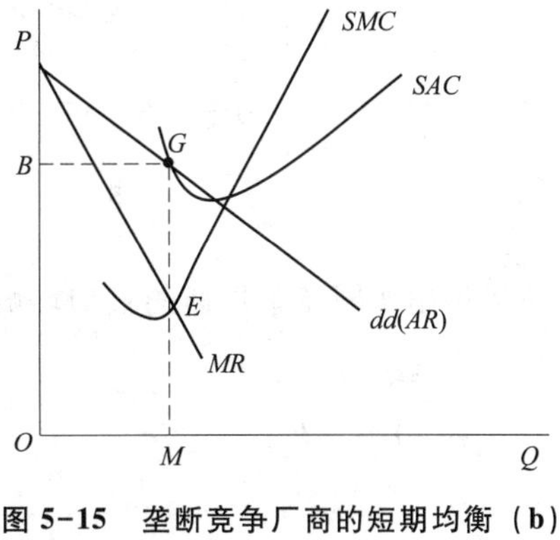

图 5-15 垄断竞争厂商的短期均衡（b）

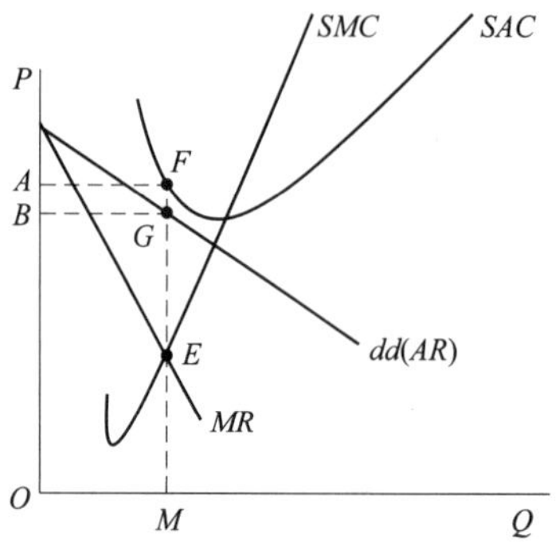

图 5-16　垄断竞争厂商的短期均衡（c）

四、垄断竞争厂商的长期均衡

垄断竞争厂商在短期中可能获得超额利润，也可能亏损。但在长期中，短期亏损的厂商将调整生产规模，消灭亏损，如果不能找到这样一个生产规模，厂商会退出市场。如果厂商在长期内能获得超额利润，集团外厂商会进入市场，场内厂商也会扩大供给数量，引起价格下降，原有的超额利润消失。一方面，没有超额利润的吸引，不再有新厂商进入；另一方面，场内厂商虽然不能获得超额利润，但是有正常利润，也不会退出市场，达到长期均衡。

在图 5-17 中，根据利润最大化原则确定的长期均衡点为 E，均衡产量为 OM，均衡价格为 OA，由于在该产量上，LAC 曲线与需求曲线相切，均衡价格与平均成本相等，厂商不亏不赚，只能获得正常利润。

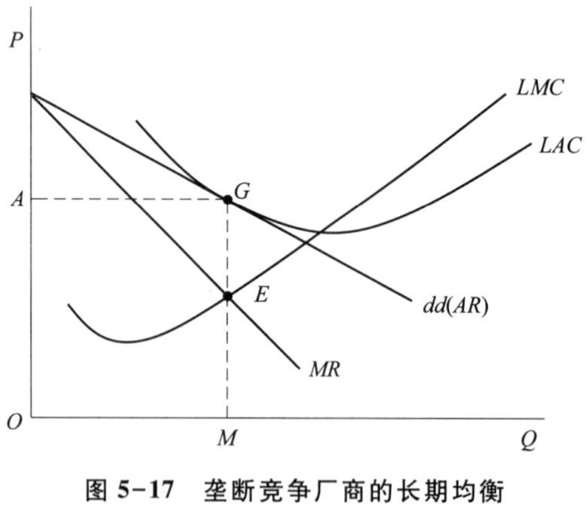

图 5-17　垄断竞争厂商的长期均衡

可以得出垄断竞争厂商的长期均衡条件为：

$$MR = LMC \tag{5-6}$$

$$AR = LAC = P \tag{5-7}$$

五、垄断竞争市场上的非价格竞争

垄断竞争厂商生产的产品或多或少存在相互替代的关系，但是它们之间又存在差异，并非完全可替代的。产品差异化是垄断竞争市场上常见的一种现象，垄断竞争厂商的产品差异化包括产品本身的差异和人为的差异，后者包括了方位的差异、服务的差异、包装的差异、营销手法的差异等，企业往往希望通过产品差异化来刺激产品的需求。企业的产品差异竞争一般通过产品、服务和品牌三个方面来体现。

企业的上述思路又被认为是通过非价格手段进行竞争的。这种竞争也会引起对方的反应，但此时的反应比起价格竞争引起的反应要慢得多。这是因为非价格因素的变化，一般不易被对方所发觉，即使对方发觉之后，到有所反应也要一个过程（如设计新产品、训练推销人员需要时间）。非价格竞争的效果集中到一点就是改善消费者对本企业产品的看法，使本企业的产品在消费者头脑中与别的企业的产品区别开来。显然，一旦企业在竞争中取得了这种效果，对方要把顾客重新夺回去就不是很容易了，因为这需要把顾客对产品的看法再扭过来。

六、不同市场的比较

前面我们研究了四种不同的市场结构：完全竞争、垄断竞争、寡头垄断、垄断。这四种市场结构具有不同的特点，不同市场结构中的厂商的价格决策、产量决策都不相同，其竞争策略和竞争程度也不一样，因而经济效率也就不同。下面仅对这四种市场结构做一简单比较。

（一）需求曲线

厂商所面临的需求曲线是厂商决策的基本依据之一，也是其市场的一个最基本的特征。完全竞争厂商只能被动地接受市场的价格，因而其需求曲线是水平的，也就是具有完全弹性。而对不完全竞争厂商来讲，他们往往都能在一定程度上影响市场的价格，因而其需求曲线都是向右方下倾斜的，但斜率各不相同。一般来说，垄断程度越高，需求曲线的斜率（绝对值）就越大，所以垄断厂商的需求曲线最为陡峭，寡头垄断厂商次之，垄断竞争厂商更为平缓。

（二）经济效率

我们知道完全竞争厂商实现长期均衡时价格与长期平均成本的最低点相等，这时平均成本最低，并且均衡价格最低，均衡产量最高。垄断竞争厂商长期均衡时，和完全竞争一样经济利润为 0，但均衡点却位于长期平均成本曲线最低点的左边，因而产量更低，平均成本更高；寡头垄断和垄断的情况，产量要更低，价格高出长期平均成本曲线的最低点更多。所以垄断程度越高，厂商的长期平均成本以及产品价格都更高，但产量却更低。平均成本高、产量低说明厂商的生产是无效率的，价格高说明消费者要为此付出更高的代价。因而从全社会的角度看，垄断程度越高，效率越低。

（三）生产成本

完全竞争和垄断竞争行业都是小的厂商，因而缺乏规模经济，成本较高。寡头垄断厂商和垄断厂商往往是一些大企业，可以进行大规模的生产，能够获得规模经济，因此可以大大地降低成本和价格。在很多行业如钢铁、冶金、汽车、石油化工等都是如此，而在有的行业，引入竞争机制反而会造成社会资源的浪费或损害消费者利益，比如城市居民供取暖、邮政等。

（四）广告支出

完全竞争市场由于产品是无差别的，因而也无须做广告；而垄断竞争市场和差别寡头市场的厂商则为了避免激烈的价格竞争，更多地采用非价格竞争的形式，广告竞争就是其中一种最常用的方式。广告的作用不过是加深其产品在消费者头脑中的印象，自己的市场扩大就是别的厂商市场的缩小，所以如果所有企业都全面减少这种广告，对总需求不会有影响，但如果某一个企业从广告战中撤出，就会遭受损失。所以从全社会的角度看，广告只是提高了企业的营运成本，从而提高了价格，所以对消费者是不利的。如果减少这种广告，节省出来的资源可以被用于生产其他产品，从而提高全社会的经济效率。

互动训练

撰写报告——产品的市场竞争策略分析

项目要求：

1. 以小组为单位，选定垄断竞争市场中的一项代表产品或行业作为分析对象。

2. 了解和分析该市场中的其他企业有哪些市场行为和竞争策略，并作为自身决策的参考。

3. 基于以上的分析，对该企业或产品的市场竞争策略进行详细分析，完成该企业或产品市场竞争策略的可行性报告。

4. 教师批阅报告，在课堂上对优秀报告进行评析。

学以致用

打开电视时，经常看到的是化妆品、洗发水、洗衣粉等产品的广告，而从来没有看到过石油、煤炭、钢铁的广告，更没有看到过大米、白面、电的广告（不包括公益广告）。请用经济学原理分析一下其中的原因。

拓展阅读

曼昆的《经济学原理》为什么畅销？

在美国，经济学教科书多如牛毛。在我国，翻译的或国内学者编写的同类教科书也相当多。然而，1998 年当美国哈佛大学教授曼昆推出《经济学原理》之后在美国初次印刷发行即达 20 万册，1999 年该书中文版问世后不到半年内也销售了 8 万册。时至今日，该书已经在中国市场出版了多版，但读者对此的热情依旧不减。在竞争激烈的经济学教科书市场上，曼昆的《经济学原理》为什么能一枝独秀，而其他同类教科书也有自己的市场？解开这个谜的关键是经济学教科书市场的结构特征。

经济学教科书市场属于垄断竞争市场结构。这种市场是一种既有某种程度垄断，又有竞争的市场结构，形成这种市场结构的关键原因是产品差别的存在。每一种有差别的产品都会以自己的特色吸引一部分消费者，从而形成对这部分消费者的垄断，这就使生产这种有差别产品的市场具有某种垄断程度。但有差别的产品又是同一种类物品，相互之间存在相当大的替代性，这些有替代性的产品之间必然为争夺消费者而竞争，这就使这种市场有竞争性。产品差别既引起垄断，又引起竞争，所以，这种市场就是一种垄断和竞争以不同程度混合的垄断竞争市场结构。

曼昆的《经济学原理》能在这竞争激烈的市场上获得成功就在于他创造出了自己的产品特色。他注意到一些经济学教科书求全求严谨的缺点，以通俗的事例、故事、政策分析来介绍深奥的经济学原理，使沉闷的经济学让人读起来轻松、愉快。与其他同类经济学教科书相比，《经济学原理》具有简明性、通俗性和趣味性的特色。曼昆以他那幽默风趣、流畅简练的文风写出了这样一本书，也就创造了自己的产品差别。加之，出版前出版社以 140 万美元的高价征求书稿，出版后又好评如潮，这就让读者认可并接受了它的产品差别。有产品差别的产品在市场上获得成功是理所当然的。

曼昆《经济学原理》成功的事例告诉我们：只有市场不欢迎的产品，没有卖不出去的产品。只要你能创造出自己有特色的产品就不怕没有市场。一些出版社总抱怨同类书太多不好做。其实同类书无论再多，只要有产品差别就有市场。如果不在创造产品差别上下功夫，只“克隆”别人成功的书，恐怕连出版者自己也不想要。这个道理当然也适用于所有企业。

资料来源：梁小民．微观经济学纵横谈．北京：生活·读书·新知三联书店，2000.

单元感悟

知识方面：

素养方面：

【模块知识自测】

1. 一个行业内部买方和卖方的数量及其规模分布、产品差别的程度和新企业进入该行业的难易程度的综合状态称为（　　）。

A. 组织结构　　B. 市场结构　　C. 企业类型　　D. 组织形式

2. 下列不属于垄断竞争市场特征的是（　　）。

A. 同行业中只有少数的生产者

B. 生产者对价格有一定程度的控制

C. 企业进入或退出市场比较容易

D. 同行业各个企业生产的产品存在一定差别

3. 下列行业中哪一个最接近于完全竞争模式（　　）。

A. 飞机　　B. 卷烟　　C. 水稻　　D. 汽车

4. 在完全竞争市场上，个别企业的需求曲线（　　）。

A. 向右上方倾斜　　B. 向右下方倾斜

C. 与横轴平行　　D. 与整个行业需求曲线一致

5. 下列最不可能成为垄断者是（　　）。

A. 小镇上唯一的理发师　　B. 麦当劳

C. 某地区的电力公司　　D. 某地区的自来水公司

6. 下列市场中属于寡头垄断市场的是（　　）。

A. 石油　　B. 啤酒　　C. 电力　　D. 服装

7. 用囚徒困境来说明两个寡头企业的情况，说明（　　）。

A. 每个企业在做决策时，不需考虑竞争对手的反应

B. 一个企业制定的价格对其他企业没有影响

C. 企业为了避免最差的结果，将不能得到更好的结果

D. 一个企业制定的产量对其他企业的产量没有影响

8. 在完全竞争市场上，已知某厂商的产量是500单位，总收益是500美元，总成本是800美元，总不变成本是200美元，边际收益是1美元，按照利润最大化原则，他应该（　　）。

A. 增加产量　　B. 停止生产

C. 减少产量　　D. 以上任一措施都可采取

9. 当一个完全竞争行业实现长期均衡时，每个企业（　　）。

A. 都实现了正常利润　　B. 利润都为零

C. 行业中没有任何厂商再进出　　D. 以上说法都对

10. 在 $MR=MC$ 的均衡产量上，企业（　　）。

A. 必然得到最大利润

B. 必然得到最小利润

C. 若获利，则利润最大；若亏损，则亏损最小

D. 不可能亏损

【知识梳理】

请大家通过复习，梳理出本模块的知识脉络图。

模块六

了解收入分配

【知识目标】

1. 理解生产要素需求的特点。
2. 了解工资、利息、地租的决定。
3. 了解洛伦兹曲线的含义。
4. 了解基尼系数的含义。

【能力目标】

1. 掌握资本、土地、劳动的供给曲线。
2. 学会运用分配理论分析社会收入分配问题。

【思政目标】

1. 有意识地培养学生理论与实践相联系的良好习惯，最终形成自觉的行为，将理论用于实际工作生活。

2. 引导学生对效率和公平展开思考和讨论。

【故事导入】

有一天，农夫带着驴子和骡子出门运东西。货物大大小小的有好几袋，驴子和骡子运的东西一样多。一路上驴子和骡子风尘仆仆，累得大汗淋漓。到了歇息的时候，农夫喂给骡子的饲料总是驴子的两倍。驴子十分气愤地对骡子说："我驮的东西和你一样，也和你走同样的路，干同样的活，可是主人给你的却是双倍的饲料，我真是不明白这到底是为什

么！”“看起来一样，实质上还是不一样！”骡子只是这样回答了一句，就再也没有说什么。接着它们又上路了，刚走一会儿，农夫看见驴子走得越来越慢，于是便从它背上拿下一部分货物，加在骡子背上。又过了一会，驴子落下了很长的一段距离，农夫转回来感叹道：“驴子和骡子就是不一样！骡子虽然吃得多，但是很顶事！”说完农夫又从驴子背上取下一部分货物放在骡子背上。最后驴子背上只剩下半袋花生，它这才赶上驮着大堆货物的骡子。这时骡子回过头对驴子说：“喂，朋友，你现在还为我吃双倍饲料愤愤不平吗？”

这个寓言故事告诉我们一个简单的道理：谁做出的贡献大，谁就应该得到更多的报酬，这是一个分配问题。

单元一　生产者面临的另一个市场——生产要素市场

【情景教学】

一、准备教学道具

文字资料展示：

劳动是产品之父，土地是产品之母

近年来，虽然北京、上海、深圳等大城市的土地价格非常高，但是，没有任何一个厂商放弃对土地的需求。建筑商虽然选择了用更多的资本代替土地，楼越盖越高，但是没有建筑商能用资本完全代替土地，将楼房建在空中。同样，其他消费品的生产厂商正是无法摆脱要素需求的联合性这一特征的约束，才出现了企业由城市向郊区转移，产业由发达国家向发展中国家转移的趋势，以使自己充分的资本资源与土地和劳动更好地结合起来。

资料来源：丁娟娟．微观经济学教程．北京：清华大学出版社，2007.

二、教学目的

通过文章阅读，分析企业生产面临的另一个市场的特性。

三、教学活动组织

阅读文章后进行分析，小组派代表陈述对问题的看法，并举出相关实例，教师对各小组讨论结果进行归纳和点评。

四、活动总结

1. 生产要素市场包括哪些要素。
2. 决定要素的价格的两股力量是要素的需求和供给。

【故事导入】

劳动是一切财富的源泉，幸福都是干出来的

分配制度要发挥激励效应，让一切劳动、知识、技术、管理、资本的活力竞相迸发，让一切创造社会财富的源泉充分涌流，不断完善我国的分配制度，既能激励每个人都发挥其聪明才智，又能朝着共同富裕方向不断迈进，有效地推动收入分配更合理更有序，促进经济高质量发展。

一个社会如何分配，是经济发展的重要问题。“坚持按劳分配为主体、多种分配方式并存”，社会主义分配制度既有利于鼓励先进，提升效率，最大限度激发活力，又有利于防止两极分化，逐步实现共同富裕，使人民群众共享改革发展成果。

劳动是一切财富的源泉，幸福都是干出来的。

如果说初次分配要注重效率，再分配就要更加注重公平。我们需要坚持共同富裕的方向不动摇。未来将继续增加低收入者收入，扩大中等收入群体，调节过高收入，用公平促进社会和谐稳定、推动经济可持续发展。

让分配制度兼顾效率与公平，不仅能有力拉动内需，本身有助于用制度解决发展不平衡不充分问题。相信通过不断完善我国的分配制度，既激励每个人都发挥其聪明才智，又朝着共同富裕方向不断迈进，就能有效推动收入分配更合理更有序，促进经济高质量发展。

资料来源：何鼎鼎．用公平促进可持续发展．人民日报，2019-12-09（5）．

【经济学原理】

一、生产要素市场

市场经济由经济主体与市场两部分组成。生产要素市场是市场经济中市场体系的一部分。生产要素市场中，居民出售生产要素，而厂商则在这里购买生产要素，如劳动、土地、资本等生产要素通过要素市场从居民户流向厂商，同时厂商向居民支付工资、租金、利息和利润。要素市场与产品市场非常相似。在完全竞争条件下，要素市场中的每一种生产要素都会通过价格和数量的不断调节实现市场的均衡状态。

二、生产要素市场的需求

（一）生产要素需求的性质

生产要素的需求是一种间接需求，又称为派生需求或引致需求（Derived Demand）。企业之所以要购买生产要素不是为了满足自身需求，而是为了用它生产产品并销售，以实现企业利润的最大化。

生产要素的需求也是一种联合的需求，或相互依赖的需求。任何生产行为所需要的都不是一种生产要素，而是多种生产要素，这样各种要素之间是互补的，而且在一定范围内，也是互相可以替代的。

（二）影响生产要素需求的主要因素

1. 市场对产品的需求及产品的价格

这两个因素影响产品的生产和厂商的利润，从而也会影响生产要素的需求。一般而言，市场对某产品的需求越大，该产品的需求越高，则生产这种产品所用的各种生产要素的需求也就越大；反之，这种需求就越少。

2. 生产技术状况

生产技术决定了对某种生产要素需求的大小。如果技术是资本密集型的，对资本的需求很大；如果技术是劳动密集型的，对劳动的需求就很大。

3. 生产要素的价格

各种生产要素之间有一定的替代性，如何进行替代在一定范围内取决于各种生产要素本身的价格。厂商一般要用价格低的生产要素替代价格高的要素，从而要素本身的价格对其需求就有直接的影响。

（三）完全竞争厂商使用生产要素的原则

为了方便大家理解，我们不妨假想一种理想状态，即厂商面临的产品市场及生产要素市场均为完全竞争的状态。

1. 使用要素的边际收益

使用要素的边际收益可以用货币形式表示，即边际产品价值（Value of Marginal Product，VMP），指的是增加一单位某种生产要素的投入所带给厂商的收益。公式：

$$VMP = MP \cdot P \tag{6-1}$$

2. 使用要素的边际成本——要素价格

由于是完全竞争市场，边际产品成本就是所使用的生产要素的价格。如果生产要素以劳动为例，那么这个边际产品成本也就是劳动的工资，因为在这样的条件下，每增加一单位劳动就需要多支付一单位工资。

3. 完全竞争厂商使用生产要素的原则

在确定了要素收益和成本之后，企业需要考虑的就是如何能使利润达到最大化。厂商使用生产要素的原则与产品市场相似，也就是使用要素的边际收益要等于使用要素的边际成本，如果以劳动这种生产要素为例，也就有下述等式成立。

$$VMP_L = W \tag{6-2}$$

或

$$MP_L \cdot P = W \tag{6-3}$$

（四）生产要素的需求曲线

在 $MP_L \cdot P = W$ 中，由于完全竞争市场的前提，所以 P 是既定常数。因此该式实际上构成了 MP_L 和 W 的函数关系。如果工资水平（W）过高，则只能通过提高 MP_L 使该公式平衡。也就是说，需要调整劳动的使用量 L。因为边际产量是递减的，想要提高 MP_L 就应该减少 L；反之亦然。因此可以得出劳动的需求曲线是一条向右下方倾斜的曲线（见图 6-1）。事实上，其他生产要素的需求曲线也符合这个规律。

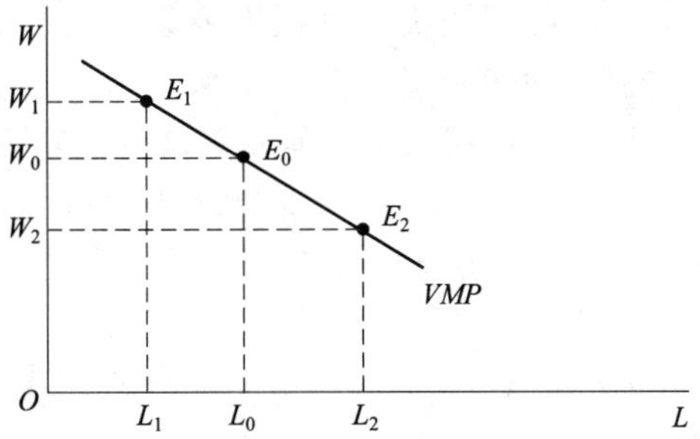

图 6-1 生产要素需求曲线

将单个竞争企业的生产要素需求曲线简单水平相加，即可近似地得到整个市场的需求曲线。单个企业生产要素需求曲线是向右下方倾斜的，则加总所有企业的需求曲线而得到的市场需求曲线也必定向右下方倾斜。

三、生产要素市场的供给

生产要素的供给来自居民，比如劳动、资本、土地等，居民是否愿意提供或提供多少取决于他们会因此而获得的报酬，而这种报酬就是对应于每种生产要素的价格。通常来讲，报酬越高，居民所能提供的生产要素也就越多，但对于某些要素来讲，也具有一定的特殊性。我们将在以后几个单元中分别讨论不同种类要素供给方面的特点，在这里就不一一赘述。

互动训练

创业策划——创业初期的要素组合

项目要求：

1. 学生分别组建创业团队，完成创业初期的要素构建。
2. 确定准备经营的行业和模式，并确定要投入要素的配比和数量。
3. 团队进行调研、讨论并总结，将要素组合配比等结果以小组报告的形式完成并提交。
4. 教师进行批阅并点评。

学以致用

2020 年 4 月 9 日晚，《中共中央 国务院关于构建更加完善的要素市场化配置体制机制的意见》（以下简称《意见》）发布，作为中央第一份关于要素市场化配置的文件，其明确了要素市场制度建设的方向和重点改革任务。

党的十九届四中全会提出，健全劳动、资本、土地、知识、技术、管理、数据等生产要素由市场评价贡献、按贡献决定报酬的机制。

这一次，数据作为一种新型生产要素写入文件中，与土地、劳动力、资本、技术等传统要素并列。《意见》明确提出，加快培育数据要素市场，推进政府数据开放共享、提升社会数据资源价值、加强数据资源整合和安全保护。

“《意见》全面系统、具体化地指明了如何发挥市场配置资源的作用。而数据作为一种新型生产要素写入中央文件中，体现了互联网大数据时代的新特征，这也是《意见》的亮点所在。”吕薇说，“过去讲信息资源是重要的生产要素，现在具体到数据要素，更确切了，这是重要的变化。”

资料来源：刘垠．中央文件将数据纳入生产要素有何深意．科技日报，2020-04-10.

在数字经济蓬勃发展的当下，把数据纳入生产要素有何意义？用所学的经济学原理谈一下你的看法。

拓展阅读

构建全国统一大市场，深化要素市场化改革

党的二十大报告指出，要“构建全国统一大市场，深化要素市场化改革，建设高

标准市场体系”。国务院办公厅印发《要素市场化配置综合改革试点总体方案》（以下简称《方案》），推动要素市场化配置改革向纵深发展。

《方案》提出了 8 个方面试点任务，包括：进一步提高土地要素配置效率，推动劳动力要素合理畅通有序流动，推动资本要素服务实体经济发展，促进技术要素向现实生产力转化，探索建立数据要素流通规则，加强资源环境市场制度建设，健全要素市场治理，进一步发挥要素协同配置效应。

土地要素方面，探索赋予试点地区更大土地配置自主权，支持探索深化农村宅基地和集体建设用地改革。劳动力要素方面，深化户籍制度改革，支持建立以身份证为标识的人口管理服务制度。资本要素方面，鼓励金融机构开发与中小微企业需求相匹配的信用产品，推动发展多层次股权市场。技术要素方面，着力完善科技创新资源配置方式，探索对重大战略项目、重点产业链和创新链实施创新资源协同配置。数据要素方面，探索“原始数据不出域、数据可用不可见”的交易范式，实现数据使用“可控可计量”，推动完善数据分级分类安全保护制度。资源环境市场方面，进一步健全碳排放权、排污权、用能权、用水权等交易机制。

资料来源：孔德晨. 要素市场化配置综合改革试点总体方案出台——稳步推进要素市场制度建设. 人民日报海外版，2022-01-08.

单元感悟

知识方面：

____

____

素养方面：

____

____

单元二　他们为何高收入？

【情景教学】

一、准备教学道具

文字资料展示：

为什么女模特比男模特收入高？

根据福布斯整理的数据，2014 年世界 21 个收入最高的模特共收入 1.42 亿美元。

巴西超模吉赛儿·卡洛琳·邦臣，凭借 4 700 万美元的年收入成为现时世界上最高身价的模特，也是吉尼斯世界纪录里全世界最富裕的超模；荷兰模特杜晨·科洛斯，以 800 万美元的年收入位列第二；巴西模特阿德里亚娜·利马以 800 万美元的年收入并列排名第二；第四名是英国超级名模凯特·摩丝，2014 年共有 700 万美元的进账；第五名是美国模特凯瑟琳·凯特·阿普顿，年收入 700 万美元；澳大利亚模特米兰达·梅·可儿以 700 万美元排名第六；中国时装模特刘雯排名第七，年收入 700 万美元；巴西超模亚历桑德拉·安布罗休以 500 万美元的年收入排名第八；美国的超级名模希拉里·罗达和俄罗斯超级名模娜塔莉亚·沃迪亚诺娃分别以 500 美元和 400 万美元排名第九和第十。

二、教学目的

通过资料阅读，让学生思考工资来源，劳动的供求关系如何决定工资收入。

三、教学活动组织

1. 阅读资料。

2. 学生讨论：上述资料说明什么问题？榜单上没有一名男模特，为什么女模特的收入要远比男模特高呢？经济学中的工资是如何决定的？

四、活动总结

1. 通过讨论得出劳动的供求如何决定工资。

2. 分析不同劳动者之间的工资差异。

【故事导入】

2023 年度各行业薪资均值，IT 行业蝉联榜首！

信息传输、软件和信息技术服务业（IT 行业）年薪突破 23 万元（见表 1 和图 1），持续领跑！

（1）在国家统计局发布的最新数据中，城镇单位就业人员年平均工资整体呈现增长趋势，IT 行业的薪资水平再次成为焦点。

（2）2023 年，全国城镇非私营单位就业人员年平均工资为 120 698 元，城镇私营单位就业人员年平均工资为 68 340 元。

（3）按照行业门类划分，IT 行业年平均薪资脱颖而出，横扫所有行业排名第一！

在城镇非私营单位中，2023 年 IT 行业的平均工资冲破 23 万元大关，高达 231 810 元，不仅高于城镇非私营单位薪资的平均水平，更是唯一一个突破 20 万元的行业。金融业虽以 197 663 元排在第二位，但比起 IT 行业的高薪，还是略显逊色。科学研究及技术服务业以 171 447 元位列第三。

表 1 2023 年城镇非私营单位分行业门类就业人员年平均工资及增速

行业	2023 年（元）	2022 年（元）	增长速度（%）
信息传输、软件和信息技术服务业	231 810	220 418	5.2
金融业	197 663	174 341	13.4
科学研究和技术服务业	171 447	163 486	4.9
卫生和社会工作	143 818	135 222	6.4
电力、热力、燃气及水生产和供应业	143 594	132 964	8
采矿业	135 025	121 522	11.1
文化、体育和娱乐业	127 334	121 151	5.1
批发和零售业	124 362	115 408	7.8
教育	124 067	120 422	3
交通运输、仓储和邮政业	122 705	115 345	6.4
公共管理、社会保障和社会组织	117 108	117 440	-0.3
租赁和商务服务业	109 264	106 500	2.6
制造业	103 932	97 528	6.6
房地产业	91 932	90 346	1.8
建筑业	85 804	78 295	9.6
居民服务、修理和其他服务业	68 919	65 478	5.3
水利、环境和公共设施管理业	68 656	68 256	0.6
农、林、牧、渔业	62 952	58 976	6.7
住宿和餐饮业	58 094	53 995	7.6

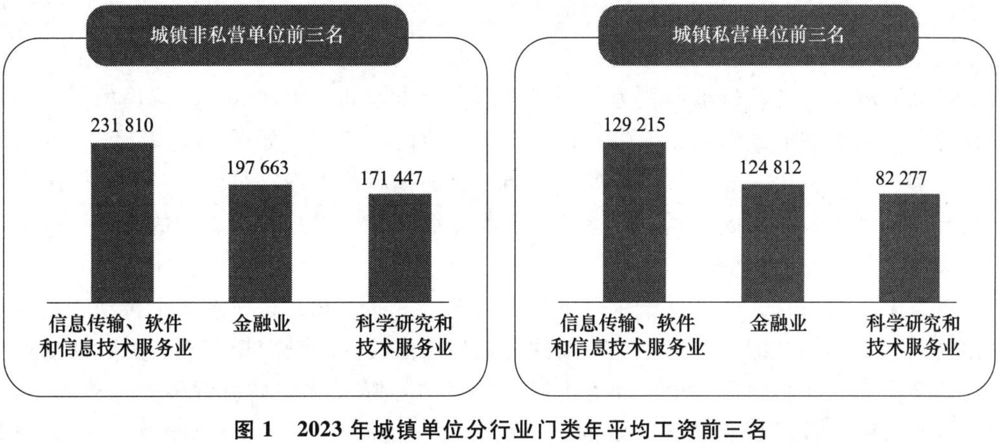

图 1 2023 年城镇单位分行业门类年平均工资前三名

特别值得注意的是，近些年国家统计局发布的所有数据，一整个被震惊到！2016年，IT行业的平均工资一跃超过了金融业，首次摘得桂冠。自此之后，IT行业便稳居榜首，连续8年保持领先地位，从未被超越！

资料来源：节选自搜狐新闻，https://www.sohu.com/a/804353857_121712846。

【经济学原理】

一、劳动的供给曲线

（一）劳动和闲暇的假定

经济学家认为，消费者对劳动供给的决策是要考虑自己的时间如何有效地分配。消费者的时间可以分为两部分：一部分时间用于劳动，通过从事生产活动获取收入，同时，劳动需要耗费体力和脑力，给消费者带来负效用。另一部分时间用于闲暇，用于恢复体力、娱乐、消费或从事其他个人感兴趣的活动。由于消费者每天的时间是固定的，当用于劳动的时间增加时，闲暇时间就会减少，反之，闲暇时间就会增加。换句话说，消费者的劳动供给就是消费者如何在闲暇和劳动收入之间进行选择。

（二）劳动的供给曲线

劳动的供给有自己特殊的规律。工资的变化对劳动供给会产生替代效应和收入效应。替代效应是指工资提高，使得人们愿意减少闲暇，增加劳动时间，也就意味着劳动供给量提高；收入效应是指工资的提高使劳动者的收入提高，收入提高使劳动者购买更多的商品，当然这些商品中也包括闲暇。而闲暇增加就必然意味着劳动减少（一天24小时是不会改变的），也就是劳动供给量减少。替代效应和收入效应发生作用的方向是相反的。在工资较低时，替代效应大于收入效应，这样就使劳动供给量有正的净增量，劳动供给量随劳动价格的提高而增加，劳动供给曲线为正斜率，向右上方倾斜；但当工资率继续提高，达到一定水平时，两种效应相互抵消，工资的提高并不能够导致劳动供给量的变化；如果工资率继续提高，收入效应就要大于替代效应，劳动供给量随劳动价格的提高而减少，劳动供给曲线为负斜率，向左上方弯曲。由此看来，居民的劳动供给曲线并非一直向右上倾斜的，而是到达一定水平后向后弯曲，如图6-2所示。

所有这一切，用一般语言来说就是：当工资的提高使人们富足到一定的程度后，人们会更加珍视闲暇。因此，当工资达到一定高度而又继续提高时，人们的劳动供给量不但不会增加，反而会减少。

就整个市场而言，劳动供给量是单个劳动供给量的总和，将所有单个劳动者的劳动供给曲线水平相加，即可得到整个市场的劳动供给曲线。尽管单个劳动者的劳动供给曲线可能会向后弯曲，但在整个劳动力市场，较高的工资水平会吸引更多的劳动者加入，因而劳动供给总量还是会随着工资的上升而增加，由此可得向右上倾斜的市场供给曲线，如图6-3所示。

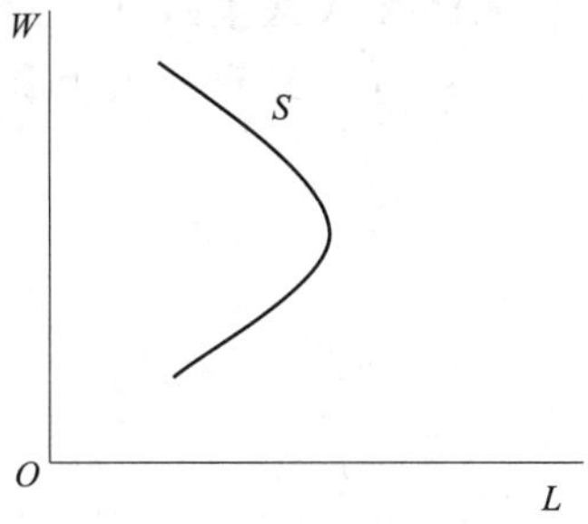

图 6-2 向后弯曲的劳动供给曲线

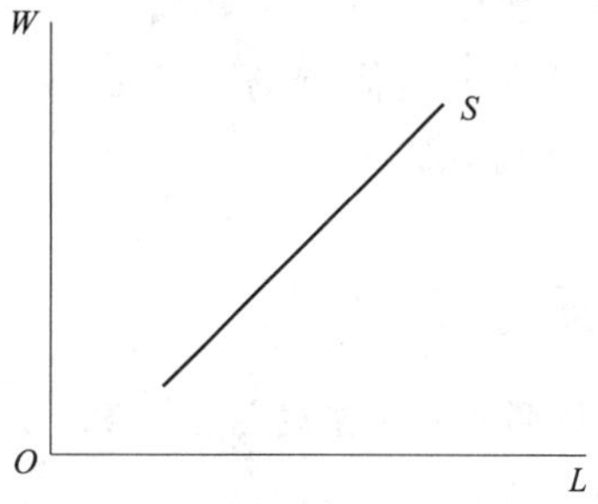

图 6-3 劳动的市场供给曲线

二、劳动的市场供给曲线和均衡工资的决定

一般来说，社会总工资水平由劳动的总供给曲线和劳动的总需求曲线的交点决定，如图 6-4 所示。

在图 6-4 中，劳动的需求曲线 D 和劳动的供给曲线 S 的交点 E 是劳动市场的均衡点，该均衡点决定了工资水平为 W_0，这时劳动的供给量和需求量都是 L_0。

当劳动的需求大于供给时，工资会上升，从而增加劳动的供给，减少劳动的需求；当劳动的需求小于供给时，工资会下降，从而减少劳动的供给，增加劳动的需求。正如价格的调节使产品市场实现供求平衡一样，工资的调节也使劳动市场实现供求相等，并保证充分就业。

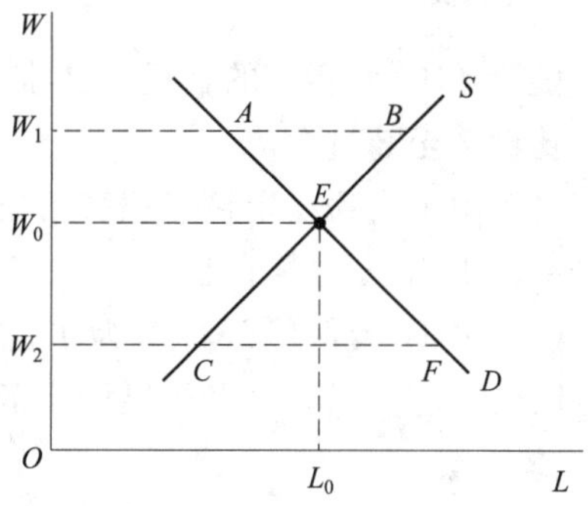

图 6-4 劳动市场均衡及工资的确定

三、工资差异的原因

首先，工资差别可能是一种补偿性工资差别。凡是牵涉肮脏、神经紧张、承担风险、单调乏味、缺乏自主性、社会等级低、季节性停业等方面的职业，都趋于使就业者感到不快，为了招募这些职业的人员，雇主必须提高报酬。所以，补偿性工资差别的出现，是由于厂商必须为工作的不愉快对工人加以补偿。

其次，劳动质量的差异。人们之间巨大的质的差别——可以追溯到天生的能力上的差别，再加上在学校和工作中积累起来的技术和技能的差别，导致竞争工资的差别。

再次，可以归为歧视的原因。如年龄歧视，上了年纪的工人得到的工资较低（因为他转换工作较困难）；性别歧视，男女同工不同酬；籍贯歧视，外来工人的工资低于本地工人；职业歧视，社会地位较低的阶层很少有机会得到收入更好的工作。

最后，不完全的劳动流动性造成工资差别。因为不同的职业种类之间缺乏竞争，人们在不同的工作之间进行流动困难很大，从而无法通过更大范围的竞争来消除工资差别。如医生和数学研究者就属于非竞争的两类职业，即使医生短缺从而工资很高、数学工作者过剩而工资很低，数学工作者也无法加入医生行列，因为一个专业人员进入其他市场不仅面临高昂的再学习成本，也将付出昂贵的人力资本专用性方面的机会成本。

互动训练

市场调研——工资价位调研

项目要求：

1. 参考中国就业网、智联招聘等网站查询所就读专业在不同地区的工资水平。
2. 根据查询资料内容，分析决定不同地区“同岗不同薪”的因素有哪些？
3. 完成调查报告一篇。
4. 教师对学生的调查报告进行批阅，并进行归纳和点评。

学以致用

随着 2019 年春节的临近，在京家政服务员陆续返乡，一些家政平台的注册服务员返乡比例甚至超过 9 成。

各家政平台纷纷上调了服务价格，小时工的价格由每小时 40 元涨到 50 元。有家政平台专门推出了“春节保姆”，“7 天保姆”价格为 4 699 元，“14 天保姆”价格为 9 299 元，“21 天保姆”价格为 13 799 元。目前，北京住家阿姨月平均工资为 4 000～5 000 元。以此计算，“春节保姆”的价格已经翻了不止 1 倍。

请思考：

1. 现阶段我国家政服务市场结构为何种类型？
2. “春节保姆”价格何以翻倍？

资料来源：邓先娥，汪芳．经济学基础．3 版．北京：人民邮电出版社，2019.

拓展阅读

谁决定你的工资？

谁来决定你的工资？是国家规定的，还是企业老板规定的呢？很多人都在抱怨自己的工资太低了，似乎自己的工资是由别人主宰的，其实全然不是。每个行业有其工资标准，每个企业有其工资标准，如果想多赚工资就必须提升自己的工作能力。简单地说，就是有多少能力就赚多少钱。如果你的工作能力很强，企业不给你匹配高工资，那企业就无法留住你这个“人才”，这对企业来说是损失；反之，如果企业给了高于你能力的工资，你却不能带给企业与工资对等的效益，那么你也无法长期在企业供职，这非常符合经济学原理——劳动力的价格（即工资）是由市场的供求来决定。

工资是能力的客观体现，为了取得高收入，你需要做的有很多。不断地提升自己的能力，努力钻研技术，把一门工作做精了做专了，让自己具有了比较优势，别人不可替代，你自然就有了自己的高身价；相反，当你受困于能力单一，对变化缺乏弹性，这种局面必定会导致自己的收入在很长一段时间都保持一定的数值，无法突破职业的瓶颈。

作为年轻人，找工作的时候，与其紧紧盯住工资，不如多关注一下眼前的这份工作能不能给你赋能；面试的时候也不要张嘴就问能赚多少钱，一定要多想想你能干什么。你的工资由你自己来决定，你的岗位也是自己争取来的。如果你眼下正享受着高工资，请不要停滞不前，山外有山，你随时有被替代而失去继续赚取高工资机会的可能；如果你还在抱怨自己的薪水低，请不要气馁，不断提升自己，高回报会在不远处等你。

资料来源：改编自视频《韩秀云讲经济》。

单元感悟

知识方面：

____

____

素养方面：

____

____

单元三　又调息了！

【情景教学】

一、准备教学道具

准备视频《央行降息降准》。

（视频网址：http：//www.iqiyi.com/w_19rtfas9m5.html）

二、教学目的

通过观看视频，学生能够思考利息的来源，资本的供求关系如何决定利息，简单了解货币政策的作用。

三、教学活动组织

1. 观看视频。

2. 学生讨论：视频说明什么问题？经济学中的利息是如何决定的？
3. 各组代表结合提出的问题阐述观后感。

四、活动总结

1. 通过观看视频，小组讨论：资本的供求关系如何决定利息。
2. 分析近两年央行不断调整利息的原因？出台的货币政策对经济有什么影响？

【故事导入】

主人在住宅旁边的地上撒下一些谷种，告诉一群母鸡："这是我给你们种的小米，如果你们好好保护它，秋天就有充足的食物吃了。"开始，母鸡们都很听主人的话，努力克制着自己的食欲，守护着这块地。后来，母鸡们不耐烦了。它们想："放着眼前的谷子不吃，等到秋天再吃小米，不是太傻了吗？主人是不是在骗我们？"此后，只要主人不在家，母鸡们就拥进那块地里，把谷种刨出来吃掉。没有几天，地里的谷种就全被吃光了。

秋天到了，邻居家的小米都获得了大丰收，唯独主人家的小米颗粒无收。看着隔壁院子里的鸡都吃得饱饱地在那儿散步，这些整天挨饿的母鸡后悔不迭。这还不算，主人家的粮食很快就要吃完了，正打算杀掉它们充饥呢！

资料来源：连有，曾嘉，伦墨华．经济学基础. 南京：南京大学出版社，2014.

【经济学原理】

一、资本与利息

经济学中的资本是由经济制度本身所生产出来的并被用作投入要素以便进一步生产更多的商品和服务的物品。因此，作为与劳动和土地并列的一种生产要素，资本的特点可以概括如下：第一，资本是由人类的经济活动所生产，因而它的总量是可以改变的；第二，它之所以被生产出来，并非为了消费，而是为了能够生产出更多的商品和服务；第三，它在生产过程中被作为投入要素长期使用。经济学中分析的资本主要是指实物资本，其表现形态为机器、设备和厂房等。一般所说的金融资本实际上是一种媒介物，对应的是实物资本。

利息是资本这种生产要素的价格。它不是用货币的绝对数来表示，而是用利息率表示。利息率是指对借入的资金所支付的价格，等于利息与借入资金的数额的比例。利息率的高低是由资本的供求关系决定的。

二、利息的决定

（一）资本的供给曲线

资本的供给主要取决于消费者的储蓄决策。消费者会把其收入的一部分消费掉，而把另一部分储蓄起来，留待以后消费。假设消费者今年储蓄 100 元，明年他能够得到 110 元，那么这增加的 10 元就是利息，以 10 元利息除以储蓄额 100 元，得到利息率 10%，这个利息率就是资本供给的价格。这里可以看出，消费者之所以没有把他的所有收入都在今年消费掉，而是储蓄了一部分，正是为了获取利息。利息越高，人们越愿意储蓄；利息越低，人们就越会减少储蓄。这样，利息与储蓄呈同方向变动，从而资本的供给曲线是一条向右上方倾斜的曲线。

（二）均衡利息的决定

在资本市场上，利息是由资本的需求和供给共同决定的。

在图 6-5 中，资本的需求曲线 D 和资本的供给曲线 S 的交点 E 是资本市场的均衡点，该均衡点决定了均衡利息为 r_0，均衡资本量为 k_0。

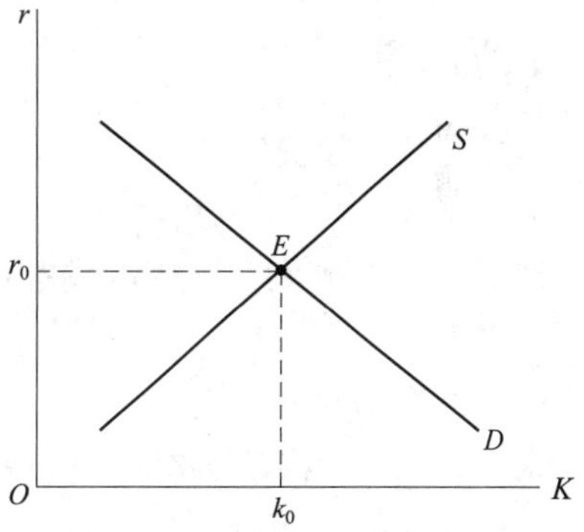

图 6-5 利息的决定

当利息高于均衡利息，资本需求量小于供给量，资本市场上存在剩余的资本，银行为了将之贷出，便会降低利息以提高市场上的资本需求量。随着资金使用成本的降低，资本需求者也更愿意使用资本来增加投入，比如购买原材料、建设厂房等。利息降低，对于资本供给者——居民来讲，意味着以未来消费替代当前消费能获得的补偿更少，于是他们也就会减少储蓄，以增加当期消费，从而导致资本供给量减少。在经过一系列变化之后，资本的供给量和需求量又可以达到平衡。相反，如果利息低于均衡利息时，资本供给量小于需求量，银行没有足够的资金供企业使用，于是便会提高利息以减少需求；利息提高了，居民也就更愿意延期消费，将多余的资金用于储蓄，增加资本供给量，最终，仍能使利息处于平衡状态。

三、利息在经济中的作用

（一）利息对宏观经济的影响

利息与全社会的投资率成反比。因此，利息降低有利于刺激经济的发展，而利息的升高会抑制通货膨胀。

利息与全社会的储蓄率成正比。因此，利息的升高有利于集中全社会的闲散资金；利息的降低可增加资金的供给，扩大内需，刺激消费。

利息升高将会吸引投资者持有本国货币，则汇率上升，该国货币升值，这样则会抑制该国的出口。反之，利息降低会使持有该国货币收益下降，投资者抛出该国货币，则汇率下降，该国货币贬值，这样会刺激该国的出口。

（二）利息对企业的影响

利息调整会改变企业的利息支出，改变企业的投资成本。同时，还会影响企业的融资成本，促使企业融资结构发生变化。利息上升会增加企业贷款的成本，增加企业的债务风险，也会影响企业的经营状况；反之，则会减轻企业的债务负担，减少企业的债务风险，也会改善企业的经营状况。

（三）利息对个人的影响

在较高利息水平下，个人倾向于选择储蓄并且减少消费，而消除通货膨胀影响的能力也更强。在较低利息水平下，个人倾向于选择诸如证券、期货等收益较高的投资方式，同时增加个人消费，从而最大限度地消除通货膨胀的影响。

正是因为利息有这样的作用，所以利用利息来调节经济是必要的。

互动训练

模拟贷款与投资

项目要求：

1. 目标：理解利息、资本成本及投资回报的概念。

2. 流程：

（1）角色分配：

银行：提供贷款，每家银行有 10 万元资金，自主设定利率（如 10%、12%、15%）。

企业家：借款 5 万～8 万元，设计项目（如咖啡店、技术研发），确定预期年回报率。

投资者：拥有 2 万元，可选择支持不同企业家的项目，商定分红比例。

（2）模拟“1 年”回报：

用硬币或随机数决定项目成败（如成功率 70%）。

成功时，企业家按约定支付银行利息和投资者分红；失败时，可能无法还款或支付分红。

结果分享与总结：

（3）每组汇报：项目盈亏、贷款成本、投资收益。

（4）讨论：利率对贷款需求的影响，企业的资金成本，投资风险管理。

3. 教师总结：本活动帮助学生理解利息成本、资本时间价值及投资中的风险与收益平衡。

学以致用

以小组为单位完成资料查找：自 2011 年 1 月起至今，中国人民银行调息的情况，并指出每次利息调整对经济有何影响。

拓展阅读

低利率时代，你该如何应对？

自2021年开始，银行中长期存款的利率普遍下调，同时一直备受投资者青睐的安全稳定、收益较高的大额存单利率也同步下调，目前包括国有大型银行和股份制银行在内的多家银行，大额存单利率普遍在3%左右，与此前动辄高达4%～5%的利率相比明显降低。低利率时代来了。

我国存款利率为什么越来越低？主要原因有三点：（1）目前实体经济的利润率在下滑，为了扶持实体经济的快速恢复，央行通过降低融资成本，来为实体经济的发展提供帮助。（2）国内现在个人存款总额超过100万亿，平均每个人存款有7万元，央行希望大家把存款拿出来消费，可以促进内循环经济的发展。（3）银行的业务主要靠存贷差，把存款利率降低了，对于改善银行业务有很大好处。

那么问题来了，面对低利率时代，你该如何应对呢？

低利率是存钱利息太低，储蓄几乎没有太大价值了。在存款利率为5%左右的年代，存100万一年能有5万的利息收入，这是一笔较为可观的收入；在存款利率为0.35%的年代，同样100万存一年，利息是3 500元，和本金相比，可忽略不计。因此，应对低利率的一个做法是注重资产的均衡性，增加多样化投资，比如将本来用于储蓄的资金投资不动产、投资债券、投资股票，甚至投资大宗商品、衍生品等交易。但现实情况是，越是存款相对较少、总资产相对较低的普通人，越缺乏做多样化投资的技能或服务。另一个做法是建议大家，适当考虑避险性资产，比如黄金，现在实体经济不景气，虚拟市场假繁荣，适当地配置一些黄金，至少是硬通货。

低利率的趋势无法阻挡，但无论利率高低，理性消费，量入为出，提高自己创造价值的能力，这应该才是低利率时代，最为合适的应对之道。

资料来源：改编自视频《韩秀云讲经济》。

单元感悟

知识方面：

____

____

素养方面：

____

____

单元四　房价会跌吗？

【情景教学】

一、准备教学道具

文字资料展示：

亚洲最贵楼盘：每平方米 122 万元

说起上海的住宅楼盘价格之王，位于上海滩黄金位置的汤臣一品恐怕是很多人首先想到的答案。

汤臣一品位于上海陆家嘴的核心区，面向浦西，背后就是上海浦东的三大标志性建筑——上海中心大厦、上海环球金融中心和金茂大厦。很多演艺界人士也曾被曝在这里置业。

据 Knight Frank 公司提供的数据，一名不愿透露姓名的买家买走了位于“香港之巅”（Hong Kong Peak）的 Mount Nicholson 楼盘两套相邻的房子，总共支付了 11.6 亿港元。这两套房子中较小一套卖出了 5.6 亿港元，按照香港房价的计算方式，其单价为 13.2 万港元每平方英尺。按市场汇率折算，这相当于每平方米售价约 122.4 万元。

据彭博社报道，按照香港人年薪中位数 20.4 万港元计算，普通香港人要花 2 745 年时间才能买一套这样的豪宅。香港高端房地产市场的火热，由此可见一斑。

据一家美国研究机构发布的《国际楼价负担能力报告》表明，香港的住宅价格在全球 406 个大城市中最高。香港的购房“痛苦指数”（房价负担能力指数）仍继续升高。

资料来源：搜狐楼市，https：//www.sohu.com/a/206121502_565689，有修改。

二、教学目的

通过阅读材料，学生能够思考土地的供求关系是如何决定土地价格的？

三、教学活动组织

1. 阅读材料。
2. 学生讨论材料说明什么问题？在经济学中的地租是如何决定的？
3. 各组代表结合提出的问题阐述读后感。

四、活动总结

1. 通过阅读材料，小组讨论：土地的供求关系如何决定房价？
2. 分析近两年地标价格不断上涨，房价居高不下的原因。

【故事导入】

110亿一块地　全国新地王吓傻房奴！

就在昨日（2016年8月17日），上海拍出的一块地吸引了公众目光：成交总价高达110.1亿元！楼板价每平方米超10万元！该地块无论是总价还是单价均打破了中国土地成交纪录，也再一次挑战了公众对中国房地产行业的心理承受能力。这是自2004年土地招拍挂以来，上海内环内首次出让的住宅地块，不但地块面积大，而且地段优越，该地块距离上海火车站、外滩直线距离均两千米左右，起拍价46亿元。

可是该地块一经推出，依然吸引了18家开发商的参与：雅居乐、世茂、金辉、金茂+中铁、西藏城投、龙湖、融信、招商、仁恒、保利、合景泰富、新城、融创、葛洲坝、旭辉、中粮+首开+建发、华润+华发、万科。

竞拍过程中，实际上已经打破了全国单价地王纪录，而后每一次加价，都在不断刷新该纪录。经过轮番竞拍后，仁恒将地块叫价提到了100亿元，在百亿以上，仁恒、中粮+建发+首开与融信“三国杀”，经过452轮竞价后，融信终于以110.1亿元拿下静安地王，溢价率达139%！

房产业内人士预计，从楼板价每平方米100 315元推算，该项目未来保本价将达到每平方米15万元。

资料来源：搜狐网，http：//news. sohu. com/20160818/n464841190. shtml.

【经济学原理】

一、地租的决定

地租是使用土地的报酬或使用土地的价格，也是土地的供给和需求共同作用的结果。

西方经济学中所谓的土地，是一个广义的概念，不仅包括一般意义上的陆地上的土地，还包括江河、山川、海洋、矿藏、森林、阳光等一切自然资源，所有这些都是大自然所赋予，而不是人为地生产出来的。正因为如此，一般认为，土地的总量（即供给量）是既定的，与市场价格的变化无关。所以，土地的供给曲线是一条垂直于横轴的曲线，无论价格如何变化，其供给量都不会变动。

如图 6-6 所示，横轴的垂线 S 为土地供给曲线，D 为土地需求曲线，两条曲线共同决定了均衡点 E，对应均衡地租 R_0 和均衡数量 N_0。随着经济的发展，对土地的需求量不断上升，需求曲线向上平移，但土地供给是固定的，所以就促成了不断上升的地租，如图 6-7 所示。由于土地供给是固定的，因此地租只取决于土地需求，地租与对土地的需求呈同方向变化，即对土地需求增加，地租就上升。

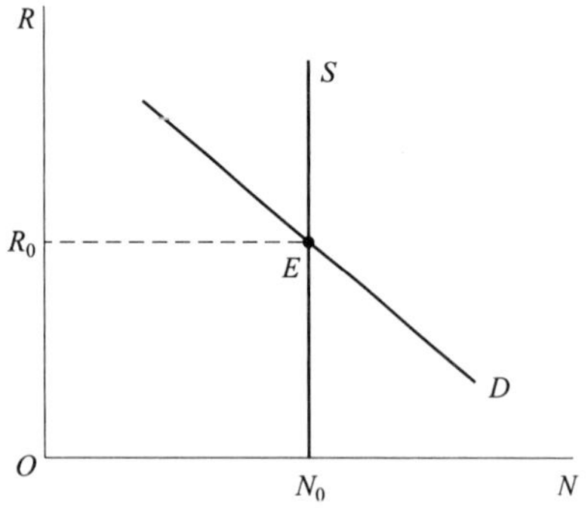

图 6-6 地租的决定

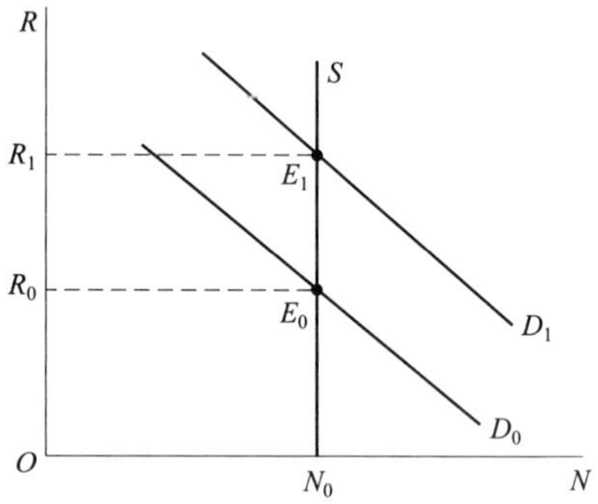

图 6-7 需求拉动的地租上升

二、级差地租

以上关于地租决定的分析是假定所有土地都是同质的，即不考虑土地在肥沃程度、地理位置等方面所存在的差异。实际上按照这种差异可以把土地分为不同的等级，不同等级的土地所要缴纳的地租也会有所不同，这种由土地的差异而引起的地租在经济学上称为级差地租。

如表 6-1 所示，有 A、B、C、D、E 五块不同等级的土地，A 土地最优，B 其次……依次排列。假定其他生产要素相同，各块土地的产量不相同，因此带来的总收益就有所不同。这样 A、B、C 三块土地产生的地租分别为 60、40 和 20，这就是级差地租。D 土地获得的收益（100）仅够支付其他生产成本（100），收支相抵，没有任何剩余，也就无法支付地租，这类土地被称作边际土地。E 土地由于连生产成本都无法弥补，故不会被利用。

表 6-1 级差地租的形成

土地	产量	价格	收益	生产成本	级差地租
A	100	1	100	40	60
B	80	1	80	40	40
C	60	1	60	40	20
D	40	1	40	40	0
E	20	1	20	40	-20

三、准租金和经济租金

准租金和经济租金是从对地租的相关分析中引申出的两个经济概念。

所谓准地租，是指短期内使用除土地以外的固定要素（如厂房、设备等）的报酬。之所以把这些报酬称作准地租，是因为从短期看，固定要素也具有与土地类似的特点，供给固定，无论取得收入与否，都不会影响其供给。因此，只要产品的销售价格能够抵补平均可变成本，就应该利用已有的固定要素进行生产，产品销售价格超过其平均可变成本的余额就是准地租，它被看作是这些固定要素的收入。如果不生产，这些固定要素将一无所获。

准地租只能在短期内存在。长期内由于所有生产要素都会发生改变，因此，不存在准租金。

经济租金可以定义为生产要素所得到的收入超过其在其他场所可能得到的收入部分。可以理解为要素的当前收入超过其机会成本的部分，简言之，经济租金等于要素收入减去机会成本。举个例子来看，假设有甲、乙两类工人，甲的劳动效率等优于乙，甲类工人要求每月的收入为 2 000 元，而乙类工人则仅要求每月 1 500 元。假如企业雇用工人，当然会先雇用乙类工人。但如果乙类工人人手不够，那他就不得不雇用部分甲类工人。在这种情况下，他就必须满足甲类工人的要求，支付 2 000 元的工资。这样，乙类工人的所得就高出了他们的要求，高出的 500 元就是经济租金。

互动训练

资料搜集——请利用网络查找近五年来你所在的城市出台的一系列房价调控措施

项目要求：

1. 认真查询网页资料。
2. 根据查询资料内容，思考问题：房价调控措施的本质是要做什么？
3. 小组完成结论展示。
4. 教师对学生的展示进行归纳和点评。

学以致用

以小组为单位，选择全国某一线城市，研究其房控新政，并从经济学角度分析该措施的意义。

拓展阅读

房子是用来住的，不是用来炒的

2021 年以来，一些城市房地产市场持续高温、抱团炒作有所抬头，甚至出现“万人摇号”、二手房一夜暴涨等现象。对此，无论是部门督导约谈、打击违规经营贷，还是多个热点城市迅速完善调控政策、整顿规范市场秩序，都释放出明确的信号：坚持房子是用来住的、不是用来炒的定位，坚决遏制投机炒房，促进房地产市场平稳健康发展。

坚持房子是用来住的、不是用来炒的，遏制热点城市房价上涨势头，有几个重点要抓。

（1）重在增供给。当前，一些人口流入多、房价较高的大城市，要建立住房和土地联动机制，切实增加住宅用地供应，管控好地价，并且充分披露住宅用地供应信息（包括存量信息），让各类市场主体和消费者充分掌握信息，从源头上稳定预期。

（2）金融要管控。数据显示，通过加强房地产金融管理，不断完善调控手段，发挥住房税收调节作用，可以更大限度地支持合理自住需求、遏制投资投机性需求。

（3）短板应补齐。要重视解决好新市民、青年人等群体的住房困难问题。应扩大保障性租赁住房供给，完善长租房政策，并逐步使租购住房在享受公共服务上具有同等权利，使更多人享有更高品质的城市生活。

（4）关键在落实。房地产市场因城而异，调控政策不能搞“一刀切”，要强化城市政府主体责任。各地要紧盯新情况新问题，及时完善相关政策，增强调控的针对性、实效性。

我们相信，只要各地各部门坚持房子是用来住的、不是用来炒的定位，按照“十四五”规划纲要的部署要求，加快建立多主体供给、多渠道保障、租购并举的住房制度，一定能促进房地产市场平稳健康发展，向全体人民住有所居的目标不断迈进。

资料来源：坚持房子是用来住的、不是用来炒的定位．新华网，2021-05-11.

单元感悟

知识方面：

____

____

素养方面：

____

____

单元五 “苹果”传奇

【情景教学】

一、准备教学道具

准备视频“苹果公司发展纪录片”。

二、教学目的

通过观看视频，让学生思考苹果公司的高额利润从何而来。

三、教学活动组织

1. 观看视频。
2. 学生讨论视频说明什么问题？超额利润的来源有哪些？
3. 各组代表结合提出的问题阐述观后感。

四、活动总结

1. 请学生思考为什么苹果公司会有高额的利润。
2. 分析造成超额利润的原因。

【故事导入】

为何没人仇盖茨　穷人仇富是有选择性的

“仇富”这个话题，近几年经常被反复提起。据说，时下社会上有一种“仇富”思潮，一些穷人或亚穷人都隐隐含有“仇富”心理，见了富人就恨得牙根疼，就想分其产、分其钱。所以，不少经济学家评论家都在写文章让众人不要“仇富”。北京大学林毅夫教授多次公开撰文就“仇富”问题开导大家，苦口婆心，不厌其烦。“仇富”确实是一种不健康的心理，不能任其滋生蔓延。

可是，奇怪得很，连续多年蝉联世界首富的比尔·盖茨，本应是“仇富”的第一目标，千夫所指才是，然而，根据一份颇为权威的调查报告来看，却没有一个人仇视比尔·盖茨。《北京青年报》今年4月18日曾发布过一份调查报告，调查表明，“钦佩”和“崇拜”是国人对比尔·盖茨的主要感情。52.7%的人表示“钦佩”比尔·盖茨；51.2%的人“崇拜”他；48.8%的人认为他是“自我激励”的榜样；42.9%的人坦诚“羡慕”他的成功与财富；只有11.3%的人对他怀有嫉妒的心情，没有一个人仇视他。

为什么没有人仇视比尔·盖茨？相反都是钦佩、崇拜、羡慕，并将其当成效仿的榜样和人生目标，原因很简单，公众从他身上看到一个成功富豪的崇高形象——既富裕又不乏同情心、靠勤奋加努力而不是投机取巧或钻法律的空子，富甲天下却从不奢侈挥霍，更不斗富比阔。他的致富，不靠家庭背景、不靠贪污受贿、不靠偷税漏税、不靠国有资产流失、不靠走私贩私、不靠巧取豪夺，仅仅依靠自己聪明的头脑和苦苦钻研的几项技术，白手起家，完全是自己奋斗出来的，而且富了之后，舍得回报社会，对穷人也很大方，已经为慈善事业捐款超过 200 亿美元，并早已在遗嘱上写明，要把 99% 的财富捐赠给慈善事业，叫人敬还敬不过来呢，谈何仇视？如果真有仇视他的，大概也是他商业上的竞争对手。

其实，穷人“仇富”，决不会眉毛胡子一把抓，而是有选择的。

资料来源：连有，曾嘉，伦墨华．经济学基础．南京：南京大学出版社，2014.

【经济学原理】

一、正常利润

企业家才能的价格。如果把企业家看作是一个特殊的工人，则正常利润就相当于是支付给这一特殊工人的工资。因此，正常利润实际是企业的成本之一。由于企业家作为一种高级人才，他们能够很机敏地发现市场机会，并妥善安排生产要素进行生产以获利。因此，企业对于企业家才能这种要素的需求水平较高，而这种才能的供给缺乏弹性，正常利润水平往往高于企业一般工资水平。

二、经济利润

经济利润是指厂商的总收益减去总成本后的余额。由于正常利润作为企业家才能这一生产要素的报酬已被计入总成本之中，因此经济利润实际上也就是在正常利润以外的利润，因此也称为超额利润。

对于经济利润的来源，主要可以从以下三方面理解。

第一方面，垄断。

从前面的市场理论中可以得知，垄断造成了其他厂商的进入困难，从而使原有厂商得以通过高价获取经济利润，而且市场的垄断程度越高，经济利润也就越高。这种由垄断地位所带来的经济利润也称为垄断利润。

第二方面，风险。

生产和投资中的高风险往往是企业家来承担的。因此，利润也被认为是承担风险的报酬。反过来说，也正是因为有高额的经济利润，才会诱使很多人愿意冒巨大的风险。

第三方面，创新。

一方面，创新能使创新者开拓一个新市场，创造一个新的价值增长点，从而带来较高的经济收益；另一方面，创新过程中始终存在着失败的可能，其本身就是一种风险投资，因此，从风险的角度来看，创新者获取相应的利润回报也是合理的。

互动训练

探索创新与超额利润的关系

观看视频资料——苹果公司创新之路与超额利润的实现

项目要求：

1. 观看视频：认真观看视频，了解苹果公司如何通过创新获得超额利润，分析其创新对利润增长的影响。

2. 小组讨论：小组内讨论苹果的创新策略与市场优势，分析哪些因素促使其获得超额利润（如品牌、技术、市场定位）。

3. 小组代表汇报：每组派代表汇报小组讨论的主要观点，分享对苹果如何实现超额利润的看法。

4. 教师总结与点评：教师对各小组的观点进行总结和点评，引导学生思考创新、品牌和市场定位如何帮助企业获得超额利润。

学以致用

2020 年，白酒成为市场的"团宠"，无论是酒圈还是股圈，甚至由茅台带动的收藏圈、电商圈，都是当红明星。飞天茅台市场价更是飙升至 3 000 元，市场一度出现"一酱难求"局面。饭局上，喝着茅台，聊的是如何才能买到茅台。

在过去的这几年里，白酒企业也相继轮番涨价，近年来的销售毛利率总体处于上扬趋势，如贵州茅台的销售毛利率已从 2016 年的 91.23% 提高至 2019 年的 91.30%。

2019 年，在 A 股上市的 18 家白酒企业合计的归属母公司所有者的净利润达到 822.07 亿元，其中有近 86% 的净利润是由贵州茅台、五粮液、洋河股份这三家所贡献的。

请你分析一下茅台酒为何有如此之高的利润率？

拓展阅读

民族骄傲：大疆创新

深圳市大疆创新科技有限公司（大疆创新，DJI），成立于 2006 年，是全球领先的无人飞行器控制系统及无人机解决方案的研发和生产商，客户遍布全球 100 多个国家。它占据着全球 70% 的无人机市场份额。

作为全球顶尖的无人机飞行平台和影像系统自主研发和制造商，大疆创新始终以领先的技术和尖端的产品为发展核心。从最早的商用飞行控制系统起步，逐步研发推出了 ACE 系列直升机飞控系统、多旋翼飞控系统、筋斗云系列专业级飞行平台 S1000、S900、多旋翼一体机 Phantom、Ronin 三轴手持云台系统等产品。不仅填补了国内外多项技术空白，并成为全球同行业的领军企业，大疆创新以"飞行影像系统"为核心发展方向，通过多层次的空中照相机方案，带给人类全新的飞行感官体验，使得飞行在普通大众中皆能随心所欲。

大疆创新始终坚持创新和原创的理念，并且对产品的研发规划十分超前和严苛，坚持做到每推出的一款新产品都具有比市场上同类型产品更强大、更稳定的性能。在大疆创新的研发实验室里已经储备了未来2～3年的最新科技，并持续融入自己的创造力和想象力，使得这些超前的科技成果可以被应用到解决各种实际工业和商业问题的产品中去。大疆创新在实现技术和产品质量领先的同时，在产品推广和企业文化输出方面亦保持了其创新、超前的理念。仿佛生来就是带领产业进行革命的先锋。大疆创新一直相信只有通过不断地创造出更好的产品和技术，才能最终最大程度服务于市场和客户。

这些年，很多人说大疆正在复制“苹果”的成功之路。事实上，作为全球无人机行业的领导者，大疆正在努力地尝试垄断性、连续性、制度性、安全性、宽领域的创新，通过专利布局，专利运营等活动，以不断的技术创新拓展市场，配合其产品的运营。作为“民族之光”，大疆的创新之路对我国其他民营科技企业的发展是个很好的借鉴。

资料来源：冯晓燕．浅析大疆创新．2017.

单元感悟

知识方面：

____

____

素养方面：

____

____

单元六　收入分配与社会公平

【情景教学】

一、准备教学道具

1. 数据资料：不同行业工资水平、基尼系数、全球收入分配模式。
2. 角色卡片：程序员、教师、外卖骑手、政府官员、企业管理者等。
3. 教学工具：课堂投影、讨论记录表。

二、教学目的

1. 让学生理解收入分配的影响因素，探讨“公平是否等于收入相等”。

2. 培养学生的经济学思维，分析政府在调节收入分配中的作用。

3. 结合现实案例，提升学生的社会责任感。

三、教学活动组织

1. 数据分析。

（1）教师展示各行业工资、基尼系数等数据。

（2）学生讨论：影响收入差距的因素有哪些？（行业、技能、资本、政策等）全球不同国家的收入分配模式有何异同？

2. 角色扮演与辩论。

（1）学生抽取角色（如企业高管、教师、外卖员、政府官员），围绕收入差距展开讨论：是否应该缩小收入差距？政府应如何调节？

（2）课堂辩论："市场应自由发展"与"政府应加强干预"。

3. 政策制定。

小组提出收入分配政策建议（如提高最低工资、优化税收、加强社会福利），教师点评，分析政策的利弊。

四、活动总结

1. 核心观点：收入差距是市场经济的自然现象，但收入差距过大会影响社会公平和稳定。

2. 学生思考：撰写200字短评，回答"你认为当前收入分配是否公平？政府应如何调节？"。

【故事导入】

一个瑞典穷人的收入是一个刚果民主共和国穷人收入的200倍；在乍得，一个富人家的孩子上小学的机会是穷人家孩子的7倍。这两个数字展现了国家与国家之间和一个国家内部在经济、社会上的不平等。

经济方面，虽然全球范围内平均收入的差距在缩小，但绝对的差距还是相当大的。比方说一个阿尔巴尼亚或者俄罗斯的居民，如果他的收入为其国家的平均收入水平的话，则他的收入低于瑞典最底层的10%的人的平均收入，而且瑞典最底层的10%的人的收入是一个生活在刚果民主共和国的最底层的10%的人的收入的200倍。所以其实全球性国家与国家之间的不平等还是相当严重的。全世界70%的人口住在近二十年内国家内部更不平等的国家里面。

从历史上来说，不平等现象不太严重的是北欧和亚洲的发展中国家，差距比较大的是非洲和拉丁美洲的发展中国家。但从1990年到2010年，在北欧和亚洲这些历史上相对比较平等的国家差距在拉大，而拉丁美洲和非洲比较不平等的国家现在情况在好转，甚至有些国家取得了非常显著的进步，比如说在巴西、阿根廷、智利、墨西哥，这些国家都取得了不小的进步。在非洲也有一些国家在消除不平等方面做出了不小的努力，而且取得了不小的进展，比方说博茨瓦纳和莱索托。

资料来源：联合国经济和社会事务部《2013 年世界社会发展报告》。

【经济学原理】

前面的要素价格决定理论是分配论的一个重要部分，但并不构成分配论的全部内容。分配论还包括收入分配的不平等程度的研究。于是引出洛伦兹曲线和基尼系数的研究。

一、洛伦兹曲线

洛伦兹曲线是由美国统计学家洛伦兹于 1905 年提出来的，旨在用于比较和分析一个国家在不同时代，或者不同国家在同一时代的收入和财富的平等情况。具体做法是，首先将人们的收入由低到高的顺序排列，然后统计经济中收入最低的 10% 人群的总收入在整个经济的总收入中所占的比例，再统计经济中收入最低的 20% 的人群的总收入在整个经济的总收入中所占比例，依此类推。然后将这样的人口累计百分比和收入累计百分比的对应关系描绘在图形上，便得到洛伦兹曲线。

在图 6-8 中，横轴表示人口百分比，纵轴表示收入百分比，曲线 ODL 就是洛伦兹曲线。与洛伦兹曲线相对应的还有两条曲线，一条是倾斜角为 45°的线 OL，它表示总人口中每一定百分比的人口所拥有的收入，在总收入中也占相同的百分比，即每个人的收入是均等的，因此称为绝对平均线；另一条是折线 OHL，表示社会全部收入为一人所全部占有，其余的人收入为零，称为绝对不平均线。

当然，绝对平均和绝对不平均是收入分配中的两种极端情况，在现实社会中是不存在的，因此，绝对平均线与绝对不平均线也仅仅限于理论上的研究。实际的社会收入分配状况总是介于绝对平均和绝对不平均之间，反映实际收入分配状况的洛伦兹曲线也就介于上述两条曲线之间，洛伦兹曲线与绝对平均线越接近，曲线越直，说明社会收入越平均；反之，洛伦兹曲线与绝对不平均线越接近，曲线越弯，说明社会收入分配越悬殊，两极分化越严重。

二、基尼系数

基尼系数是意大利经济学家基尼 1922 年提出的定量测定收入分配差异程度的指标。它是对洛伦兹曲线的进一步发展，如图 6-8 所示，用 A 表示洛伦兹曲线与绝对平均线之间的面积，用 B 表示洛伦兹曲线与绝对不平均线之间的面积，则

$$基尼系数=\frac{A}{A+B} \qquad (6-4)$$

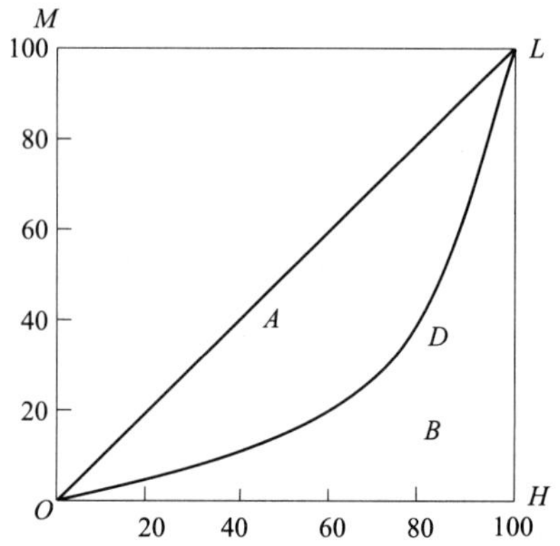

图 6-8 洛伦兹曲线

当 $A=0$，即洛伦兹曲线与绝对平均线重合时，基尼系数等于零，此时，收入分配绝对平均；当 $B=0$，

即洛伦兹曲线与绝对不平均线重合时，基尼系数等于1，此时收入分配绝对不平均。

由此不难得出，基尼系数介于0～1之间，但基尼系数等于0或1是两种极端情况，现实社会中的基尼系数总是大于0而小于1。基尼系数越小，说明收入分配越平均；基尼系数越大，则收入分配越不平均，两极分化越严重。

按国际通用标准，基尼系数小于0.2表示收入分配绝对平均，0.2～0.3表示比较平均，0.3～0.4表示基本合理，0.4～0.5表示差距较大，0.5以上表示收入差距悬殊，国际上通常将0.4作为警戒线。

互动训练

课堂讨论——如何看待我国恩格尔系数的下降与基尼系数的上升？

项目要求：

1. 以小组为单位，收集我国改革开放以来的恩格尔系数与基尼系数。
2. 整理数据资料，并通过折线图的形式表现出这期间恩格尔系数与基尼系数的变化趋势。
3. 根据变化趋势，结合当时的国情，分析我国的经济发展情况以及分配公平情况。
4. 将所得到的结论制作用于报告的PPT，小组间交流分享。
5. 教师点评、归纳总结。

学以致用

近年来，中国政府提出“共同富裕”目标，旨在缩小贫富差距，优化收入分配结构，促进社会公平。共同富裕并非平均主义，而是通过提高低收入群体收入、扩大中等收入群体比重、合理调节高收入，形成更加均衡的收入分配格局。

案例背景：

2023年，浙江省作为共同富裕示范区，率先推出了一系列促进收入公平的政策：

1. 提高最低工资标准，并对低收入群体实施税收减免。
2. 乡村振兴支持计划，提供农业补贴，鼓励科技兴农，提高农民收入。
3. 支持中小企业发展，鼓励创新创业，扩大就业岗位。
4. 完善社会保障体系，提高低收入群体的基本生活保障水平。

问题探讨：

1. 你认为共同富裕与传统的平均主义有何区别？
2. 这些政策如何影响收入分配？哪些措施最有效？
3. 除了政府政策，你认为企业和个人如何参与推动收入公平？

思考拓展：

阅读相关政策资料，结合现实案例，思考“市场机制”与“政府调控”在收入分配中的作用，并撰写一篇300字的短文，探讨如何通过政策工具实现更加公平的收入分配。

拓展阅读

完善分配制度　促进共同富裕

习近平总书记在党的二十大报告中提出一个重要论断，“分配制度是促进共同富裕的基础性制度”，并就完善分配制度作出重要部署，为在全面建设社会主义现代化国家的新征程上实现共同富裕指明了方向，提供了遵循。

共同富裕是中国特色社会主义的本质要求，是中国式现代化的重要特征。党的十八大以来，以习近平同志为核心的党中央把握发展阶段新变化，把逐步实现全体人民共同富裕摆在更加重要的位置上，推动区域协调发展，采取有力措施保障和改善民生，打赢脱贫攻坚战，全面建成小康社会，为促进共同富裕创造了良好条件。现在，已经到了扎实推动共同富裕的历史阶段。在我国社会主义制度下要实现共同富裕的目标，需要发挥分配制度的激励作用，最广泛地调动各方面的积极性，有效配置生产要素，促进高质量发展，通过全国人民共同奋斗把“蛋糕”做大做好。同时，通过合理的制度安排正确处理增长和分配关系，把“蛋糕”切好分好，防止两极分化，使全体人民共享改革发展的成果。

党的二十大报告指出：“坚持按劳分配为主体、多种分配方式并存，构建初次分配、再分配、第三次分配协调配套的制度体系。”这一重要部署，对于正确处理效率与公平的关系，在发展的基础上不断增进人民福祉，逐步缩小收入差距，扎扎实实朝共同富裕的目标迈进具有非常重要的意义。按劳分配为主体、多种分配方式并存的分配制度，是社会主义基本经济制度的重要组成部分，既体现了社会主义制度优越性，又同我国社会主义初级阶段社会生产力发展水平相适应。初次分配制度、再分配制度、第三次分配制度，在促进共同富裕中具有不同的功能和作用，要相互协调配套。

要发挥好初次分配的基础性作用，努力提高居民收入在国民收入分配中的比重，提高劳动报酬在初次分配中的比重。坚持多劳多得，鼓励勤劳致富，促进机会公平，增加低收入者收入，扩大中等收入群体。完善按要素分配政策制度，探索多种渠道增加中低收入群众要素收入，多渠道增加城乡居民财产性收入。要加大税收、社会保障、转移支付等的调节力度。完善个人所得税制度，规范收入分配秩序，规范财富积累机制，保护合法收入，调节过高收入，取缔非法收入。要建立健全第三次分配机制，引导、支持有意愿有能力的企业、社会组织和个人积极参与公益慈善事业。

新时代新征程上，我们要深入贯彻落实党的二十大精神，完善分配制度，扎实推动共同富裕，不断实现发展为了人民、发展依靠人民、发展成果由人民共享，让现代化建设成果更多更公平惠及全体人民。

资料来源：求是网，http://www.qstheory.cn/2022-11/09/c_1129113695.htm.

单元感悟

知识方面：

____

____

素养方面：

____

____

【模块知识自测】

1. 最重要的生产要素是（　　）。

A. 货币、股票和债券　　B. 水、地球和知识

C. 管理、财务和营销　　D. 劳动、土地和资本

2. 随着单个劳动者的劳动供给曲线向后弯曲变化，市场的劳动供给曲线会（　　）。

A. 向前弯曲　　B. 向后弯曲

C. 仍保持向右上方倾斜　　D. 以上均不是

3. 利息是使用（　　）生产要素的价格。

A. 土地　　B. 劳动

C. 企业家才能　　D. 资本

4. 土地的供给曲线是一条（　　）

A. 平行于横轴的直线　　B. 垂直于横轴的直线

C. 供给弹性为 1 的直线　　D. 向右下方倾斜的直线

5. 正常利润是（　　）。

A. 经济利润的一部分　　B. 经济成本的一部分

C. 隐含成本的一部分　　D. B 和 C 都对

6. 经济利润为零，则正常利润（　　）。

A. 增加　　B. 减少　　C. 没有实现　　D. 实现

7. 洛伦兹曲线代表了（　　）。

A. 税收体制的透明度　　B. 收入分配不平均的程度

C. 国民生活的富裕程度　　D. 对资源合理利用的程度

8. 关于基尼系数，下列表述不正确的是（　　）。

A. 居于 0 至 1 之间

B. 越趋近 1，代表收入分配越公平

C. 处于 0.3 至 0.4 之间最理想

D. 单纯按贡献分配社会收入，基尼系数将会高于 0.4

9. 根据基尼系数的大小，下列国家中分配最为平均的是（　　）。

A. 甲国，基尼系数为 0.1　　B. 乙国，基尼系数为 0.15
C. 丙国，基尼系数为 0.2　　D. 丁国，基尼系数为 0.25

10. 洛伦斯曲线与基尼系数的关系是（　　）。
A. 洛伦兹曲线的弯度越大，基尼系数越大
B. 洛伦兹曲线的弯度越大，基尼系数越小
C. 洛伦兹曲线的弯度越小，基尼系数越大
D. 洛伦兹曲线与基尼系数没关系

【知识梳理】

请大家通过复习，梳理出本模块的知识脉络图。

模块七

计算国民收入

【知识目标】

1. 明确国内生产总值和国民生产总值的概念。
2. 掌握核算国民收入的两种基本方法，重点掌握支出法。
3. 重点掌握消费函数和储蓄函数，掌握消费函数和储蓄函数的关系。
4. 了解家庭消费函数和社会消费函数、消费理论的发展。
5. 重点掌握两部门经济国民收入的决定。

【能力目标】

1. 能够熟练使用收入法和支出法核算国内生产总值。
2. 通过网络等手段获取我国国民收入的相关数据，能对数据进行简单的分析。
3. 了解 *IS-LM* 模型的现实意义。

【思政目标】

1. 通过对国内生产总值等总量指标的学习，明确描述综合国力的经济指标，具体化实现中国梦的物质基础。

2. 培养学生具备从宏观的经济视角和以国民经济整体运行为思考对象的格局。

【故事导入】

唯 GDP 是落伍　去 GDP 是任性

2015 年中国经济增速目标，较上年下调 0.5 个百分点，也是时隔十多年后 GDP 预期增速重回 7%。

过去 10 年内，中国的经济增长目标曾调整过两次，2005 年由 7% 上调至 8%，2012 年则被下调至 7.5%，并连续保持了三年。2015 年的中国经济，面临严峻的国内外环境：世界经济处于深度调整中，复苏动力不足，外需难以提振；国内增长动力不足，消费需求难有大的提升，对稳增长具有关键作用的投资因制造业产能过剩、房地产市场调整等因素，难以维持快速增长。

7% 的增速目标，既考虑到现实的可能，也与全面建成小康社会的目标相衔接。据专家测算，“十三五”期间只要保持 7% 左右的增长，就可以实现两个翻一番的目标。

适应新常态，为调结构提供更大空间。容忍数字下降，强调提质增效，赋予中国经济结构调整和转型升级更大的空间，是此次下调增速目标的题中应有之意。

要跨过中等收入陷阱，要保障民生和社会支出，要加大高科技创新投入，要为调结构促改革提供宽松环境，要实现全面小康……在新常态下保持经济中高速增长，对我国来讲既有可能，也很必要。唯 GDP 是落伍，去 GDP 是任性。步入发展新常态的中国经济，要做到调速不减势，量增质更优，就要长期对 GDP 有理性清醒的认识。

资料来源：根据新华社社评《唯 GDP 是落伍　去 GDP 是任性》整理。

单元一　国民收入是如何计算的？

【情景教学】

一、准备教学道具

准备视频 1《中国正式成为世界第二大经济体》以及视频 2《多年发展，江浙沪人均 GDP 与世界人均对比，逐渐拉开差距!》。

（视频 1 网址：https://v.qq.com/x/page/7FWlM0XlvYc.html）

（视频 2 网址：https://www.bilibili.com/video/BV1994y197TV/? spm_id_from=333.337.search-card.all.click&vd_source=06133e017e145bc9ea8362d604066df7）

二、教学目的

向学生引入 GDP 的概念及 GDP 的计算方法；让学生学会区分 GDP 与人均 GDP。

三、教学活动组织

1. 播放视频。
2. 指导学生根据视频讨论以下问题：
（1）一国的 GDP 是如何计算出来的？

（2）中国 GDP 超越了日本代表了什么？中国人均 GDP 只有日本的三分之一左右，这又意味着什么？

（3）江浙沪地区人均 GDP 的变化说明了什么？

四、活动总结

1. 中国 GDP 的快速增长意味着什么？对国家和个人分别有哪些影响？
2. GDP 对衡量社会和个人的经济福利分别有哪些利弊？

【故事导入】

2024 全球数字经济大会在国家会议中心正式开幕。21 世纪经济报道记者从会上了解到，2023 年数字经济核心产业增加值占 GDP 的 10% 左右，今年有望提前完成“十四五”规划目标，未来数字经济的发展增速还有望进一步提升。

与会嘉宾表示，发展数字经济已经成为把握新一轮科技革命和产业变革新机遇的重要战略选择，需要高度重视人工智能、5G-A 等新兴技术的创新发展。同时，要进一步加快数据基础制度建设，数据产权、数据流通、收益分配、安全治理、公共数据开发利用、企业数据开发利用、数字经济高质量发展、数据基础设施建设指引等 8 项制度文件将在今年陆续出台。

数字经济核心产业增加值超 12 万亿元。

目前，数字经济在各国经济发展中扮演的角色都愈发重要。会上发布的《全球数字经济白皮书（2024 年）》显示，2023 年，美国、中国、德国、日本、韩国等 5 个国家数字经济总量近 33 万亿美元，同比增长超 8%；数字经济占 GDP 比重为 60%，较 2019 年提升约 8 个百分点，产业数字化占数字经济比重的 86.8%，较 2019 年提升 1.3 个百分点。

国家统计局在 6 月 30 日发布的《数字中国发展报告（2023 年）》显示，我国 2023 年数字经济核心产业增加值估计超过 12 万亿元，占 GDP 比重 10% 左右，有望提前完成“十四五”规划目标。其中，以云计算、大数据、物联网等为代表的新兴业务收入逐年攀升。2023 年云计算、大数据业务收入较 2022 年增长 37.5%，物联网业务收入较上年增长 20.3%，远高于同期电信业务收入增速。

资料来源：节选自新浪新闻，https://finance.sina.com.cn/roll/2024-07-02/doc-incatzxh0523676.shtml。

【经济学原理】

广义的国民收入是由一系列的概念构成的，通常包括以下几个总量：国内生产总值、国民生产总值、国内生产净值、狭义的国民收入、个人收入和个人可支配收入。对于这些总量的核算构成了广义的国民收入核算。国民收入核算是宏观经济学研究的基础和前提。

一、国内生产总值

（一）国内生产总值的概念

在所有有关国民收入的概念中，国内生产总值通常被认为是最重要的一个概念，因为它最能够概括和反映一个国家或地区的经济运行情况。正因如此，一个国家政府的统计部门所做的国民经济统计通常也都是以对国内生产总值的统计为核心的。

国内生产总值（Gross Domestic Product，GDP）指的是一个国家（或地区）在某一个时期内运用领域内生产要素所生产的所有最终产品和服务的市场价值的总和。

在理解这一概念时，我们必须注意以下几个问题。

（1）GDP 是一个市场价值的概念。各种最终产品和服务的价值都是用货币加以衡量的。所以统计 GDP 所用的最终市场价值就是用这些最终产品和服务的单位价格乘以产量获得的。例如，一个国家一年生产的汽车为 10 万辆，平均每辆售价 10 万元，则该国一年所生产的汽车的市场价值为 100 亿元，也就意味着该年该国的汽车产业为该国的 GDP 总量贡献了 100 亿元的量。

基于此，具体 GDP 的值会受到当年产品和服务市场价格水平的影响，这一点，我们将会在后面进一步加以讨论。

（2）GDP 衡量的是最终产品和服务的市场价值，而中间产品市场价值不计入 GDP，否则会造成重复计算。所谓最终产品是供人们最终直接消费的产品。中间产品则是在以后的生产之中作为生产资料继续投入新产品生产的产品。例如，面包是最终产品，应该被计入 GDP；而面包被生产之前用的面粉则是中间产品，不计入 GDP，因为面包的市场价值已经包括了面粉的市场价值。

但是在实际经济之中，有时候很难区分一种产品是属于最终产品还是中间产品。例如，燃油可以作为中间产品用于冶金行业的生产燃料或者化工行业的生产原料，但是也可以作为最终产品用于人们生火、做饭、取暖。为了解决这个问题，在 GDP 的具体计算中采用了增值法，即只计算在生产各阶段上所增加的价值。具体如表 7-1 所示。

表 7-1　　增值法计算 GDP

不同阶段产品名称	产品市场价值	中间产品成本	增　值
小麦	6	—	6
面粉	8	6	2
面包	12	8	4

表 7-1 中，由小麦到面粉，再到面包这个生产过程中，如果按照产品市场价值计算，面包作为最终产品的市场价值 12 应该作为统计数据计入 GDP，而小麦和面粉作为中间产品，其市场价值 6 和 8 则不应该计入。但是按照产品市场价值统计，必须能够明确区分小麦、面粉和面包，哪个是中间产品？哪个是最终产品？如果按照增值法计算，小麦、面粉和面包三种产品的增值之和也正好等于最终产品面包的市场价值 12，但是采用增值法却不用区分中间产品和最终产品。因此，也就不存在重复计算的问题。

（3）GDP 是指某一时期内生产的最终产品和服务的市场价值，而不考虑这些最终产品是否已经售出，也不考虑以前生产尚未售出的存货。例如，某汽车厂商 2019 年生产一辆汽车时，这辆汽车的市场价值将计入 2019 年的 GDP，而不管其能否在 2019 年售出。而如果该厂商在 2019 年售出了一辆二手车或者是 2018 年生产的新汽车，则该汽车不计入 2019 年的 GDP，因为它已经在其生产的年份被统计过了。

（4）GDP 的统计不但包括有形的产品，还包括无形的服务。在实际 GDP 统计之中，不但包括了面包、汽车等有形的看得见的产品的市场价值，还包括金融、医疗、教育甚至像理发等服务的市场价值。

（5）GDP 的统计只能包括参与市场交易的所有产品和服务的市场价值，而对于不参与市场交易的产品和服务则不包括。例如，你在超市中购买了一个面包，则该面包将会被计入 GDP，而如果你在家中自己加工一个面包且用于自己或家人的消费，则该面包将不会被计入 GDP。

（6）GDP 只是一个地域概念，而非国民概念。GDP 包括了本区域内所有经济单位生产的产品和服务的市场价值，而不管这些经济单位的身份归属。例如，一个外资企业生产的产品将会被统计到所在国的 GDP 之中，而不会被统计到其投资国的 GDP 之中。反之，与之相对应是国民生产总值，我们将在后面加以讨论。

（二）GDP 与地下经济

GDP 的统计总是会忽略许多发生在地下经济中的交易。

中国的农村是一个广泛存在原始地下经济的区域。例如结婚，在经济不发达的农村地区你经常会看到婚宴是这样举行的：主人会把家里养的一头猪宰掉，然后请来一大帮亲戚朋友帮忙，做上一大桌丰盛的婚宴，然后消费掉。如果在经济发达的城市，这些丰盛的婚宴就会变成在酒店的消费，被计入 GDP。但是在农村由于这些属于自给自足，没有人会去统计自家的猪和亲戚朋友的劳动应该按照多少价值计入 GDP。

这种原始的地下经济不仅在农村，在城市也普遍存在。例如，你家房屋漏雨了，你会想到去找一个农民工帮你修缮一下，此时你可能要支付 50 元作为报酬，但是这些针对劳动的支付没有人会去把它计入 GDP。中国农民工的数量据统计超过两亿，其中有相当一部分在从事短期临时性质的劳动。

按照广义的定义，地下经济有时又被称作灰色经济、非正式经济或影子经济等，包括合法但没有报告或记录的交易。这是一张大网，包括清扫家庭的费用，与邻居一起修缮房屋的费用等。但这却不是全部，例如，毒品交易、赌博等这些非法交易单纯从经济的角度来分析，也符合 GDP 构成的要素。但是其交易金额根本无从估计，所以大家更关心地下交易中合法交易的规模。

经济的发达程度会影响到地下经济占 GDP 的比例。在发达的经济体中，由于社会分工细致，所以社会生产的产品和服务更加容易在市场中流通，因此地下经济所占比重相对较小。而在一些经济不发达的地区，经济更加偏向于自给自足，以致社会生产的大部分产品和服务根本不能出现在市场流通之中，因此，地下经济所占比重较大（见表 7-2）。这也是造成经济不发达地区和经济发达地区的人们感觉生活差距没有 GDP 统计数字那么大的重要原因。

表 7-2　　地下经济的差异

国　别	地下经济占 GDP 的比率/%
玻利维亚	68
秘鲁	61
泰国	54
墨西哥	33
阿根廷	29
瑞典	18
英国	12
日本	11
瑞士	9
美国	8

资料来源：曼昆．经济学原理．梁小民，译．北京：北京大学出版社，2006.

二、国民收入核算中的其他总量

（一）国民生产总值

如前所述，GDP 只是一个地域概念，而非国民概念。而描述国民概念的是国民生产总值，即 GNP。国民生产总值（Gross National Product，GNP）是指一个国家（或地区）运用其所拥有的生产要素所生产的所有最终产品和服务的市场价值的总和。

GNP 包含本国国民从国外取得的工资、投资收益、利息等收入，但同时也要扣除本国支付给国外的相应部分支出。GDP 则不考虑从国外获得的收入和对国外的相应支出。GNP 的概念弥补了 GDP 的不足之处，相对于 GDP 来说，GNP 更能反映一国的实际富裕程度。

（二）国内生产净值与国民生产净值

GDP 和 GNP 只考虑了相应经济单位在既定时期内生产的产品和服务，并未考虑同时期为生产这些产品和服务而产生的资本设备折旧。如果将 GDP 和 GNP 中扣除了这些资本设备折旧，则构成了国内生产净值（Net Demostic Product，NDP）和国民生产净值（Net National Product，NNP）。NDP 和 NNP 更接近于相应经济单位在既定时期内生产商品和服务的净值。

有人认为这些折旧一般约占 GDP 或 GNP 的 11%[①]，也就是 NDP 和 NNP 分别占 GDP 或 GNP 的 89%。但是实际的折旧率是很难得到的，通常是估计的。

（三）国民收入

此处国民收入（National Income，NI）是狭义的国民收入，是指按生产要素报酬计算的国民收入，即工资、利息、租金和利润的总和。从国民生产净值中扣除企业间接税

① 多恩布什，费希尔，斯塔兹．宏观经济学．7 版．北京：中国人民大学出版社，2000.

和企业转移支付，再加上政府补助金就得到狭义的国民收入。因为间接税和企业转移支付是计入产品价格的，但是却不参与要素分配，所以要扣除；而政府补助金却相反，不计入价格，但却成为要素收入，因此要加上。

（四）个人收入

个人收入（Personal Income，PI）是指个人实际得到的收入。国民收入中三个部分不会成为个人收入，它们是公司未分配利润、公司所得税以及社会保险费。人们还会从政府获得失业救济金、退休金等政府转移支付作为个人收入。因此，国民收入减去公司未分配利润、公司所得税和社会保险费，加上政府转移支付，就得到个人收入。

（五）个人可支配收入

个人可支配收入（Disposable Personal Income，DPI）是指个人可随意用来消费或储蓄的收入数量。个人收入扣除个人所得税即为个人可支配收入。

三、名义国内生产总值与实际国内生产总值

如前所述，由于国内生产总值（GDP）是一个市场价值的概念，是用货币来计算的，因此，一国 GDP 数值的变动不仅取决于最终产品和服务的数量，还取决于价格水平的变化。因此就产生了名义 GDP 和实际 GDP 两个不同的概念。

名义 GDP 是用当年的价格计算的全部最终产品和服务的市场价值。实际 GDP 是指用基年的价格水平计算的全部最终产品和服务的市场价值。例如，假设某国某年生产的所有最终产品和服务的数量分别为 Q_1、Q_2……Q_n，当年各产品和服务的价格水平分别为 P_1、P_2……P_n，而这些产品和服务在基年的价格分别为 P_{b1}、P_{b2}……P_{bn}，则该年的名义 GDP 和实际 GDP 的计算分别为：

$$\text{名义 GDP}=Q_1\cdot P_1+Q_2\cdot P_2+\cdots+Q_n\cdot P_n \tag{7-1}$$

$$\text{实际 GDP}=Q_1\cdot P_{b1}+Q_2\cdot P_{b2}+\cdots+Q_n\cdot P_{bn} \tag{7-2}$$

实际 GDP 的计算可以消除价格变动的影响，使我们清楚了解到该时期相对于其他时期的产品和服务产量的实际变化程度。名义 GDP 与实际 GDP 之比，又被称作国民生产总值折算数。其公式为：

$$\text{GDP 折算数}=\frac{\text{名义 GDP}}{\text{实际 GDP}} \tag{7-3}$$

国民生产总值折算数能够反映出本年的价格水平相对于基年的价格水平的变动幅度，因此国民生产总值折算数是反映通货膨胀的重要指标。

四、人均 GDP

人均 GDP 是反映一个国家经济发达程度的重要指标。在衡量一个国家的经济发达程度或比较不同国家的经济发展水平时，只用名义的 GDP 或者实际的 GDP 都是没有意义的。根据世界银行的数据，中国 2023 年的名义 GDP 总量约为 178 888 亿美元，高于

约为 44 561 亿美元的德国名义 GDP 总量，但是显然德国经济的发达程度要高于中国，这一点从人均 GDP 就能看得比较透彻。同年，德国的人均 GDP 为 52 746 美元，而中国的人均 GDP 为 12 681 美元。

人均 GDP 的计算方法是：

$$人均\ GDP=\frac{GDP}{年平均总人口}=\frac{GDP}{（年初总人口+年末总人口）/2} \tag{7-4}$$

五、国内生产总值的核算方法

由于 GDP 是一个市场价值的概念，因此，我们可以从交易的不同角度来考虑计算。在交易的过程中，交易一方发生了支出，另一方相应产生了收入。从支出的角度来核算 GDP 的方法叫作支出法；从收入的角度来核算的方法叫作收入法。

另外，我们还可以直接从生产的角度来核算 GDP，也就是由各个部门分别从收入或者支出角度统计自己所生产产品和服务的市场价值，然后加总获得 GDP 的值。这种方法叫作生产法或者部门法。

（一）支出法

用支出法来核算 GDP，最重要的就是确定谁是最终产品和服务的购买者和使用者。在实际交易中，最终产品和服务一部分主要由居民购买后用于消费；另外还有一部分被购买后用于再生产，我们称之为投资；另外还有政府的采购以及外国人的购买，也就是出口。因此用支出法来核算 GDP，也就是计算该经济社会（国家或地区）在某一个时期内消费、投资、政府采购以及出口这几方面支出的总和。

消费支出（Consumption）一般用 C 表示，是指居民私人的消费。它不同于我们平时所说的消费概念，不包括政府部门和企业的消费性开支。例如，政府购买一辆汽车通常不被计入此处的消费支出；而被计入政府采购；而企业采购一辆汽车通常被计入投资支出。消费支出通常包括非耐用品支出（如食品和衣服等）、耐用品支出（如汽车和家电等）和服务消费支出（如理发和医疗等）三部分。值得一提的是，家庭的教育支出通常也被统计在服务消费支出之中，虽然有人认为其应该被归于投资支出之中。与此同时，建筑或购买新住房的支出却不被包括在消费支出之中，虽然有人认为其应该被包括其中。这只是统计的习惯所致。

投资支出（Investment）一般用 I 表示，是指对于用于再生产的最终产品和服务的采购支出。投资支出通常包括对企业的机器设备、存货的购买支出以及对新建房屋的购买支出。新建住房的购买支出同时包含了企业厂房的购买和居民住房的购买，如前所述，这只是习惯所致。机器设备、厂房等资本物品为什么被认为是投资支出中的最终产品？不是和生产原料一样属于中间产品吗？这是由这些资本物品和中间产品的重大区别决定的，中间产品在生产的过程中被全部消耗掉，而资本物品则只是部分被消耗。资本物品的损耗带来的价值减少叫折旧。折旧不但包括资本物品的物质磨损，还包括其他因素导致的价值减少。例如，一台机器使用年限虽然未到但是过时了，其价值会贬损。GDP 的计算不考虑折旧因素，GDP 扣除折旧之后为 NDP。

政府采购（Government Purchase）一般用 G 表示，包括中央和各级地方政府对物品和服务的购买支出，例如政府开办学校、建设国防、修筑道路以及支付政府工作人员工资等。但是政府采购不等于政府的所有支出。例如，政府向一位城市低保户支付最低生活保障金时，该项支付是政府的支出之一，但是却不属于政府采购的范围，因为政府并未向该低保户采购任何物品或服务，这种政府支出叫作转移支付。转移支付改变了家庭收入，但是并未反映经济的生产。

净出口（Net Export）才是核算 GDP 时用的出口的概念，一般用 NX 表示。本国出口到他国的产品和服务，虽然由他国支出消费，但却是本国生产，自然属于本国 GDP 的计算范围；但是本国从他国进口的产品和服务虽由本国支出消费，却不属于本国生产，应该从本国的 GDP 中扣除，因此我们计算时只有用出口额减去进口额求得净出口才能正确核算 GDP。净出口有可能为正，也有可能为负。

综上所述，用支出法计算 GDP 的公式可以写为：

$$\mathrm{GDP}=C+I+G+NX \tag{7-5}$$

（二）收入法

在市场交易中，产品或服务销售之后所得收入将会被按照生产要素进行分配，成为工资、地租、利息和利润等要素收入。收入法核算 GDP 就是通过对要素收入的统计来核算 GDP，所以又被称作要素收入法或者要素支付法。当然，收入法核算 GDP 还要考虑间接税、未分配利润以及资本折旧等内容，所以一般包括以下项目。

（1）公司企业中的工资、利息和租金等生产要素的报酬。工资应当是税前全部工资，包括对所有工作的酬金、补助以及各项福利支付，还包括工资收入者缴纳的所得税和保险费用等。利息是指人们向企业提供资金借贷时在本期所获得的所有利息收入，如银行存款利息和企业债券利息，但是政府公债利息和消费信贷利息不计算在内，而是被看作转移支付。租金则包括个人出租土地、房屋等给企业用于生产的租赁收入。

（2）非公司企业收入。它指各种类别的非公司型企业的纯收入，如农民、医生、律师以及个体企业主等的收入。他们被自己雇用，使用自有资金和房屋，因此他们的工资、利息、租金以及利润等通常是混在一起作为非公司企业收入的。

（3）公司的税前利润。除了作为股东红利的公司已分配利润外，还包括公司所得税、公司为员工缴纳的保险费用支出以及公司的未分配利润等。

（4）企业的转移支付以及企业间接税。前者是指公司对非营利组织的社会慈善捐款以及消费呆账，后者是指企业所缴纳的各种流转税、销售税或货物税。这些虽然不属于生产要素创造的收入，但是要通过产品加价转移给产品购买者，应看作生产成本计入 GDP。

（5）资本折旧。它虽不是要素收入，但是由于在支出法中计入了 GDP，故而此处也计入。

综上所述，用收入法计算 GDP 的公式可以写为：

$$\mathrm{GDP}=\text{工资}+\text{利息}+\text{租金}+\text{利润}+\text{间接税}+\text{企业转移支付}+\text{折旧} \tag{7-6}$$

（三）生产法

生产法又叫部门法。从生产的角度来看，GDP 是该经济体中各个生产部门所生产的所有产品和服务的市场价值，即各部门的 GDP 贡献值的总和。因此，不论各个部门采用支出法或者收入法，只要计算出他们的 GDP 贡献值，然后加总就可以计算出 GDP。为了避免重复计算，各部门在计算其贡献值时，采用增值法。而对于无法计算增值的部门，例如政府部门，则按照该部门员工的收入来计算，以工资代表他们所提供的服务价值。各国在核算时候采用的部门分类不尽相同，但是大多数都是按照产业进行人类划分，然后再进行具体细分。

支出法、收入法和生产法在 GDP 的核算中各有不同的作用。支出法可以反映产品和服务的消费方向，收入法可以反映社会收入的分配方向，而生产法则可以反映 GDP 的部门构成。从理论上讲，无论是采用支出法、收入法或生产法，GDP 核算的结果应该是一致的，但在实际核算中往往存在误差而导致结果不一致。国民经济核算体系以支出法为基本核算方法，即以支出法计算出的结果作为 GDP 的标准值。如果采用收入法或生产法核算出的结果与此不一致，就要通过误差调整项来调整，以达到一致。

互动训练

精读数据——通过数据，了解中国的经济发展

在刚刚过去的五年，我国“十三五”规划顺利实施，经济社会发展取得历史性成就、发生历史性变革。五年来，经济实力跃上新台阶。国内生产总值从 2016 年的 74.6 万亿元增加到 2020 年的 101.6 万亿元（见图 1）。2020 年，尽管受到疫情影响，但我国经济年均增长依旧实现了 2.3% 的正增长，占世界经济比重从 15% 提高到 17%，对世界经济增长贡献率超过 30%。经济结构出现重大变革。其中，年最终消费支出对国内生产总值增长贡献率为 57.8%，服务业比重从 45.3% 上升到 55.28%，成为经济增长主动力。

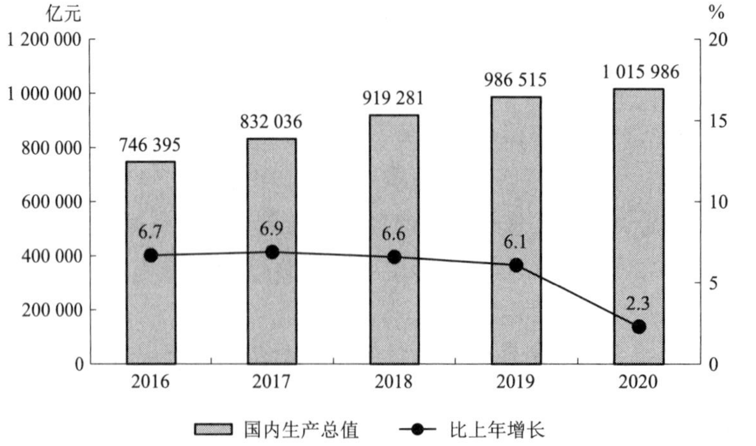

图 1　2016—2020 年国内生产总值

初步核算，2020 年国内生产总值 1 015 986 亿元，比上年增长 2.3%。其中，第一产业增加值为 77 754 亿元，增长 3.0%；第二产业增加值为 384 255 亿元，增长 2.6%；第三产业增加值为 553 977 亿元，增长 2.1%。第一产业增加值占国内生产总值比重为 7.7%，第二产业增加值所占比重为 37.8%，第三产业增加值所占比重为 54.5%。全年最终消费支出拉动国内生产总值下降 0.5 个百分点，资本形成总额拉动国内生产总值增长 2.2 个百分点，货物和服务净出口拉动国内生产总值增长 0.7 个百分点。全国万元国内生产总值能耗比上年下降 0.1%。预计全员劳动生产率为 117 746 元/人，比上年提高 2.5%。

资料来源：中国统计信息网。

项目要求：

1. 学生仔细阅读案例中的数据内容。
2. 学生深入思考以下问题：

（1）国内生产总值是什么概念？为何中国在 2020 年的经济增长率只有 2.3%？

（2）“第三产业增加值比重为 54.5%”和“全年最终消费支出对国内生产总值增长贡献率为 57.8%”两项数据，意味着什么？

（3）国内生产总值是如何计算出来的？和我们的生活有什么关系？为什么要计算国内生产总值？

3. 学生根据问题引导，结合国情分析我国的经济发展现状。
4. 教师适时点评并归纳总结。

学以致用

中国的经济发展创造了世界经济发展史上的奇迹。1953—2013 年，我国 GDP 按可比价计算增长了 122 倍，年均增长 8.2%。

1952 年，我国 GDP 只有 679 亿元；1978 年增加到 3 645 亿元，居世界第 10 位。改革开放以来，GDP 年均增长 9.8%，增长速度和高速增长持续的时间均超过经济起飞时期的日本和韩国。GDP 连续跃上新台阶，1986 年超过 1 万亿元；1991 年超过 2 万亿元；2001 年超过 10 万亿元；2010 年达到 40 万亿元，超过日本，成为世界第二大经济体；初步核算，2016 年达到 744 127 亿元，人均 GDP 由 1952 年的 119 元增加到 2016 年的 53 974 元（约合 8 126 美元），根据世界银行的划分标准，我国已由低收入国家迈入中等收入国家行列。

请回答：计算国内生产总值的方法有哪些？为什么我国国内生产总值保持了快速增长？怎样缩小我国 GDP 与西方国家的差距？

拓展阅读

低碳发展与“绿色 GDP”

习近平总书记在党的二十大报告中指出，协同推进降碳、减污、扩绿、增长，推进生态优先、节约集约、绿色低碳发展，推动经济社会发展绿色化、低碳化是实现高质量发展的关键环节。环境因素在经济发展中的影响越来越受到社会各界的重视，因此需要有合适的指标来衡量且反映出经济发展中环境的影响。绿色 GDP 就是其中一种指标。

绿色 GDP 是指一个国家或地区在考虑了自然资源（主要包括土地、森林、矿产、水和海洋）与环境因素（包括生态环境、自然环境、人文环境等）影响之后经济活动的最终成果，即将经济活动中所付出的资源耗减成本和环境降级成本从 GDP 中予以扣除。绿色 GDP 这个指标，实质上代表了国民经济增长的净正效应。绿色 GDP 占 GDP 的比重越高，表明国民经济增长的正面效应越高，负面效应越低，反之亦然。

经济产出总量增加的过程，必然是自然资源消耗增加的过程，也是环境污染和生态破坏的过程。从 GDP 中只能看出经济产出总量或经济总收入的情况，却看不出这背后的环境污染和生态破坏。经济发展中的生态成本有多大呢？目前世界各国都没有一个准确的核算体系，没有一个数据使我们能一目了然地看出环境污染和生态破坏的情况。环境和生态是一个国家综合经济的一部分，由于没有将环境和生态因素纳入其中，GDP 核算法就不能全面反映国家的真实经济情况，核算出来的一些数据有时会很荒谬，因为环境污染和生态破坏也能增加 GDP。即便从社会学角度看，GDP 也不能反映社会贫富差距，不能反映社会分配不公，不能反映国民的净福利水平，不能反映国民生活的真实质量。总之，GDP 统计存在着缺陷，长期以来被人们所批评，但没有得到修正。

20 世纪中叶开始，随着环境保护运动的发展和可持续发展理念的兴起，一些经济学家和统计学家们，尝试将环境要素纳入国民经济核算体系，以发展新的国民经济核算体系，这便是绿色 GDP。绿色 GDP 是指绿色国内生产总值，它是对 GDP 指标的一种调整，是扣除经济活动中投入的环境成本后的国内生产总值。国内外许多专家多年来致力于此项研究，虽取得了重大进展，却也存在着不少争论。

资料来源：整理自百度百科及国家统计局网站数据。

单元感悟

知识方面：

____

____

素养方面：

____

____

单元二 什么决定了国民收入的大小？

【情景教学】

一、准备教学道具

准备视频“次贷危机后中国的4万亿投资”。

二、教学目的

通过这段视频让学生了解我国在次贷危机后推出的4万亿元投资计划，引出相关教学内容的思考与兴趣。

三、教学活动组织

1. 播放视频。
2. 指导学生根据视频内容讨论以下问题：

（1）视频中的4万亿元经济刺激计划主要涉及哪些经济部门？

（2）你认为这4万亿元投资能够有效拉动国内需求吗？你了解经济危机期间其他国家政府采取的经济刺激措施吗？

四、活动总结

1. 要增加国民收入，对于国家而言主要可以从哪几个方面来开展工作？
2. 投资增加，对国民收入增加的影响仅仅是一倍吗？

【故事导入】

18世纪初，有一个名叫曼德维尔的荷兰医生写了《蜜蜂的寓言》一书，讲的是一个蜜蜂王国的兴衰史。最初，一群蜜蜂为了追求豪华的生活，大肆挥霍，结果这个蜂群很快兴旺发达起来。后来它们放弃了奢侈的生活，崇尚节俭，结果整个社会凋敝，最终被对手打败而逃散。这本书的副标题是“私人的罪过，公众的利益”，意思是浪费是“私人的罪过”，但可以刺激经济，成为“公众的利益”。这部作品在当时被法庭判为“有碍公众视听的败类作品”，但是200多年后，英国经济学家凯恩斯从中受到启发，提出了经济学中著名的理论“节俭悖论”。

【经济学原理】

一、国民收入决定理论的基础

国民收入是宏观经济概念，同微观经济学的概念截然不同。但是其基础却又是微观的，因为宏观经济体是由诸多微观经济体构成。因此，我们可以假设一个只有一个微观经济单位的宏观经济体，据此来研究国民收入的决定。

假设一个社会只有一个馅饼店，而且人们只对馅饼有需求，此时这个社会的 GDP 就是这个店的馅饼产量。决定馅饼产量的因素有哪些呢？首先是生产能力，这取决于馅饼店员工、设备以及原料的量，即总供给（AS）。其次其产量还取决于社会有效总需求，因为社会只由一个馅饼店构成，社会有效总需求（AD）即馅饼店员工对于馅饼的消费需求。假设每天最多生产 1 000 个馅饼，当员工总需求为 1 200 个的时候，此时馅饼产量取决于总供给，即只能生产 1 000 个，此时国民收入为 1 000 个馅饼；当员工总需求为 800 个的时候，这时虽然馅饼店有能力生产 1 000 个馅饼，但是生产出来却有 200 个消费不了，因此，其产量取决于总需求，即此时国民收入为 800 个馅饼。

我们可以利用这个例子来理解潜在的国民收入和均衡的国民收入的概念。当生产 1 000 个馅饼的时候，馅饼店的生产潜力得到了最大的发挥，这时的国民收入叫作潜在的国民收入。潜在的国民收入又叫充分就业状态下的国民收入，是指利用社会上一切可利用的经济资源（劳动、资本、土地等）所能够生产的产品和服务的最大量，也就是该经济体的经济潜力充分利用或发挥时所能达到的最大产出量。

当生产 800 个馅饼时，虽然生产潜力没有得到最大限度的发挥，但是此时总需求和总供给实现了均衡，这时的国民收入叫作均衡的国民收入。所以均衡的国民收入（Equilibrium Level of National Income）是总需求与总供给相等时的国民收入，此时产量处于均衡状态，相对稳定。国民收入决定理论就是要说明总需求和总供给如何决定均衡的国民收入水平，以及均衡的国民收入水平是如何变动的。

短缺经济之下的传统古典经济学曾认为只有总供给才是影响国民收入的唯一因素，但这一观点在 1929 年爆发的世界经济危机中被推翻。宏观经济学创始人英国经济学家凯恩斯通过分析，建立了以需求为中心的国民收入理论。这也就是经济学上所谓的“凯恩斯革命”。实际上，总供给对国民收入的影响是建立在长期分析的基础上的，而总需求对国民经济的影响是建立在短期分析的基础上的。凯恩斯在评论古典经济学时说道，长期是对当前事物的误导。要说长期，我们都会死。如果在暴风雨的季节，有人只能告诉我们，暴风雨在长期中会过去，海洋必将回归平静，那么经济学家给自己的任务就太过于容易而无用了。凯恩斯将人们对国民收入决定理论的研究视角由总供给转移到了总需求上，我们的分析也将从总需求对国民收入决定的影响开始。

二、简单的国民收入决定模型

简单的国民收入决定模型是凯恩斯最初创立的。其立足于短期分析，主要研究产品市场均衡条件下消费对于国民收入决定的影响。该模型认为虽然基于总需求等于总供给时的国民收入称为均衡的国民收入的设定，总需求与总供给共同决定国民收入水平，但是短期内总供给不变，所以国民收入水平由总需求决定。

简单国民收入决定模型有三个重要的基本假设：第一，潜在的国民收入水平不变。也就是说经济中的生产能力是不变的，意味着所拥有的生产要素不变，同时技术水平也是不变的，不涉及长期中的经济增长问题。第二，各种生产资源没有得到充分利用。所以总供给总能够适应总需求而无限扩大，也就是说假设总供给对国民收入没有影响。第三，价格水平不发生变化。即不考虑价格水平的决定及其对国民收入水平的影响。

以上假设就使得不论总需求是多少，社会总能够以不变的价格提供相应的总供给，意味着社会总需求变动时，只会引起产量变动，而不会引起价格变动。这在西方经济学中有时被称作凯恩斯定律。由于凯恩斯在写《就业、利息和货币通论》时，面对的是20世纪30年代的大萧条，工人大批失业，资源大量闲置，社会需求增加时，只会使闲置的资源得到利用，使生产增加，而不会使资源价格上升，从而产品成本和价格保持不变。所以凯恩斯定律只适用于短期分析。简单的国民收入决定模型和后面我们要讲的*IS-LM*模型都属于短期需求分析，这两者都适应以上三个基本假设。

那么简单国民收入决定模型和*IS-LM*模型的区别在哪儿呢？前者只考虑产品市场的均衡和变动，而不考虑由于利率变化引致货币市场的变化而对国民收入产生的影响。所以简单的国民收入决定模型还有一个重要的假设：就是假设利率水平不变，即不考虑利息率变化对国民收入的影响。此时，社会的投资水平是固定的。

（一）总需求的构成与简单国民收入模型的进一步假设

总需求是整个社会对产品和服务需求的总和。根据前面对经济循环运行的分析，我们容易理解总需求来自居民、企业、政府和国外四部门中的消费、投资、政府支出和出口这四个方面的需求。

消费是指居民对产品和服务的需求或支出，包括耐用消费品支出、非耐用消费品支出、房租支出以及对其他服务的支出。根据西方经济学家的长期统计研究资料分析，在总需求中消费的需求是最为稳定的。影响消费的因素有很多，如消费者的收入水平、商品价格的水平、消费者自身的偏好、风俗习惯等，在这些因素中，具有决定性作用的是收入水平。

投资是指厂商对投资品的需求或支出，包括：企业固定投资，如厂房、设备等固定资产的投资；存货投资，如用于原材料、半成品以及未销售的成品的投资；居民住房投资。实际的投资在经济中波动很大。但是在简单的国民收入决定模型中，我们假设投资水平固定，即不随利率和产量变动。

政府支出是政府对各种产品和服务的需求，或者说是政府购买产品和服务的支出。现代经济中，政府利用财政政策来干预经济，所以政府支出不仅包括政府本身雇用人员和办公费用的支出，而且还包括政府对一些大型基础设施的投资支出，因此，政府支出在总需求中的比例一直在提高。

出口在分析国民收入决定时是指净出口，即出口与进口之差。

为了进一步简化分析，我们假设不存在政府和出口，只有居民和企业，也就是消费行为和储蓄行为都发生在居民中，生产和投资行为都发生在企业部门，而且如前所述投资水平还是固定的。这样实际上我们只研究存在两部门时的国民收入的决定。

（二）总需求与均衡的国民收入决定

由前面的分析我们得知，总需求和总供给决定了均衡的国民收入。当我们不考虑总供给因素时，均衡的国民收入水平就是由总需求决定的。

在图 7-1 中，横轴代表国民收入 Y，纵轴代表总需求 AD，我们用一条从原点出发的倾斜 45°的斜线代表总供给和总需求相等。根据均衡国民收入的概念，这就意味着在斜线上的任何一点所对应的国民收入 Y 是相应总需求 AD 下的均衡国民收入。如果此时的 AD 是一个固定的值 AD_0，那么 AD_0 与斜线的交点 E 所对应横轴上的 Y_0 就是此时的均衡国民收入水平。在 Y_0 左边的区域，AD 大于 AS，所以国民收入水平会随着 AD 向 Y_0 方向增加，而在右边的区域，AD 小于 AS，所以国民收入水平会随着 AD 向 Y_0 方向减少。

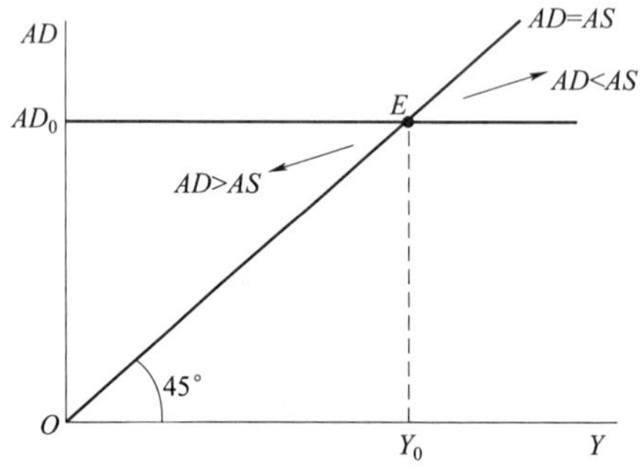

图 7-1 不考虑总供给的均衡国民收入

（三）消费与均衡的国民收入决定

简单国民收入决定模型既然研究产品市场均衡条件下消费对于国民收入决定的影响，那么我们就需要先了解消费函数和与其相关的储蓄函数。

消费函数（Consumption Function）是用来描述消费与收入之间依存关系的函数。在其他条件不变的情况下，消费随着收入的增加而增加，但是随着人们收入的增加，增量收入中用于消费的比重将逐渐递减，也就是说随着人们收入的增加，消费以递减的速度增加。消费函数可以表示为：

$$C=C(Y)=a+bY \tag{7-7}$$

其中，C 代表消费；Y 代表收入；a 是收入为零时的消费，称为自发消费，是指一个人的基本生活消费；b 的经济含义指增加的每单位收入中用于消费部分的比率，bY 是随着收入变化而变化的消费量，bY 称为引致消费。

由此引入两个表示消费与收入关系的概念，即平均消费倾向（APC）和边际消费倾向（MPC）。平均消费倾向是指消费在收入中所占的比例。其计算公式为：

$$APC=\frac{c}{y} \tag{7-8}$$

边际消费倾向是指增加的每单位收入中用于消费部分的比率，也即是消费函数中的系数 b。由定义可知，边际消费倾向 b 的取值范围在 0 至 1 之间。其计算公式为：

$$MPC=\frac{\Delta c}{\Delta y} \tag{7-9}$$

储蓄是指收入中未被消费的部分，在其他条件不变的情况下，储蓄随着收入的增加而增加。储蓄函数是用来描述储蓄与收入之间依存关系的函数。其表达式为：

$$\begin{aligned} S=S(Y)&=Y-C \\ &=Y-(a+bY) \\ &=-a+(1-b)Y \end{aligned} \tag{7-10}$$

其中，S 代表储蓄；Y 代表收入。$-a$ 为自发储蓄，当收入为零时，自发储蓄为负。$(1-b)$的经济含义是指增加的每单位收入中用于储蓄部分的比率，$(1-b)Y$ 是随着收入变化而变化的储蓄量，$(1-b)Y$ 又称为引致储蓄。

由此引入两个表示储蓄与收入关系的概念，即平均储蓄倾向（APS）和边际储蓄倾向（MPS）。平均储蓄倾向是指储蓄在收入中所占的比例。其计算公式为：

$$APS=\frac{s}{y} \tag{7-11}$$

边际储蓄倾向是指增加的每单位收入中用于储蓄部分的比率，也即是储蓄函数中的系数（$1-b$）。由定义可知，边际储蓄倾向（$1-b$）的取值范围也在 0 至 1 之间。其计算公式为：

$$MPS=\frac{\Delta s}{\Delta y} \tag{7-12}$$

由于全部的收入分为消费和储蓄，所以

$$APC+APS=1 \tag{7-13}$$

同样，全部增加的收入分为增加的消费和增加的储蓄，所以

$$MPC+MPS=b+(1-b)=1 \tag{7-14}$$

了解了以上概念之后，我们再来做国民收入决定的进一步分析。由于总需求包括消费和投资，消费又分为自发消费和引致消费，且假设投资不变，则总需求公式变为：

$$AD=C+I=a+bY+I=(a+I)+bY \tag{7-15}$$

其中（$a+I$）又被称作自发总需求，我们认为它不随收入变化而变化。这时均衡的国民收入如图 7-2 所示。

此时的 AD_0 不再是一个固定值，而是一条随着收入的变化而变化的斜线，其截距为$(a+I)$，斜率为边际消费倾向 b。AD_0 与斜线的交点 E 所对应横轴上的 Y_0 仍然是此时的均衡国民收入水平。这时的国民收入 Y 可以表示为：

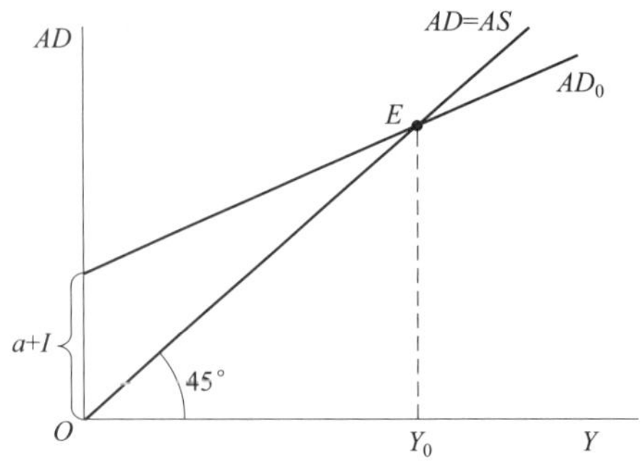

图 7-2　简单国民收入决定

$$Y = AS = AD \tag{7-16}$$

而式（7-15）中，　$AD = (a+I) + bY$

所以　$$Y = (a+I) + bY \tag{7-17}$$

这样就可以解出　$$Y_0 = \frac{a+I}{1-b} \tag{7-18}$$

式(7-18)说明了简单国民收入决定模型中均衡的国民收入 Y_0 的决定。

在该模型中，由于式(7-17)，$Y = (a+I) + bY$，

而收入 Y 又分为消费（$a+bY$）和储蓄 S，所以

$$(a+bY) + S = (a+I) + bY \tag{7-19}$$

即　$$S = I \tag{7-20}$$

由此可知，简单国民收入模型的前提是产品市场的均衡，即储蓄等于投资。这一点也可以用来解释均衡国民收入的实现，当社会实际产量小于均衡水平时，表明 $I>S$，社会生产供不应求，企业存货减少，企业就会扩大生产，使国民收入增加到均衡水平；反之，若社会实际产量大于均衡水平时，表明 $I<S$，社会生产供过于求，企业存货增多，企业就会减少生产，使国民收入水平减少到均衡水平。

简单国民收入决定模型可以用来反映在短期内消费的变化对国民收入水平的影响，如图 7-3 所示。

在图 7-3 中，当自发消费增加时，引致自发总需求（$a+I$）增加，所以斜线 AD_0 将向上移动至 AD_1，此时对应的均衡国民收入增加为 Y_1；反之，自发消费减少时，引致自发总需求减少，所以斜线 AD_0 将向下移动至 AD_2，此时对应的均衡国民收入减少为 Y_2。由此可见，在短期内消费与国民收入水平呈同方向变化。

简单国民收入决定理论是宏观经济财政政策的理论基础。当政府采用积极的财政政策时，政府采取措施鼓励消费，从而实现提高国民收入水平的目的；当政府采用紧缩的财政政策时，政府采取措施抑制消费，从而实现减缓国民收入过快增长的目的。此部分内容我们将在模块十中具体讲述。

（四）乘数理论

根据简单国民收入决定模型，自发消费变化会导致自发总需求变化，进而导致均衡

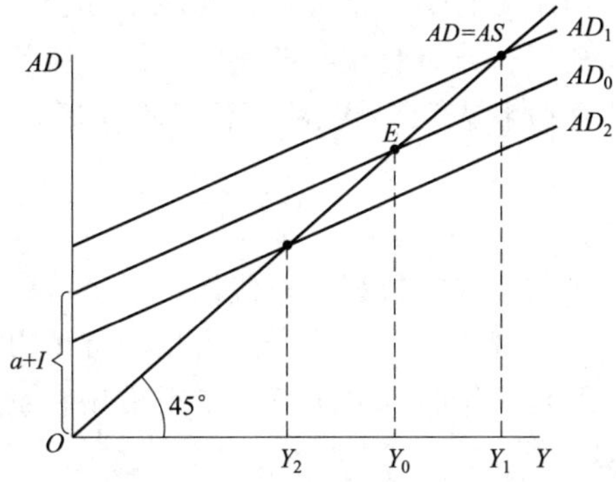

图 7-3 简单国民收入决定

的国民收入水平呈现同方向变化，但是均衡的国民收入水平的变化量是多少呢？

根据国民收入决定公式，增加的总需求与增加的国民收入相等，即

$$\Delta Y=(\Delta a+I)+b\Delta Y \tag{7-21}$$

所以，

$$\Delta Y=\frac{1}{1-b}(\Delta a+I) \tag{7-22}$$

由于假设投资水平不变，所以自发消费的变化量 Δa 即为自发总需求的变化量。因此可得，

$$\Delta Y=\frac{1}{1-b}\Delta a \tag{7-23}$$

从以上公式可以看出，国民收入水平的变化量是自发消费变化量的$\frac{1}{1-b}$倍，由于边际消费倾向 b 大于 0 且小于 1，所以$\frac{1}{1-b}$大于 1，因此国民收入水平变化量相对于自发消费变化量成乘数倍变化。

实际上前面的分析中引致国民收入水平发生变化的直接因素是自发总需求，只是没有考虑投资、政府支出以及出口的变化，所以自发消费才替代了自发总需求。因此不难理解，如果自发投资、政府支出以及出口发生了相应变化，自然也会引致国民收入水平的类似变化。这就是所谓的乘数效应。

乘数（Multiplier）是自发总需求的变化引起的国民收入变化的倍数，或者说是国民收入变化量与引致这种变化的自发总需求变量之间的比率。

乘数理论反映的是国民经济各部门之间存在的密切关系。某一部门的自发总需求变化，不仅会使本部门收入同向变化，而且会发生连锁反应，从而使其他部门的需求和收入也同向变化，最终使国民收入的变化量数倍于最初自发总需求的变化。

正是由于存在着乘数效应，所以政府宏观经济政策调控才能够放大性地发挥作用。

但是应当注意，乘数发生作用是有一定条件的，那就是社会资源没有得到充分利用。如果社会资源已经实现充分利用，或者是说某些例如能源、原料或交通等的关键部门存在着制约其他资源利用的“瓶颈状态”，乘数将无法发挥作用。

三、*IS-LM* 模型

如前所述，简单的国民收入决定模型是在假设宏观经济中只存在产品市场而没有货币市场的前提条件下得到的。现实经济中，产品市场和货币市场同时对国民收入决定产生影响，下面我们介绍的即是一个将产品市场和货币市场联系起来讨论国民收入决定的模型，简称为 *IS-LM* 模型。

IS-LM 模型是用来说明产品市场和货币市场同时达到均衡时国民收入和利息率之间关系的模型。请注意此处的利息率是指实际利率，而非名义利率。名义利率是指货币市场上资金提供者或使用者现金收取或支付的利率。但是产品市场的通货膨胀率会影响资金的实际借贷成本，理性的借贷者必然会加以考虑。所以实际利率（Actual Rate）是指名义利率扣除通货膨胀率后的利率。*IS-LM* 模型中涉及的利率均为实际利率。

IS-LM 模型的基本假设和简单的国民收入决定模型是基本一致的，只有一点不同，那就是投资水平不再是固定的，而是受到利率的影响会发生相应的变化。该模型考察的是一个没有进出口的三部门经济体系，其核心思想是产品市场与货币市场互相影响，两个市场共同决定均衡的国民收入。模型中的 I 是指投资，S 是指储蓄，L 是指货币需求，M 是指货币供给。*IS* 曲线描述了产品市场的均衡，*LM* 曲线描述了货币市场的均衡。在一个包括产品市场和货币市场的现实宏观经济体系中，只要有一个市场没有实现均衡，国民收入就不会稳定，只有产品市场和货币市场同时实现均衡时的国民收入才是均衡的国民收入。

IS-LM 模型是由英国著名经济学家希克斯创立的，并经美国经济学家汉森进一步完善，所以又称为希克斯—汉森模型。它可以综合解释凯恩斯需求理论中的财政政策与货币政策，是凯恩斯宏观经济学的核心。

（一）产品市场均衡与 *IS* 曲线

所谓产品市场均衡，也就是指产品市场上总需求等于总产出的状态。此时，根据我们前面的分析可知 $I=S$。那么此时的国民收入和利息率之间的关系如何呢？*IS* 曲线正是反映此时的国民收入和利息率之间关系的。它们的关系如图 7-4 所示呈反方向变动。

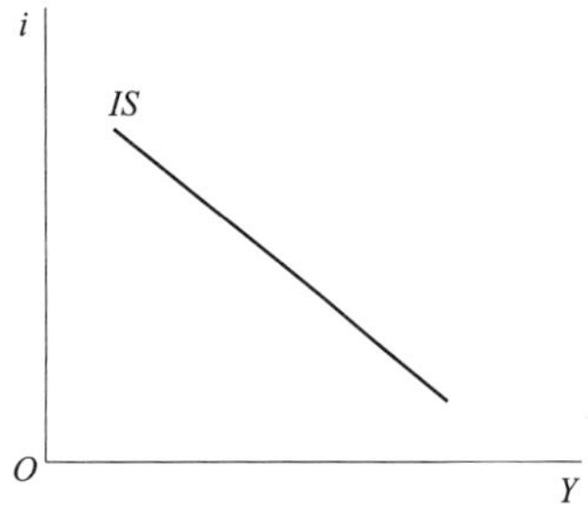

图 7-4 *IS* 曲线

在图 7-4 中，横轴 Y 代表国民收入，纵轴 i 代表利息率，在 *IS* 曲线上的任意一点都是 $I=S$，也就是实现了产品市场的均衡。此时 *IS* 曲线向右下方倾斜，说明利息率与国民收入呈反方向变动，即利息率增高则国民收入减少，利息率降低国民收入会增加。

产品市场上的利息率和国民收入的反方向变化关系是由于利息率和投资的关系决定的。根据前面的设定，总需求来自消费和投资两个领域。消费不会受到利息率变化的直接影响，但是投资却会受到影响，此时的投资水平不再是固定的，而是与利息率呈反方向变动。

在现实经济中，投资一般都要用贷款来实现，而贷款必须付出利息以作为货币的使用成本。如果利润率固定，当利息率提高时，投资者的利息成本增加，投资需求自然减少，因而导致总需求减少。而总需求又决定了国民收入，所以国民收入随之减少；反之，当利息率降低时，投资者的利息成本降低，投资需求增加，因而导致总需求增加，所以国民收入随之增加。

我们也可以用投资函数来说明这一点。这里将投资也分为两部分：一部分是不随利息率变化自发投资；另一部分则取决于利率，与利息率呈反方向变化，称为引致投资。则有

$$I=e-di \tag{7-24}$$

式中 I 代表总投资，e 代表自发投资，i 为利息率，而 d 为利息率变化对投资影响的系数，此处设定为一个常数。这样总需求的公式就可以写为：

$$Y=AD=C+I=a+bY+e-di \tag{7-25}$$

可得

$$Y=\frac{(a+e)-di}{1-b} \tag{7-26}$$

式中（$a+e$）称为自发总需求，b 为边际消费倾向，其取值范围为 $0<b<1$，因此我们得出 IS 曲线的斜率为负，所以国民收入 Y 与利息率 i 之间呈现如图 7-4 所示的反方向变化。

另外，自发总需求的变化，例如自发投资或者自发消费的变化，会使得 IS 曲线发生平行移动。当自发总需求增加时，IS 曲线会向右上方移动；而自发总需求减少时，IS 曲线会向左下方移动。如图 7-5 所示。

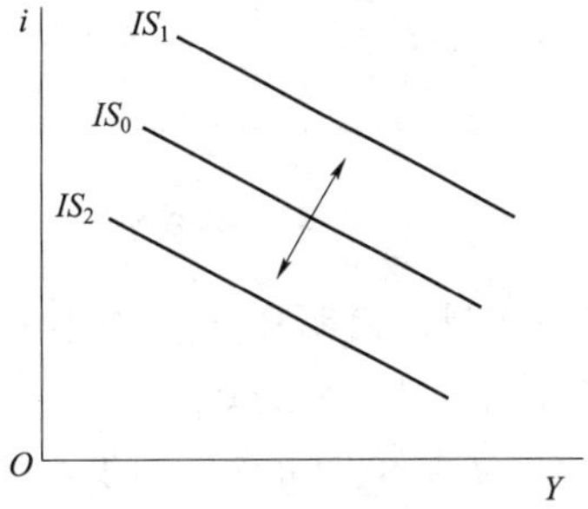

图 7-5 IS 曲线的移动

（二）货币市场均衡与 *LM* 曲线

货币市场均衡反映的是货币的供给与货币的需求相等的状态。货币的供给和需求共同决定了货币的实际利率。

货币的供给一般由国家货币当局（中央银行）加以控制，是一个外生变量。所以我们主要讨论货币的需求。

货币需求是由人们对货币的流动性偏好引起的，因此，货币需求又被称作流动性偏好。与其他资产相比，货币具有很强的流动性，即货币很容易与其他资产进行交换。正是货币的这种流动性，使人们对货币产生了偏好。流动偏好的动机主要有三种：一是交易动机；二是预防性动机；三是投机动机。

交易动机是指个人和企业为了进行正常的交易活动而需要货币的动机，由此产生的货币需求叫作货币的交易需求。预防性动机又叫谨慎动机，是指人们为预防意外支出而需要持有一部分货币的动机，由此产生的货币需求叫作货币的预防需求。货币的交易需求和预防需求都取决于国民收入，其在短期内是相对稳定的。为简化分析，我们用一个

字母 L_1 来代表这两种货币需求，它可以表示为：

$$L_1 = L_1(Y) \tag{7-27}$$

投机动机是指人们为了抓住各种投机机会（一般指购买有价证券）而需要持有一部分货币的动机，由此产生的货币需求叫作货币的投机需求。投机需求取决于投机的收益与成本，其成本就是利息。因此货币的投机需求和利息率呈反方向变化。我们用 L_2 来表示投机需求，则有

$$L_2 = L_2(i) \tag{7-28}$$

由于货币的均衡反映的是货币的供给与货币的需求相等的状态。我们用 M 表示货币的供给，L 表示货币的需求，则有

$$M = L = L_1(Y) + L_2(i) \tag{7-29}$$

从上式可以看出，当货币供给在短期内保持稳定不变时，如果货币的交易需求和预防需求（L_1）增加，为了保证货币市场均衡，则货币的投机需求（L_2）必然减少。即 L_1 与 L_2 成反方向变化。而 L_1 的增加又是国民收入增加的结果，L_2 的减少又是利息率上升的结果。因此，当货币市场实现均衡时，国民收入与利息率之间必然呈现同方向变化。我们用一条 *LM* 曲线来表示货币市场处于均衡状态时，国民收入和利息率之间的关系即如图 7-6 所示。

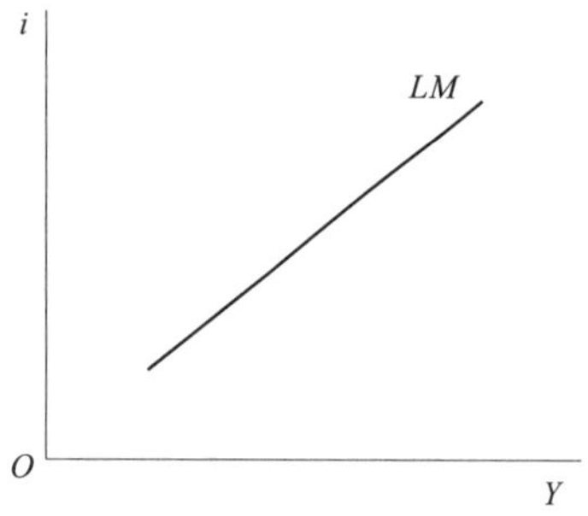

图 7-6　*LM* 曲线

在图 7-6 中，横轴 Y 和纵轴 i 依然代表国民收入和利息率，在 *LM* 曲线上的任意一点都是 $L = M$，也就是实现了货币市场的均衡。此时 *LM* 曲线向右上方倾斜，说明利息率与国民收入呈同方向变动，即利息率增高则国民收入增加，利息率降低国民收入会减少。

LM 曲线是由货币的供给和需求来决定的，所以货币的供给量、货币的投机需求、交易需求和预防需求的变化都会导致 *LM* 曲线如图 7-7 所示的移动。

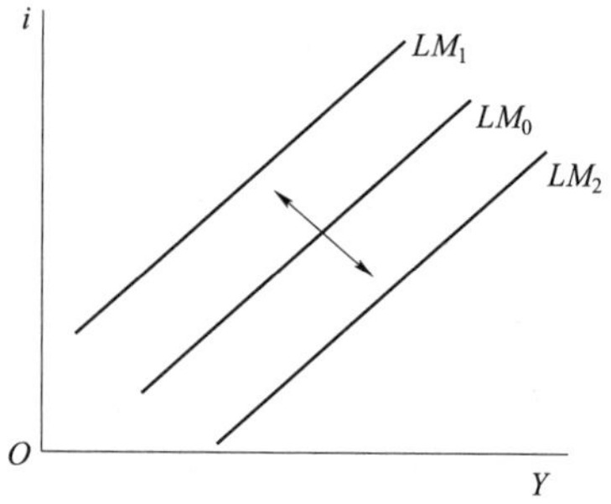

图 7-7　*LM* 曲线的移动

当货币供给增加时，既定收入对应的市场均衡利率下降，所以 *LM* 曲线向右下方移动；反之，货币供给量减少时，*LM* 曲线向左上方移动。当货币的投机需求增加时，如果其他情况不变则会使 *LM* 曲线向左上方移动，原因是同一利率水平上投机需求增加，交易与预防需求自然减少，从而要求国民收入水平下降。反之，货币投机需求减少时，*LM* 曲线将向右下方移动。而货币的交易与预防需求增加将使 *LM* 曲线向右下方移动，反之则向左上方移动。

以上变动因素中，货币的供给量是由国家货币当局控制的一个因素，可以通过这种

调节来调节利率和国民收入，这正是政府宏观货币政策的内容。

（三）产品和货币市场同时均衡与 *IS*-*LM* 模型

如果将 *IS* 曲线和 *LM* 曲线同时放入一个坐标系，就构成了 *IS*-*LM* 模型。*IS*-*LM* 模型反映了产品市场和货币市场同时达到均衡时国民收入和利息率的决定。如图 7-8 所示。

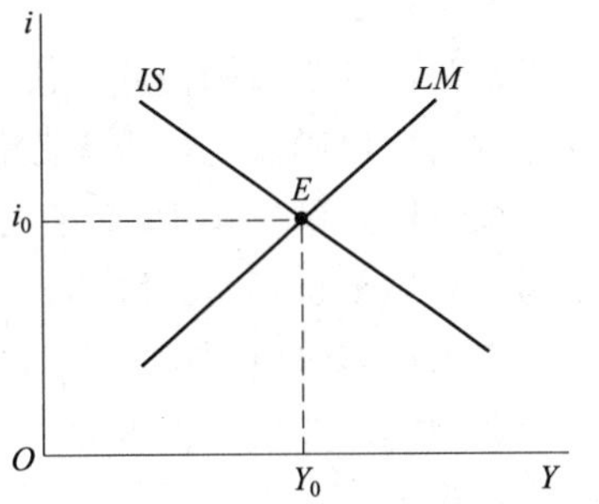

图 7-8 *IS*-*LM* 模型

在图 7-8 中，*IS* 曲线上任意一点都表示产品市场的均衡，即 $I=S$；*LM* 曲线上任意一点都表示货币市场的均衡，即 $L=M$。两条曲线相交于 *E* 点，在 *E* 点上则实现了两种市场的同时均衡，这决定了均衡的利息率水平 i_0 和国民收入水平 Y_0，而且也只有在利息率为 i_0 和国民收入为 Y_0 时，这两个市场才能同时达到均衡。

由于产品市场的自发总需求发生变化会使 *IS* 曲线发生平行移动，而货币的供给和需求发生变化则会使 *LM* 曲线发生平行移动，这就使得交点 *E* 会随之发生变化，进而影响国民收入和利息率。这就给宏观经济政策调控经济提供了理论支持。

当自发总需求增加时，*IS* 曲线会随之向右上方移动，如果 *LM* 曲线不变，则会导致均衡的利息率和国民收入都出现增长；反之，自发总需求减少，*IS* 曲线向左下方移动，如果 *LM* 曲线不变，则会导致均衡的利息率和国民收入都减少。如图 7-9 所示。

三部门经济中，政府财政支出由政府政策决定，在经济分析中可以看作一种自发性支出，构成自发总需求的一部分。因此，政府可以利用财政政策影响自发总需求的变化，进而达到实现调控经济的目的。

当货币的供给量增加时，*LM* 曲线将向右下方移动，如果 *IS* 曲线不动，则会使均衡的利息率下降，而国民收入增加；反之，自发总需求减少，*LM* 曲线将向左上方移动，如果 *IS* 曲线不动，则会使均衡的利息率升高，国民收入减少。如图 7-10 所示。

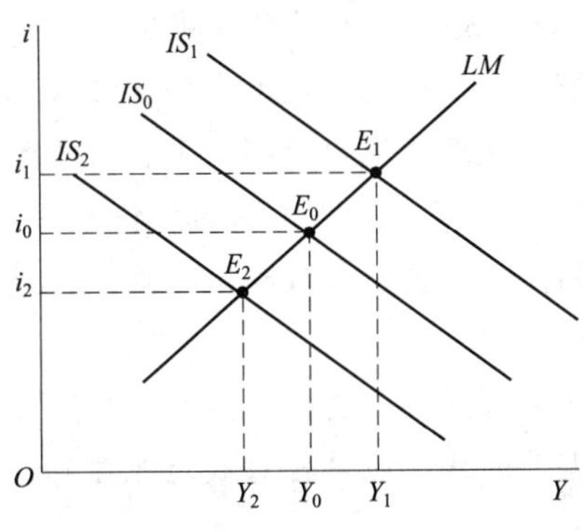

图 7-9 自发总需求变化产生的影响

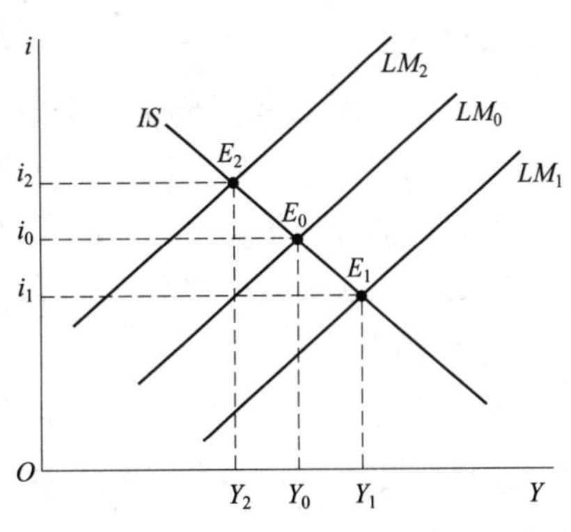

图 7-10 货币供应量变化产生的影响

货币的供应量由政府的货币当局的货币政策控制，所以政府就可以利用货币政策实现对货币供应量的调节，进而实现对经济的调控目标。

总之，*IS-LM* 模型分析了储蓄、投资、货币需求与货币供给对于国民收入和利率的影响。这一模型不仅精练地概括了凯恩斯主义的总需求分析，而且可以用来分析财政政策和货币政策对于国民收入和利息率的影响，然后用来指导财政政策和货币政策的实施。因此，这一模型被称作凯恩斯宏观经济学的核心。

四、总需求—总供给模型

在前面的简单国民收入决定模型和 *IS-LM* 模型中，我们假设价格水平固定不变以及总供给可以随着总需求无限伸缩。这只是在短期内需求不足时的状况，所以以上的分析结果可用来解决像 1929 年大危机时的经济萧条问题。在其他状况下，价格水平是变动的，总供给也不是无限的，所以我们必须用新的模型来分析经济的变化，于是我们提出总需求—总供给模型。在总需求—总供给模型中，我们将考虑价格的变动因素和总供给的变动因素，把总需求分析与总供给分析结合起来，说明总需求与总供给如何决定国民收入和价格水平。

（一）总需求曲线

总需求是经济社会在每一价格水平上对产品和服务的需求总量。总需求由消费需求、投资需求、政府需求和出口需求构成。我们用总需求曲线来表示产品市场和货币市场同时达到均衡时总需求和价格水平之间的关系。为了与后面总供给分析的一致性，其中总需求通常用产量（国民收入）来表示。总需求曲线在坐标系中向右下方倾斜，如图 7-11 所示。

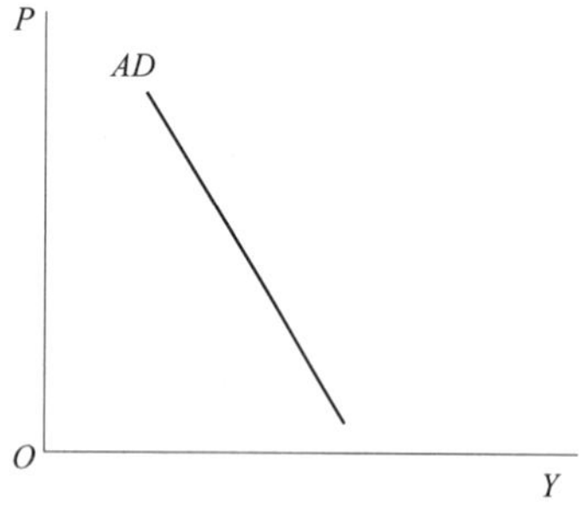

图 7-11　总需求曲线

总需求曲线向右下方倾斜有以下几方面的原因：第一，价格水平上升时，人们就需要更多的货币用于交易活动。如果货币供给没有增加，当货币的交易需求增加时，利率必然上升。这会使投资水平下降，进而使国民收入下降；第二，价格总水平上升，以货币表现的资产（如现金和存款）的购买力下降，人们的实际财富减少，导致人们的消费和投资支出下降，进而使国民收入下降；第三，价格总水平上升，导致人们的名义收入水平增加，这会使人们进入更高的纳税等级，从而使税收负担加重，可支配收入降低，人们的消费和投资因而下降，进而使国民收入下降；第四，国内物价水平上升，本国公民更愿意购买国外产品，而外国对本国产品需求减少，导致净出口减少，进而导致国民收入下降。

需要注意的是，价格水平变化虽然使国民收入出现同方向变化，但是往往国民收入的变化幅度远小于价格水平的变化幅度，所以总需求曲线一般是相对缺乏弹性或者说是陡峭的。

某些因素的变动会引起总需求曲线的移动，例如自发总需求的变动。当自发总需求增加时，总需求曲线向右上方移动，表明在价格水平既定的条件下，自发总需求由于其他原因增加了。反之，当自发总需求减少时，总需求曲线向左下方移动，表明在价格水平既定条件下，自发总需求由于其他原因减少了。如图 7-12 所示。

（二）总供给曲线

总供给是经济社会的总产出水平，它描述经济社会的基本资源用于生产时可能有的产出水平。总供给一般是由劳动、资本以及技术水平三方面决定的。我们用总供给曲线表示产品市场和货币市场同时达到平衡时，总供给和价格水平之间的关系。它反映在一定价格水平时，社会所有厂商愿意提供的产品和服务的总和。

总供给取决于资源的利用情况。在不同资源利用情况下，总供给曲线，即总供给与价格水平之间的关系是不同的。如图 7-13 所示。

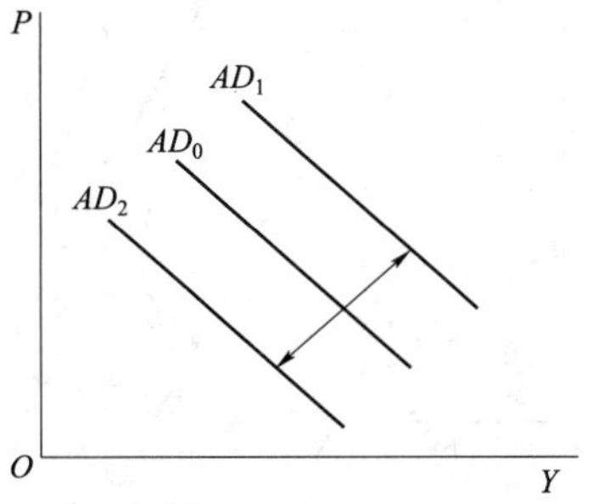

图 7-12 总需求曲线的移动

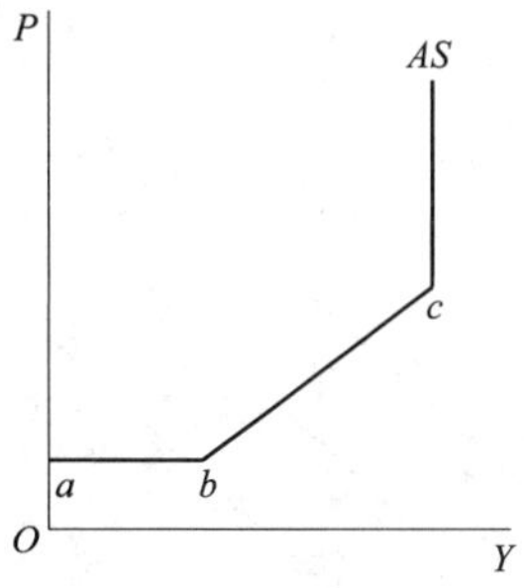

图 7-13 总供给曲线

在图 7-13 中，a 与 b 之间是一条与横轴平行的直线，这意味着在价格水平没有变化的条件下，国民收入水平可以自由伸缩，这是因为在这个区间没有实现充分就业、资源还没有得到充分利用。这条水平的总供给曲线是未充分就业时的总供给曲线。这个区间满足简单的国民收入决定模型和 *IS-LM* 模型分析的情况，正是凯恩斯需求理论分析的供给区间，所以被称作凯恩斯区间或凯恩斯主义总供给曲线。这是一种超短期的情况。

b 与 c 之间是一条向右上方倾斜的曲线。它表示总供给和价格水平呈同方向变化，也就是随着国民收入的增加，价格水平呈现上升趋势。这是在充分就业前或资源接近充分利用情况下，产量增加使生产要素价格上升、成本增加，最终使得价格水平上升。这种情况是短期的，又是经常出现的，所以此区间曲线被称作短期总供给曲线或正常的总供给曲线。

在 c 点以上，总供给曲线是一条垂直于横轴的直线，表明无论价格如何变化，总供给无法实现继续增加，这是因为资源已经得到充分利用，即实现了经济中的充分就业。这是一种长期的趋势，所以，此区间曲线被称作长期总供给曲线。请注意，此处所谓的长期也是一个相对的概念，如果从一个更长的时期来看，充分就业时的总供给也有可能因为新资源的发掘、人口的增长或者技术的进步而发生变化，这就是经济增长所要研究的问题。

在资源既定的条件下，即潜在的国民收入水平不变的条件下，凯恩斯主义总供给曲线和长期总供给曲线是不变的；但是短期总供给曲线是可以随着一些经济要素的变化而变动的。例如，当技术进步等因素引起总供给增加时，将会导致短期总供给曲线向右下方移动；而当资源减少引起总供给减少时，将会导致总供给曲线向左上方移动。如图 7-14 所示。

（三）总需求—总供给模型及总需求曲线变动的影响

把总需求曲线和总供给曲线结合到一个坐标系中，就构成了总需求—总供给模型。该模型可以用来说明国民收入和价格水平之间的关系。总需求曲线与总供给曲线的交点对应着均衡的国民收入水平和均衡的价格水平。如图 7-15 所示。

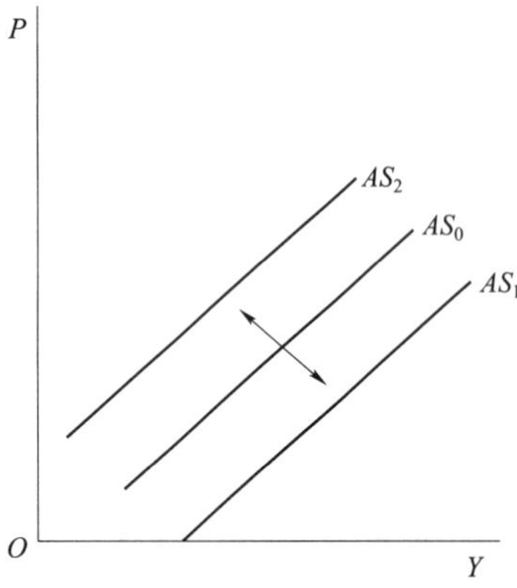

图 7-14 短期总供给曲线的移动

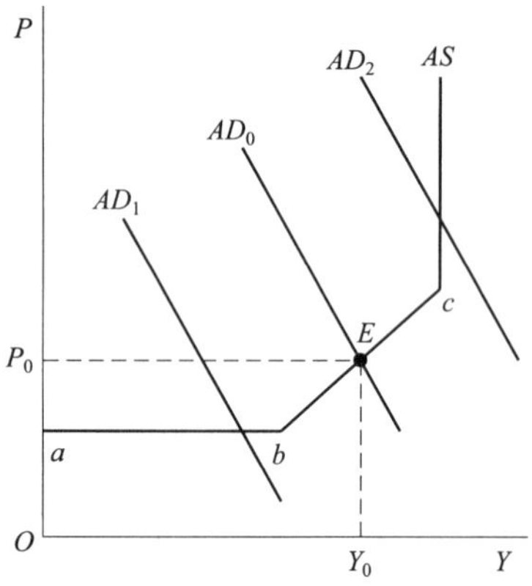

图 7-15 总需求—总供给模型及总需求曲线变动的影响

在图 7-15 中，总需求曲线 AD_0 和总供给曲线相交于 E 点，决定了此时的国民收入水平 Y_0 和价格水平 P_0，此时的总供给曲线处于短期总供给曲线范围内，如果总需求增加，则会引起国民收入水平和价格水平同时上升；如果总需求减少，则国民收入和价格水平同时下降。如果总需求曲线和总供给曲线交于凯恩斯主义总供给曲线范围内（如 AD_1），总需求的变化将不会引致价格的变化，而只会使国民收入发生同方向的变化；如果总需求曲线和总供给曲线交于长期总供给曲线范围内（如 AD_2），总需求的变化将不会对国民收入产生影响，而只会影响价格水平的变化。

（四）短期总供给曲线变动对国民收入和价格水平的影响

当总供给曲线处于凯恩斯区间时，由于价格水平不会变化，总供给可以自由伸缩，所以此时的总供给曲线不会出现移动；同样在长期总供给曲线区域，由于社会产出（国民收入）是有限的，价格可以自由收缩，此时的总供给曲线也是不能移动的。唯有总供给在短期总供给曲线区间时，如果总需求不变，总供给增加会导致总供给曲线向右下方移动，即国民收入增加，同时价格水平下降；而总供给减少会导致总供给曲线向左上方移动，即国民收入减少，同时价格水平上升。如图 7-16 所示。

总需求—总供给模型可用于解释经济的萧条、高涨、滞胀等短期经济波动的原因，还可以表现长期充分就业的国民收入和价格水平的变动趋势。所以该模型是分析宏观经济情况与政策的一种很有用的工具。

国民收入决定理论是宏观经济学的核心。它为分析各种宏观经济问题提供了一种重要的工具。后面对于失业、通货膨胀、经济周期、经济增长等问题的分析都是建立在国民收入决定理论之上的，都是国民收入决定理论在实际经济问题上的运用。

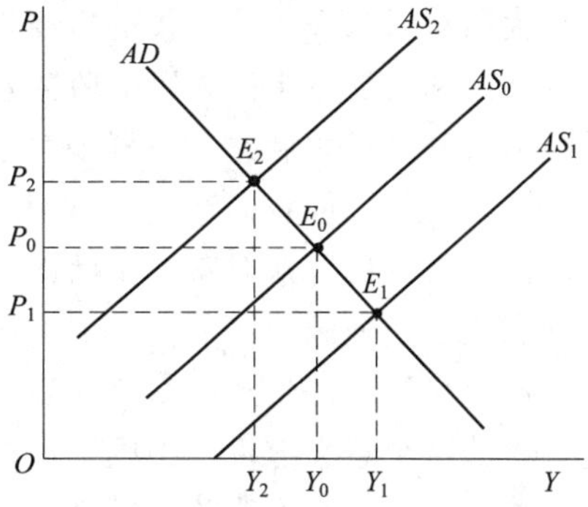

图 7-16　短期总供给变动的影响

互动训练

课堂讨论——分析 2010 年以来居民消费支出、政府购买支出、国内投资支出和净出口分别在各年度 GDP 所占的比例与变化

项目要求：

1. 以小组为单位，收集 2010 年以来居民消费支出、政府购买支出、国内投资支出和净出口分别在各年度 GDP 所占比例的数据。

2. 整理数据资料，并通过折线图的形式表现出这期间对应的数据变化趋势。

3. 根据变化趋势，结合国情，分析当年我国的经济发展策略。

4. 将所得到的结论制作用于报告的 PPT，小组间交流分享。

5. 教师点评、归纳总结。

学以致用

党的二十大报告中提出，我们要坚持以推动高质量发展为主题，把实施扩大内需战略同深化供给侧结构性改革有机结合起来，增强国内大循环内生动力和可靠性，提升国际循环质量和水平，加快建设现代化经济体系，着力提高全要素生产率，着力提升产业链供应链韧性和安全水平，着力推进城乡融合和区域协调发展，推动经济实现质的有效提升和量的合理增长。

进一步明确了扩大内需对未来经济增长的重要性。

新京智库：党的二十大报告中提出的有关经济发展和扩大内需的表述，有哪些新意？

海闻：从经济学者的角度来看，党的二十大报告对于经济发展和扩大内需的表述中的新意之一是强调“高质量”。报告高度强调和重申“高质量发展是全面建设社会主义现代化国家的首要任务”，意味着中国未来发展要从重视“数量”转向提升“质量”，从“规模扩张”转向“结构升级”，从满足“最大”转向追求“最强”。这对各级政府和企业在未来制定发展规划都具有重要的指导作用。

新意之二是提出了扩大内需同深化供给侧结构性改革的有机结合。这不仅进一步明确了扩大内需对未来经济增长的重要性，也指出了满足内需的重要保障。经过40多年的改革开放和发展，中国人民的收入水平和消费水平都达到了一个新的阶段，在基本的物质生活得到满足之后，人民群众对健康、教育、环境、文化以及高质量的产品和服务的需求不断增加，但我们在这些方面的供给还不能跟上。因此，加快和深化供给侧结构性改革以满足人民群众对美好生活的需求非常必要。

新意之三是强调要“着力提高全要素生产率”。全要素生产率是用来衡量除去所有有形生产要素以外的生产率。全要素生产率的提高主要来自技术进步、效率改善、规模效应等。从这个意义上说，中国未来的发展不能光依赖于生产要素的不断投入，而要更加注重技术进步、制度改革、管理效率提升等在经济发展中的作用。

资料来源：节选自柯锐《海闻：二十大进一步明确了扩大内需对未来经济增长的重要性》（新京报官方微博，2022-10-21）。

根据以上资料，请回答：

1. 党的二十大报告中提出的“扩大内需”与本模块学习的国民收入的决定理论有什么内在联系？

2. 请用本模块学习的内容，解释你对“深化供给侧结构性改革”的理解。

拓展阅读

科学认识“双循环”新发展格局

加快构建以国内大循环为主体、国内国际双循环相互促进的新发展格局，这是以习近平同志为核心的党中央科学应对世界百年未有之大变局、重塑竞争格局、开拓发展新局的战略部署，是对我国全面建成小康社会、实现第一个百年奋斗目标之后，乘势而上开启全面建设社会主义现代化国家新征程、向第二个百年奋斗目标进军的方向性指引。

从纵向看，改革开放以来，我国积极融入国际大循环，基本形成了欧美作为金融研发消费中心、中国作为生产制造中心、一些资源能源大国作为资源品输出中心的全球经济大循环模式。目前，我国经济体量已经很大，然而，继续作为“世界工厂”、处于价值链中低端国际分工地位、简单参与国际大循环已难以为我国经济持续健康发展提供强劲动力，现实迫切需要我们更多依靠国内大循环，为未来的经济发展提供更强的内生动力。

从横向看，在世界范围内，没有一个大国是以外循环为主体的。国际经济学界主流观点认为，一个大国经济依靠内需驱动才能获得稳定长远发展。特别是今年新冠疫情全球大流行加速世界变局，贸易保护主义上升、世界经济低迷、全球市场萎缩已经打乱了经济全球化的节奏，尽管中国依靠自身对疫情有效的防控而率先复工复产，给世界经济注入一针强心剂，但一国的经济是难以独善其身的。党中央科学把握国际大势和国内大局，提出加快形成以国内大循环为主体、国内国际双循环相互促进的新发展格局，对于建设经济强国、带动世界经济复苏具有重要意义。

“双循环”是对一个国家经济运行格局的客观描述。任何一个国家，只要有对外贸易，都会有“双循环”，不同之处在于以哪一种循环为主。党中央明确提出加快形成以国内大循环为主体、国内国际双循环相互促进的新发展格局。这给我们两个启示：一是我们将更加注重国内大循环，并将其作为国内经济持续发展的主要动力来源；二是在强调国内大循环的同时，要实现国内国际双循环相互促进，绝不是闭关锁国、主动脱钩，而是进一步扩大对外开放。简言之，“双循环”就是谋求更高质量的国内大循环、更高水平的国际循环。

资料来源：科学认识“双循环”新发展格局．新华网，2020-11-09.

单元感悟

知识方面：

素养方面：

【模块知识自测】

1. 在下列四种产品中应该计入今年国内生产总值的是（　　）。

A. 今年生产的拖拉机

B. 去年生产而在今年销售出去的拖拉机

C. 某人去年购买而在今年转售给他人的拖拉机

D. 去年生产而在今年仍未销售的拖拉机

2. 某国的 GNP 大于 GDP，说明该国居民从外国获得的收入与外国居民从该国获得的收入相比的关系是（　　）。

A. 前者大于后者　B. 前者小于后者　C. 前者等于后者　D. 无法判断

3. 今年的名义国内生产总值大于去年的名义国内生产总值，说明（　　）。

A. 今年物价一定比去年高

B. 今年生产的物品和劳务的总量一定比去年增加了

C. 今年的物价水平和实物产量水平一定都比去年提高了

D. 以上三种说法都不一定正确

4. 在一个四部门的经济中，GDP 是（　　）的总和。

A. 消费、总投资、政府购买和净出口　B. 消费、净投资、政府购买和净出口

C. 消费、总投资、政府购买和总出口　D. 工资、利息、地租、利润和折旧

5. 根据消费函数，引起消费增加的因素是（　　）。

A. 价格水平下降　B. 国民收入增加　C. 储蓄增加　D. 利率提高

6. 在以下情况中，乘数最大的是（　　）。

A. 边际消费倾向，其值为 0.6　B. 边际消费倾向，其值为 0.4

C. 边际消费倾向，其值为 0.75　　D. 边际消费倾向，其值为 0.20

7. 引起 IS 曲线向左方移动的原因是（　　）。

A. 政府决定修建一条高速公路　　B. 政府决定降低个人所得税

C. 中央银行降低贴现率　　D. 本国汇率升值

8. 在 *IS* 曲线和 *LM* 曲线的交点，（　　）。

A. 实际支出等于计划支出

B. 实际货币供给等于实际货币需求

C. *Y* 值和 *r* 值同时满足产品市场均衡和货币市场均衡

D. 以上都对

9. 若中央银行在政府增税的同时减少货币供给，则（　　）。

A. 利率必然上升　　B. 利率必然下降

C. 均衡的收入水平必然上升　　D. 均衡的收入水平必然下降

10. *AD-AS* 模型是在 *IS-LM* 模型的基础上推导出来的，它改变的一个基本假设是（　　）。

A. 投资由利率决定　　B. 货币需求受利率和收入的影响

C. 价格不变　　D. 充分就业

【知识梳理】

请大家通过复习，梳理出本模块的知识脉络图。

模块八

权衡失业与通货膨胀

【知识目标】

1. 掌握通货膨胀的含义及其价格指数，了解通货膨胀的分类。
2. 了解通货膨胀的经济效应。
3. 掌握充分就业的含义，了解失业的含义与分类。

【能力目标】

1. 能够计算失业率和通货膨胀率。
2. 能够结合失业和通货膨胀的知识分析当前就业和物价问题。

【思政目标】

1. 引导在校大学生提高忧患意识，清楚认识复杂的就业创业形势，扎实学习知识和技能，提高自身的综合能力和素质。
2. 结合宏观经济政策的目标，深入分析我国在应对通货膨胀方面的政策。

【故事导入】

幸福指数与痛苦指数

幸福和痛苦是我们每个人都会有体会的两种截然相反的感受。当你幸福或痛苦的时候有没有想过把它们用具体的数字表现出来？经济学家们这样做了。幸福指数最早是由美国经济学家萨缪尔森提出来的，他认为幸福等于效用与欲望之比，用公式表示：幸福=效用/欲望。幸福指数衡量的是个人的主观愿望，每个人认为自己幸福与否和自己的欲望及效用有关。

与幸福指数衡量个人主观愿望不同，痛苦指数是用来衡量宏观经济状况的一个指数。它等于通货膨胀率加上失业率。这个指数说明人们对宏观经济状况的感觉，指数越大人们就越会感到遗憾或痛苦。在失业与通货膨胀中人们往往更注重失业状况。根据美国耶鲁大学学者的调查，人们对失业的重视程度是通货膨胀的6倍，因此人们对政府不欢迎程度的指数就等于6乘上失业率加通货膨胀率。这一指标越高，政府越不受欢迎，该届政府获得连任的机会就越少，所以各国政府都把降低失业率当作重要的工作目标。

在1976年美国总统竞选活动时，候选人吉米·卡特利用痛苦指数在激烈竞争中脱颖而出。当时，其口号是"为这个国家痛苦指数贡献颇多的人是没有资格来竞选总统的"，当时痛苦指数为13.75。但颇具讽刺意味的是卡特在连任竞选时的痛苦指数竟高达21.98的历史高位，罗纳德·里根只问选民一句"你的日子比4年前好过吗"，就赢得大选。正所谓"成也萧何败也萧何"。

资料来源：王爱红，刘东波．经济学基础．北京：机械工业出版社，2014.

单元一　为什么有的大学毕业生找不到工作?

【情景教学】

一、准备教学道具

在招聘网站上搜索与授课学生专业相关的5份招聘启事。

二、教学目的

通过简单模拟找工作的过程让学生理解什么是失业？思考失业是什么原因造成的？

三、教学活动组织

1. 邀请5名同学担任招聘公司的人事部主管，负责招聘。
2. 其他的学生可以根据自己的专业和兴趣选择应聘。
3. 找到工作的同学和没有找到工作的同学都谈一谈自己的感受和体会。

四、活动总结

1. 什么是失业？为什么会存在失业？

2. 社会当中的失业是由哪些因素造成的？

【故事导入】

人社部启动2024年百日千万招聘专项行动

为深入贯彻习近平总书记重要讲话精神，落实党中央、国务院关于促进高校毕业生等青年就业工作决策部署，强化就业服务，畅通求职招聘渠道，提高对接匹配效率。近日，人社部启动2024年百日千万招聘专项行动，以“职引未来 筑梦青春”为主题，利用100天时间集中为高校毕业生等群体提供超千万就业岗位，助力高校毕业生及各类劳动者求职就业。

多元拓展岗位渠道。广泛收集重点企业、政府投资项目、产业园区等招聘岗位信息。掌握本地基层服务项目、基层管理和社会服务等岗位空缺情况，集中发布。动员经营性人力资源服务机构、行业协会广泛参与，重点筛选一批适合高校毕业生等青年学历层次、技能水平的岗位信息。

大力推进直播带岗。举办“分主题、分行业、分群体直播带岗”“跨省、跨地区联动直播带岗”“人社（就业）局长进直播间”活动，强化求职招聘服务。活动期间，各省人社部门每周至少组织一场直播带岗活动。

推出网络招聘专区。在中国公共招聘网、中国国家人才网、就业在线和各地公共招聘网络平台开设“2024年百日千万招聘专项行动”专区，设立岗位信息发布、特色专场招聘、直播带岗、职业指导云课堂等专栏，提供网上服务。

统筹线下招聘活动。聚焦产业发展前沿领域，开展数字经济、绿色经济、银发经济等行业性专场招聘活动。聚焦国家区域发展战略，在高校毕业生较集中的地区，开展区域性专场招聘活动。聚焦高校毕业生等青年，兼顾其他各类群体求职需求，开展群体性专场招聘活动。

整合资源多方联动。动员中国纺织工业联合会、中国有色金属工业协会、中国汽车行业协会、中国快递协会、中国轻工业联合会、中国建筑业协会、中国保险行业协会、中国连锁经营协会等行业协会，中国国际技术智力合作有限公司、国投集团、智联招聘、猎聘网、BOSS直聘、前程无忧、一览英才网、丁香园、医脉同道、美团、蚂蚁集团、快手、阿里国际站等市场服务机构全程参与，推出面向不同行业、不同区域和不同群体的针对性就业服务。

6月7日至16日，百日千万专项招聘行动首周将推出互联网、医药卫生、金融、能源制造4个线上招聘专场，共有2.6万家用人单位提供25.9万个岗位。

资料来源：人力资源和社会保障部，https://www.mohrss.gov.cn/wap/xw/rsxw/202406/t20240611_520031.html.

【经济学原理】

一、失业的概念和衡量

（一）失业的概念

失业（Unemployment）是指符合法定工作条件、有工作愿望的人，愿意接受现行工资且正在寻找工作但还没有找到工作的经济现象。符合法定工作条件、有工作愿望、愿意接受现行工资且正在寻找工作但还没有找到工作的人，就是失业者。

把握失业的含义，必须注意两点。

第一，符合法定工作条件。失业者是相对于具有某种工作条件来说的人，比如达到法定的劳动年龄、具有劳动能力和劳动技能等。如果一个人没有工作过程中所需要的工作能力，没有劳动技能，虽然没有工作，也不属于失业者。

第二，有工作的愿望且接受现行的工资。对于有工作愿望且接受现行工资水平的人来说，尽管积极寻找工作但仍然没有找到工作，就属于失业者。如果没有工作的愿望，或虽然有工作愿望但不接受现行的工资水平而没有工作的人，不属于失业者。但是，有工作能力而没有工作，毕竟是一种劳动力的闲置。为了把这种劳动力的闲置与失业区别开，经济学把符合工作条件但不按现行工资寻找工作的人叫作自愿失业者，而把有工作愿望且接受现行工资水平、正在积极寻找工作但仍然没有找到工作的失业者叫作非自愿失业者。

（二）失业的衡量

失业的状况通过失业率来衡量。失业率（Rate of Unemployment）是失业人数（失业量）与劳动力总量（劳动总量）的比例。因此，失业率取决于劳动总量、就业人数（就业量）。失业量=劳动总量-就业量。用 N 表示就业量，U 表示失业量，L 表示劳动总量，n 表示就业率，u 表示失业率，那么有

$$n=\frac{N}{L} \tag{8-1}$$

$$u=\frac{U}{L} \tag{8-2}$$

这样，失业率 u 可以通过就业率 n 得到，因为 $u=1-n$。同样，知道了失业率 u，也可以得到就业率 n。因此，研究失业问题，实际也是研究就业问题。减少失业，就是扩大就业。

二、失业的类型

经济学家们通常将失业分为三种：自然失业、周期性失业和隐蔽性失业。

（一）自然失业

自然失业（Natural Unemployment）是指由于经济中某些难以预料的原因所引起的失业。在任何动态市场经济中，这种失业都是必然存在的。现代经济学家按引起失业的具体原因把自然失业分为以下几种类型。

1. 摩擦性失业

即使劳动力市场处于均衡或充分就业状态，仍然存在着一定程度的失业。这种产生于劳动力正常周转的失业被称作摩擦性失业（Frictional Unemployment）。

产生摩擦性失业的主要原因有：劳动力市场是不断变动的，信息并不是非常完备的，而且寻找工作的人和拥有工作空位的雇主发现对方都需要一定的时间相互了解。即使劳动力的人数保持不变，在每一个时期都会有一批新的人员进入劳动力市场寻找工作，同时也有一些在工作的或失业的人退出劳动力市场。一些人为了找到更好的工作而辞去现有的工作。更多的情况是，对企业产品需求的偶然波动会导致一些企业倒闭而引起工人失业，与此同时，又出现一些新的企业提供新的就业机会。求职者的情况和工作的性质等信息不能很快地被知晓或评价，使得求职者和潜在的雇主必须花一定的时间才能找到合适的工作和人选。因此，总的来看，即使劳动力需求等于劳动力供给时，摩擦性失业仍然是存在的。摩擦性失业经常被看作是一种“自愿失业”。

2. 结构性失业

当劳动力需求发生了变化，使同一地区对劳动力技能的需求与供给不一致，或引起不同地区间劳动力需求与供给的不平衡时，就出现了结构性失业。所谓结构性失业（Structural Unemployment），就是指在某一地区或某一产业所需的工作岗位数下降所产生的失业。如果工资是完全自由浮动的而且工作变动或迁移的成本很低，那么市场通过调整很快就可以消除这种失业。但现实并非如此，故结构性失业也就始终存在着。

与摩擦性失业相比，结构性失业问题要严重得多。因为摩擦性失业的失业者能胜任可能获得的工作，而结构性失业的失业者却不具备这种条件。

3. 求职性失业

求职性失业（Search Unemployment）是指工人不满意现有的工作，离职去寻找更理想的工作所造成的失业。

这种失业的存在主要是因为劳动力市场的不同质性，即使是完全相同的工作也存在着工资和其他条件的差异，而且由于劳动力市场信息的不对称性，使得每一个工人不一定可以得到完全的工作信息。工人在劳动力市场上得到的信息越充分，就越能找到理想的工作。工人在寻找理想工作期间的失业就是求职性失业。这种失业也是劳动力流动的结果，但它又不同于摩擦性失业。因为这种劳动力的流动，不是经济中难以避免的原因引起的，而是工人自己造成的，属于自愿失业的性质。这种失业人口中青年人占的比例最大，因为青年人往往不满现状，渴望找到更适合自己的工作。

4. 技术性失业

技术性失业（Technical Unemployment）是指由于技术进步所引起的失业。在经济增长过程中，技术进步的必然趋势是生产中越来越广泛地采用了资本、技术密集型技术，越来越先进的设备替代了工人的劳动，这样，对劳动需求的相对减小就会使失业增加。此外，在经济增长过程中，资本品相对价格下降和劳动力价格相对上升也加剧了机器取代工人的趋势，从而也加重了这种失业。属于这种失业的工人都是文化技术水平低，不能适应现代化技术要求的工人。

还有其他一些由于不同原因引起的自然失业，这里就不一一介绍了。

（二）周期性失业

周期性失业（Cyclical Unemployment）是指经济周期中的衰退或萧条时期因总需求下降而造成的失业。经济增长具有周期性，当经济增长处于高涨阶段时，就业量增加，失业量减少；经济增长处于下降阶段时，就业量减少而失业量增加。周期性失业就是凯恩斯所说的非自愿失业。他用紧缩性缺口解释周期性失业产生的原因。

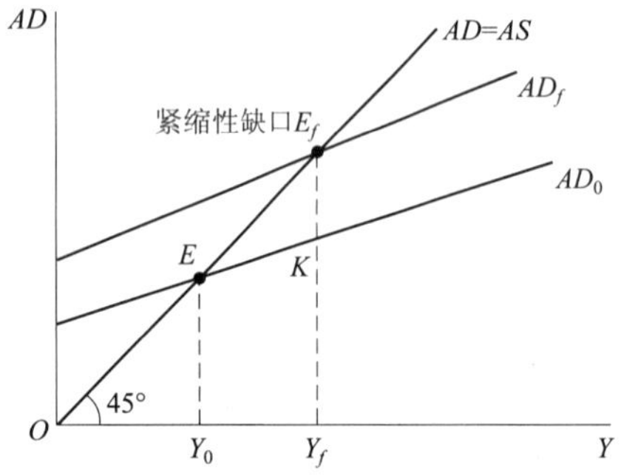

图 8-1　紧缩性缺口与周期性失业

紧缩性缺口是指实际总需求小于充分就业时的总需求时，实际总需求与充分就业总需求之间的差额。如图 8-1 所示。

横轴 Y 代表国民收入，纵轴 AD 代表总需求。当国民收入为 Y_f 时，经济中实现了充分就业，Y_f 为充分就业时的国民收入。实现这一国民收入水平所要求的总需求水平为 AD_f，即充分就业时的总需求。但现在的实际总需求为 AD_0，这一总需求水平决定的国民收入为 Y_0，$Y_0<Y_f$，这就必然会引起失业。$Y_0<Y_f$ 是由于 $AD_0<AD_f$ 造成的。因此，实际总需求 AD_0 与充分就业总需求 AD_f 之间的差额（图中为 E_fK），就是造成这种周期性失业的根源。这种失业是由总需求不足引起的，故而也称为需求不足的失业。

按照凯恩斯的说法，当实际的总需求小于充分就业的总需求时，消费疲软，市场不旺，造成企业投资减少从而减少雇用人员而形成周期性失业。通货紧缩时期的失业也可看作是周期性失业。

（三）隐蔽性失业

隐蔽性失业（Disguised Unemployment）是指表面上有工作，实际上对生产并没有做出贡献的人，即有“职”无“工”的人。

处于这种失业状态劳动者表面上就业而实际上从事与其教育水平或能力不相符的工作，在市场经济中，由于经济衰退等原因，熟练工人被迫去做半熟练的工作，或半熟练的工人被迫去做无须任何技能的工作，受过高等教育的人员找不到相应的工作的情况更为常见。不发达国家的隐蔽性失业现象要比发达国家严重得多。

三、失业的影响

（一）奥肯法则

奥肯法则是美国经济学家阿瑟·奥肯提出来的失业率上升与经济增长率下降相互关

系的原理。奥肯法则指出，实际 GDP 相对潜在 GDP 每下降 2%，失业率就上升 1%。反之，实际 GDP 增加 2%，失业率就下降 1%。比如，假定某一时期的 GDP 等于潜在 GDP，失业率为 4%，当 GDP 下降 4%时，使现期的 GDP 为潜在 GDP 的 96%，那么失业率就会上升 2%，即由原来的 4%上升至 6%。

奥肯法则揭示了失业与经济增长之间的内在关系。失业的变动引起经济增长的变动，同样，经济增长的变动也引起失业的相应变动。从失业增加引起经济增长减少的角度看，奥肯法则其实说明了失业对经济带来的损失。

（二）失业的经济影响

1. 失业对家庭的影响

失业增加使失业者的家庭收入和消费受到消极影响。失业后，家庭收入急剧下降，消费支出也随之下降。

2. 对厂商的影响

失业增加后，厂商产品的销售市场萎缩，有效需求下降。于是产出降低，生产能力闲置，利润率开始下降。厂商面临如此境况，就减少投资需求，减少新生产能力的形成。

3. 对国民经济的影响

失业增加后，由于家庭消费减少和厂商投资下降，整个国民经济的增长受到抑制。

（三）失业的社会影响

失业不仅会给社会带来很大的经济损失，而且会给人们带来极为沉重的心理负担，这种负担是无法用金钱来衡量的。

有关美国公共健康的研究表明，失业会导致身体和心理健康的退化：较多的心脏病、酗酒和自杀。研究这个问题的杰出专家希伦纳博士估计，连续 6 年失业率上升 1 个百分点会导致 3.7 万人过早死亡。对许多人来说，非自愿失业会对他们造成非常严重的心灵创伤。

另外，失业会导致个人的尊严受损，会导致家庭关系紧张，会导致生活水平下降和疾病增多，失业还会导致犯罪增多和社会秩序的混乱。

四、失业的治理

（一）对摩擦性失业的治理

产生摩擦性失业的主要原因是劳动力市场不断变动和信息不是很完备。在这两种条件的约束下，劳动力的流动就需要一定的时间，因而摩擦性失业就不可避免。

根据摩擦性失业的这种情况，可以通过缩短选择工作的时间来减少摩擦性失业。例如，可以通过增设职业介绍所、青年就业服务机构和建立人才库网站以更多的途径传播有关就业的信息等方法达到减少摩擦性失业的目的。

（二）对结构性失业的治理

经济增长的过程必然伴随着经济结构的变化，而经济结构的变化又会导致结构性失业。所以，我们必须辩证地看待结构性失业的治理。

一般来说，有两种不同的方法减少结构性失业。一是试图阻止或至少是减缓导致结构性失业的经济结构变化。几个世纪以来，许多国家的政府和工会通过阻止或减缓经济结构变化来减轻失业的威胁，从长远的利益看，这一个举措是得不偿失的；二是接受伴随经济增长的经济结构变化并设计出使经济更适应这种变化的政策。结构性失业的主要原因是劳动力不能适应经济结构变化后的工作，故可通过对受结构性失业威胁的人进行教育培训的方法来解决这一问题。另外，可以通过帮助劳动力迁移，使劳动力很容易在不同的工作与地域之间流动，以此来降低结构性失业。应当承认，我国目前面临着巨大的结构性失业的压力。

对于摩擦性失业和结构性失业，只能降低其程度而不可能完全消除。

（三）周期性失业的治理

周期性失业是由于“有效需求”不足所引起的。对于这种失业，按照凯恩斯的观点，只要国家积极干预经济，设法刺激“有效需求”，并以实现“充分就业”为目的，就能够实现充分就业。他提出的重要措施是：刺激私人投资，为个人消费的扩大创造条件；促进国家投资。现在人们一般认为，可以通过扩张性的财政政策或货币政策来刺激总需求，以消除由于总需求不足所造成的周期性失业。

互动训练

辩论赛——人工智能会引发失业潮吗？

2016 年 3 月，世界顶级围棋棋手李世石与谷歌计算机围棋程序“阿尔法围棋”（AlphaGo）之间的围棋人机大战吸引了全世界的目光，使人工智能成为坊间热议的一个话题，并渗透到我们工作生活中的诸多领域。从“无人车”“无人商店”到“机械人客服”和“机械人金融分析师”等，人工智能越来越普及，逐渐取代了人类的部分工作。毋庸置疑，人工智能因其超强的信息处理能力能够适应各种复杂的工作环境已成为当前炙手可热的技术和产业，未来新经济领域发展中人工智能的广泛应用能推动多行业的相关创新，与现代农业、高端制造、信息科技、新能源产业、交通产业、生物医药产业、教育医疗产业、社会服务相结合将开辟崭新的经济增长空间，会给人们的生活带来巨大的改变。但是，在引领人工智能前沿的西方发达国家，也有不少人士表达了对人工智能发展的担忧甚至是反对。其中的顾虑主要来自机器对人替代的恐慌：人工智能的强势崛起也引起了不少人的惶恐——人工智能发展如此迅猛，我将来会不会被下岗？它会带来大规模失业吗？

项目要求：

1. 阅读背景材料。

2. 学生分成偶数组，两两辩论，双方各自持有不同观点，进行讨论和资料准备。

3. 辩论赛：人工智能会引发失业潮吗？

4. 教师主持辩论赛，并选出获胜者，进行点评。借此让学生充分讨论科技对未来就业的影响。

学以致用

隐蔽性失业最明显的表现，就是一个单位里“一个人的活，三个人干”，机构臃肿，人浮于事。如一个经济中有 5 000 万工人，如果减少 500 万工人而国内生产总值并不减少，则说明经济中存在着 10% 的隐蔽性失业。

失业率是当今社会最为关注的民生问题，西方各国政府每到选举换届的时候，他们的候选人都会提出控制失业的目标。根据统计，美国在 1932 年、1960 年、1980 年、1992 年的衰退时期，高失业率都使执政党失去总统的宝座，而在 1964 年、1972 年、1984 年、1996 年这样的低失业率的繁荣年份，执政党都会得以连任。可见失业率在各国政府心目中的重要性。失业率的高低可以体现政府的执政能力，可以获得民众的好感，而且失业率还会间接地反映一国经济的好坏，从而影响投资者的投资行为。

就个人而言，大多数人依靠他们的劳动收入来维持生活水平，许多人在工作中获得了收入和成就感。在人的一生中失去工作可能是最悲惨的经济事件。失去工作意味着生活水平的降低，对未来的担忧以及自尊心受到伤害。尽管几乎所有政府都致力于创造新的就业岗位，但即使在经济运行十分良好的状况下，也会有一些人找不到工作。

请回答：

1. 为什么社会上总会有人处于失业状态？
2. 政府会采取哪些措施应对高失业水平？为什么政府需要这么做？

资料来源：杨洁．经济学基础．2 版．北京：人民邮电出版社，2015.

拓展阅读

毕业即失业？年轻人就业难在哪里？

根据国家统计局的数据，2021 年 4 月全国城镇调查失业率为 5.1%，但 16～24 岁年轻人调查失业率却达到了 13.6%，年轻人似乎陷入就业难的困境。问题出在哪里？不妨让我们分析一下其中的原因。

第一，16～24 岁年轻人的流动性大。16～24 岁年轻人占就业人口的比例较大，他们大多没有受过高等教育，就进入社会来谋生活。他们选择去工厂、工地从事体力劳动或者从事服务性的行业，比如做服务生或送外卖，这些工作技术难度不高，可替代性强，人员流动性大。还有刚毕业的大学生接受高等教育以后，他们不甘心干投入高、回报低的工作，他们选择短期过渡的职业，所以离职率高。

第二，就业总量大，结构性不合理。2021 届高校毕业生达到 909 万人，实际上涌入就业市场的人员还远不止这个数，比如海归人员，自考、函授等非全日制高校毕业生，初高中毕业生，还有未就业的往届毕业生，都将一并加入这浩浩荡荡的就业大军中。与此相对应，我们看到身边的工业与外贸行业中，许多企业却面临招工难的窘况。这说明我国就业市场结构并不合理。

目前，我国年轻人群体主要面临的是摩擦性失业和结构性失业并存的情况。一方面，由于一些客观原因，他们去不了想去的公司，或者一心在等待机会寻找待遇更好的岗位，形成“不是无工作可干，而是无想干的工作”的摩擦性失业的局面；另一方面，社会上依旧有很多岗位存在着劳动力供给和需求结构失衡问题。而这些原因，都使得近期我国在年轻人群体中出现失业率不降反升的状况。

那么，接下来如何化解年轻人就业难的问题呢？对于政府而言，需要做好职业的教育和引导，有针对性地培养职业的技能；对年轻人而言，具备干好一项工作的能力很重要，与其踌躇不前，不如先找一个工作干起来，在工作中不断提升自己的职业技能。

我们有理由相信，随着我国经济持续的发展，新进入劳动力会逐渐被吸收，在政府和个人双方面的努力之下，年轻人群体的就业情况会很快有所改观。

资料来源：改编自视频《韩秀云讲经济》。

单元感悟

知识方面：

____

____

素养方面：

____

____

单元二 为什么在津巴布韦每个人都是百万富翁？

【情景教学】

一、准备教学道具

准备 10 袋饼干和 10 瓶矿泉水以及一些虚拟货币，虚拟货币的面值分别为 1 元、2 元、5 元、10 元、50 元、100 元、500 元和 1 000 元。

二、教学目的

利用同种商品在不同货币供给数量下进行模拟销售与购买，让学生发现市场中的一些变化，理解什么是通货膨胀。

三、教学活动组织

在教室里设计出一个小卖场，邀请 10 名同学参与销售购买的模拟演习，其他同学作为观众观察。将 10 名同学分为两组，一组同学发饼干和货币，另一组同学发矿泉水和货币。

第一阶段，假设这个小卖场中 10 位同学可以支配的货币数量为 10 元，手中有饼干的同学卖出饼干购买矿泉水，手中有矿泉水的同学卖出矿泉水并购买饼干，由参加活动的同学自行讨价还价，确定矿泉水和饼干的价格。

第二阶段，假设这个小卖场中每位消费者手中可以支配的货币数量为 1 000 元，依然进行上一阶段的商业活动，由参加活动的同学自行讨价还价，确定矿泉水和饼干的价格。

记录前后两个阶段所出售的矿泉水和饼干的价格，并做比较。

四、活动总结

1. 两个阶段的模拟销售中矿泉水和饼干的价格是多少？这个价格是怎么形成的？

2. 两个阶段的模拟销售中消费者手中的货币实际价值是否有差别？我们实际生活中所需要的物品的价格也在不断地变化，在物价频繁大幅度变化的时候该如何衡量货币的实际价值？

【故事导入】

通货膨胀打击意大利旅游业，造成 39 亿美元的损失

据 TGCOM24 8 月 3 日消息，通货膨胀和高物价对旅游业造成了打击。根据 Demoskopika 的调查，通货膨胀率的上升导致选择在夏季到意大利度假胜地度假的意大利人和外国人的旅游消费价格上涨 39 亿欧元。航空旅行（与 2022 年 6 月相比上涨 23.5%）、度假套餐（上涨 17.7%）和住宿（上涨 12.8%）是需要考虑的主要因素。

意大利旅游业受到的高物价影响也高于法国、希腊和西班牙。今年 6 月，意大利的交通服务价格上涨了 9.9%，而法国（上涨 6%）、希腊（上涨 1.4%）和西班牙（下降 16.1%）的同类价格涨幅较小。住宿和餐饮服务价格上涨（7.5%）也非常明显，与法国（上涨 5.6 %）、希腊（上涨 5.7%）和西班牙（上涨 6%）相比，意大利旅游系统的通货膨胀差值分别为+1.9 个百分点、+1.8 个百分点和+1.5 个百分点。

资料来源：中国国际贸易促进委员会，https://www. ccpit. org/italia/a/20230804/20230804j9zs. html.

【经济学原理】

一、通货膨胀基础知识

（一）通货膨胀的概念和衡量

通货膨胀是一般价格水平普遍和持续的上涨。一般价格水平是指物价总水平，而不是指个别商品的价格水平。

衡量通货膨胀状况的经济指标是通货膨胀率。一般用以下的公式来表示。

$$\pi=\frac{(P_t-P_{t-1})}{P_{t-1}}\times 100\% \tag{8-3}$$

式中，π 代表 t 年的通货膨胀率，P_t 为 t 年价格总水平，P_{t-1} 为 $t-1$ 年价格总水平。

应当注意的是，通货膨胀衡量的是平均价格水平的走向。

衡量价格水平的经济指标是物价指数。物价指数是表示若干种商品价格水平的指数，它一般分为消费物价指数、批发物价指数和国内生产总值（或国民生产总值）折算指数。知道了基期和现期的物价指数，就可以计算出通货膨胀率，其方法是用现期物价指数与基期物价指数的差额，除以基期物价指数。

这里，我们重点介绍一下消费物价指数。

居民消费物价指数（Consumer Price Index，CPI）是一个反映居民家庭一般所购买的消费商品和服务价格水平变动情况的宏观经济指标。它是度量一组代表性消费商品及服务项目的价格水平随时间而变动的相对数，是用来反映居民家庭购买消费商品及服务的价格水平的变动情况。

居民消费价格统计调查的是社会产品和服务项目的最终价格，同人民群众的生活密切相关，同时在整个国民经济价格体系中也具有重要的地位。它是进行经济分析和决策、价格总水平监测和调控及国民经济核算的重要指标。其变动率在一定程度上反映了通货膨胀或紧缩的程度。一般来讲，物价全面地、持续地上涨就被认为发生了通货膨胀。

居民消费物价指数测量的是随着时间的变化，包括 200 多种各式各样的商品和服务零售价格的平均变化值。这 200 多种商品和服务被分为食品、烟酒及用品、衣着、家庭设备用品及维修服务、医疗保健和个人用品、交通和通信、娱乐教育文化用品及服务、居住 8 个主要的类别。在计算居民消费物价指数时，每一个类别都有一个能显示其重要性的权数。这些权数是通过向成千上万的家庭和个人，调查他们购买的产品和服务而确定的。权数每两年修正一次，以使它们与人们改变了的偏好相符。

CPI 是一个滞后性的数据，但它往往是市场经济活动与政府货币政策的一个重要参考指标。CPI稳定、就业充分及GDP增长往往是最重要的社会经济目标。不过，从中国的现实情况来看，CPI的稳定及其重要性并不像发达国家所认为的那样“有一定的权威性，市场的经济活动会根据CPI的变化来调整”。

CPI表示对普通家庭的支出来说，购买具有代表性的一组商品，在今天要比过去某一时间多花费多少，例如，若1995年某国普通家庭每个月购买一组商品的费用为800元，而2000年购买这一组商品的费用为1 000元，那么，以1995年为基期，该国2000年的消费物价指数为：

$CPI_{2\,000}=1\,000/800\times100=125$，也就是说物价上涨了25%。

从2016年1月起，我国CPI开始计算以2015年为对比基期的价格指数序列。这是自2001年计算CPI定基价格指数以来，第三次进行基期例行更换，首轮基期为2000年，第二轮基期为2005年，第三轮基期为2010年。调整基期，是为了更容易比较。因为对比基期越久，价格规格品变化就越大，可比性就会下降。选择逢0逢5年度作为计算CPI的对比基期，目的是与我国国民经济和社会发展五年规划保持相同周期，便于数据分析与使用。

（二）通货膨胀的分类

（1）按通货膨胀的严重程度分类：爬行的通货膨胀（Creeping Inflation）或温和的通货膨胀（Mild Inflation）、奔腾的通货膨胀（Galloping Inflation）、恶性通货膨胀（Hyperinflation）或失去控制的通货膨胀（Runaway Inflation）

温和的通货膨胀的特点是价格上涨缓慢而且是可以预见的。我们可以将它规定为年度低于10%的通货膨胀。

奔腾式通货膨胀出现在价格水平以20%、100%或200%这样的两位数或三位数的年率上升的时候。一旦奔腾式的通货膨胀站稳了脚跟，就会出现严重的经济扭曲。在这种情况下，大多数契约变为用一种价格指数或一种外币（如美元）作为指数进行调整。同时由于货币贬值得非常快，人们便持有仅能够日常交易所需的货币量。金融市场消失了，因为资本逃向了国外。人们囤积商品、购买房屋，不再在低的名义利率下贷出货币。

恶性的通货膨胀是价格上涨失去控制的通货膨胀，通常是指通货膨胀率为四位数以上（1 000%至无穷大）的通货膨胀。恶性通货膨胀被看作通货膨胀的癌症。

（2）依据对价格影响的差别划分的通货膨胀类型。依据对不同商品价格影响的差别，可以把通货膨胀划分为平衡的通货膨胀和非平衡的通货膨胀。

平衡的通货膨胀是指所有商品的价格每年上涨速率相同的通货膨胀，非平衡的通货膨胀是指不同的商品的价格每年上涨速率不相同的通货膨胀。

（3）依据对通货膨胀的预料程度划分的通货膨胀类型。依据对通货膨胀的预料程度，把通货膨胀划分为可预期的通货膨胀和非预期的通货膨胀。

可预期的通货膨胀是指商品价格上涨速率在人们预料之中的通货膨胀，非预期的通货膨胀是指商品价格上涨速率不在人们预料之中的通货膨胀。

二、通货膨胀产生的原因

对于通货膨胀发生的原因，不同的经济学家通过不同的理论给出了不同的解释，我们分别介绍。

（一）需求拉动的通货膨胀理论

需求拉动的通货膨胀又称为超额需求通货膨胀，是指总需求超过总供给所引起的一般价格水平的持续显著的上涨。一般说来，总需求的增加会引起物价水平的上升和生产总量的增加，但在达到充分就业的情况下，即达到实际产量的极限之后，总需求任何一点的增加，都会引起价格水平的进一步提高，也就是通货膨胀更加明显。这种通货膨胀被认为是“过多的货币追逐过少的商品”。

凯恩斯认为，当经济中实现了充分就业时，如果实际总需求大于实现了充分就业的总需求，其差额就构成了通货膨胀缺口，导致通货膨胀，如图 8-2 所示。当总需求不断增加、总需求曲线 AD_1 不断右移至 AD_2、AD_3 时，价格水平就相应由 P_1 上升到 P_2、P_3，同时，收入量也由 Y_1 不断增加到 Y_2、Y_3。这一段的价格上涨是“瓶颈式”通货膨胀。当总需求 AD_3 继续增加至 AD_4 时，由于总供给已经达到充分就业水平，即 AS 曲线呈现垂直形状，总需求的增加不会使收入 Y_3 再增加，故在总供给或收入不变的情况下，价格由 P_3 上升到 P_4。这一段的价格上涨就是“需求拉动”的通货膨胀。

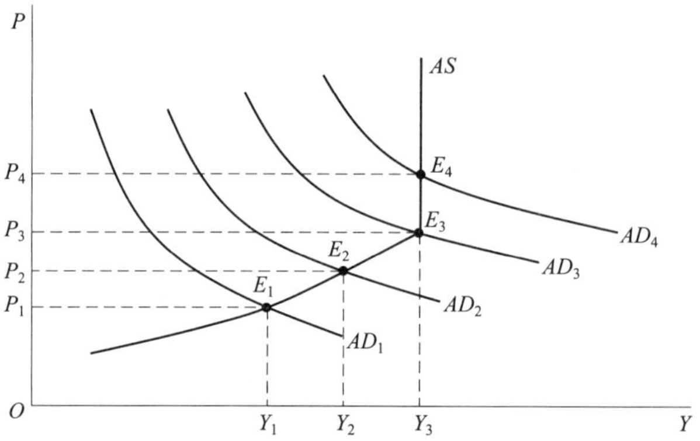

图 8-2　充分就业条件下需求拉动的通货膨胀

不仅在实现了充分就业的条件下会出现通货膨胀，而且在没有实现充分就业的条件下也会出现通货膨胀。未实现充分就业时，总需求增加所引起的通货膨胀率的高低取决于总供给曲线的斜率。总供给曲线的斜率越大，总需求增加所引起的产量就越小，引起的物价上涨的幅度就越大，通货膨胀越严重，如图 8-3 所示。总供给曲线 AS 一定，总需求 AD 不断增加，当从 AD_1 上升到 AD_2 时，国民收入从 Y_1 增加到 Y_2；当从 AD_2 上升到 AD_3 时，国民收入从 Y_2 上升到 Y_3；当从 AD_3 上升到 AD_4 时，国民收入从 Y_3 增加到 Y_4，增加得越来越慢，而价格相应地从 P_1 上升到 P_2、从 P_2 上升到 P_3、从 P_3 上升到 P_4，上升得越来越快。可以看到，当总供给曲线越来越接近潜在产出时，需求增加推动国民收入增长的作用在下降，而推动物价上涨的作用则在上升。总之，当总供给曲线一定时，连续增加总需求，就会在推动国民收入增长的同时，推动物价水平的上涨。这样，当太多的货币支出追逐太少的商品时，就发生了需求拉动的通货膨胀。

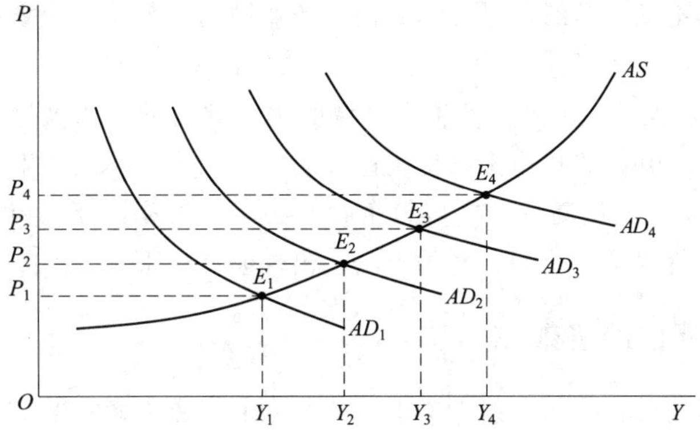

图 8-3　非充分就业条件下需求拉动的通货膨胀

（二）成本推动的通货膨胀理论

成本推动的通货膨胀也叫作成本通货膨胀或供给通货膨胀，是指总供给的减少所引起的一般价格水平普遍和持续的上涨。

当总需求曲线一定时，总供给曲线因成本提高而向左移动，于是在国民产出降低的同时，物价却上涨了。如图 8-4 所示。

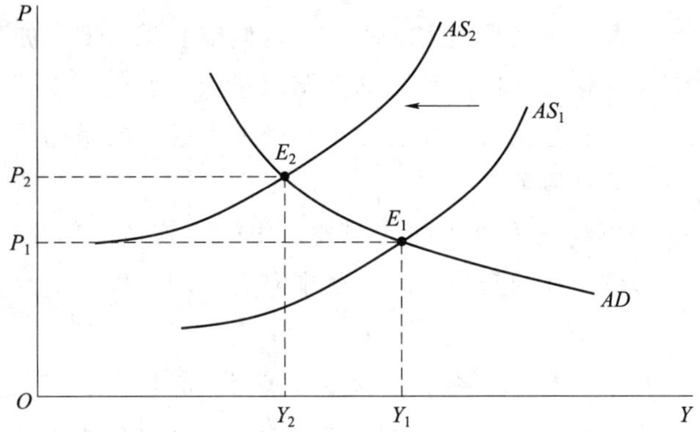

图 8-4　成本推动的通货膨胀

总需求曲线 AD 一定，当总供给减少即总供给曲线由 AS_1 向左移动到 AS_2 时，国民收入由 Y_1 减少到 Y_2，价格则由 P_1 上升到 P_2。

成本推动的通货膨胀原因有工资成本上升、利润增长和进口原料成本上升，与此相应，有三种成本推动的通货膨胀的理论：关于工资成本推动通货膨胀的理论，关于利润推动通货膨胀的理论，关于原料成本推动通货膨胀的理论。

（三）结构性通货膨胀理论

结构性通货膨胀是指经济结构的非均衡状况所引起的一般价格水平普遍和持续的上涨。结构性通货膨胀理论的提出者认为，在没有需求拉动和成本推动的条件下，只是由于经济结构的失衡也可以引发通货膨胀。在现实经济中，有的部门劳动生产率高，有的部门劳动生产率低，有的部门属于先进部门，有的部门属于保守部门。一般说来，工业部门是劳动生产率不断提高的先进部门，而服务业则属于劳动生产率低的保守部门。劳动生产率高的生产部门提高了货币工资后，劳动生产率低的生产部门的货币工资也在“公平”原则下要求提高，否则劳动生产率低的生产部门的工人就感到“不公平”。当劳动生产率低的生产部门的货币工资也提高以后，劳动生产率低的生产部门提供的产品（或服务）的价格也必然提高。这样，整个社会工资增长率高于劳动生产率的增长率，从而引发了一般物价水平持续和普遍的上涨，出现通货膨胀。

三、通货膨胀的经济效应

尽管人们都担心通货膨胀，但事实上，一些人会因通货膨胀得到好处，一些人会在通货膨胀中受到损害。原因是，通货膨胀只要不是平衡的，都会使得商品和服务的相对价格发生改变，从而影响人们的相对收入。

通货膨胀的经济效应主要有三个方面。

（一）通货膨胀的收入分配效应

（1）通货膨胀会对工资薪金阶层产生影响。在劳动市场上，工人的工资往往以工资合同的方式预先加以确定，也就是说货币工资率的上涨往往慢于物价上涨。因此，当出现通货膨胀时，工人的货币工资没有变动，但实际购买力却下降了。可见，工人的利益在通货膨胀中受到损害，而这种损害取决于工资调整的滞后期。如果工资合同调整较快，或者工资合同中规定有按价格变动自动上调的条款，那么领取工资者受到通货膨胀的损害就少；反之，受到损害就大。在实际中，受损害最深的是那些工作成绩很难与工资挂钩的白领、公务员及教师等。

（2）通货膨胀使得以利润为收入的人受益。由于生产成本特别是工资落后于产品价格的上升，因而利润呈上升的趋势。只要成本滞后于产品价格上升，那么取得利润者就会获得好处。

（3）通货膨胀使得以利息和租金为收入的人受到损害。由于利息和租金这两种收入形式往往在较长期的合同中被确定下来，因而如果在合同有效期内出现通货膨胀，就会使得资本或土地的实际表现出来的利息或地租高于合同规定的数额，结果按合同规定的数额取得利息或租金的人受到损害。同时，借贷或租用者就会因此得到好处。

（4）通货膨胀使得退休人员损失最大。在西方国家，退休人员往往在社会保险机构领取定额的保险金和补贴。保险金和补贴的数额很少能赶得上通货膨胀，有时甚至几年不变。由于没有相应的对付通货膨胀的办法，老年阶层受通货膨胀的影响最大。

（二）通货膨胀的财富分配效应

家庭财富状况受通货膨胀影响的大小与方向依赖于每个家庭资产和负债的状况。一般说来，在一个家庭拥有的资产中，一部分是按固定的金额偿还的，如资产抵押贷款债权、按固定利息率取得红利的股票和债券等，另一部分是要求按可变价格偿还的，如房地产、汽车等；在家庭拥有的债务中，以抵押贷款、购买汽车贷款等为多数，这些债务大多数以固定的价格偿还。通货膨胀对家庭财富的影响主要取决于资产与负债的数额以及资产中按不变价格偿还的部分与按可变价格偿还的部分所占的比重。

当经济中出现通货膨胀时，家庭中拥有的要求按固定金额偿还的资产和债务实际价值将会减少，而拥有的要求按可变价格偿还的资产的实际价值则保持不变。若通货膨胀未被充分预料到，那么通货膨胀将对拥有较多的按可变价格偿还的资产者有利。

一般来说，一个家庭越贫穷，他们拥有的资产总额越小，相应地，由于其资信不够，他们所拥有的债务总额也就越少。对于只拥有少量资产的家庭而言，他们拥有的房屋、汽车等几乎是他们资产的全部，这些资产要求按变动价格偿还，而拥有的存款之类的按固定金额偿还的资产只是很少一部分。如果出现通货膨胀，这些家庭在资产方面的损失相对来说小，而他们从通货膨胀造成的债务减少足以补偿其资产中受到的损失，可见，通货膨胀对低财富者有利，因而穷人较不关心通货膨胀。

中等财产净值的家庭，一般拥有较多的资产，也拥有较多的债务。相对而言，这些家庭拥有的按固定金额偿还的资产比低财产净值的家庭要多，按可变价格偿还的资产也多，同时，他们的债务数量也大。当出现通货膨胀时，中等财产净值的家庭拥有的资产损失较多，而他们拥有的较多债务都对他们有利。因此，他们是否在通货膨胀中受到损失，主要看他们拥有的按可变价格偿还的资产数量及其拥有的按不变价格偿还的债务数量。

高财产净值的家庭拥有较多的按可变价格偿还的资产，如高级别墅、花园、高级轿车等，但同时他们又是大债主，拥有大量的按固定价格偿还的资产，而他们的债务相对较少。这样，若发生通货膨胀，这些家庭拥有的按固定价格偿还的资产就会贬值。由于他们从债务中获利较少，因而高财产净值的家庭是通货膨胀的最大受害者。

当然，上述分析是建立在通货膨胀没有被预料到的假设基础之上的。如果人们可以预料到未来出现的通货膨胀，那么人们会调整所拥有的资产中按固定金额偿还的和按变动价格偿还的比例，同时，债主也可以索要较多价格，使按固定金额偿还的资产受到的损失减少。但无论如何，人们无法完全准确地预料通货膨胀的发生及其幅度，因而通货膨胀必然对财富的分配产生影响。

（三）通货膨胀的就业和产量效应

如果通货膨胀使就业增加，产量增加，那么通货膨胀对就业和产量产生正效应；反之，则产生负效应。大多数经济学家认为，通货膨胀会对就业和产量产生正效应，未预料到的通货膨胀产生的效应大，而预料到的通货膨胀产生的效应小，甚至没有。如果经济中出现未预料到的通货膨胀，货币工资以合同的形式被固定下来，其变动滞后于通货膨胀，结果会使得实际工资下降，从而导致厂商增加雇用工人，提高产出量。这样，通货膨胀对就业和产出产生正效应。

互动训练

看图说道理——从《三毛流浪记》看通货膨胀

项目要求：

1. 以小组为单位，看图说感受。
2. 结合当时社会状况，分析当时导致通货膨胀的原因是什么？
3. 讨论总结通货膨胀对于学生身边的生活的影响。
4. 教师适时进行点评、归纳总结。

学以致用

“百万富翁”希卡姆巴的职业是津巴布韦的一名出租车司机。他成天开着他那破瘪的汽车在首都哈拉雷兜揽生意。希卡姆巴每揽到一个生意，起步收费总在100万津元以上。或许你会觉得那是一个天文数字，但是事实上津巴布韦官方通货膨胀率已经接近1 000%，这打破了非战争状态国家通货膨胀率历史纪录，市场通货膨胀率则更高。

津巴布韦现在无疑是全球“百万富翁”最多的国家，但它同时也是全球最穷的国家之一。事实上，每一个来到首都哈拉雷豪华现代、气派十足的机场的海外游客，马上就摇身一变成为“百万富翁”。根据津巴布韦目前的官方汇率，每10美元就可以换到10.1万津元，而黑市上则可以换到两至三倍的官方汇率。

“是的，我是一个百万富翁，一个什么也买不起的百万富翁。津巴布韦现在遍地都是百万富翁。我们是一个盛产百万富翁的国家，但是我们也一无所有。”希卡姆巴说。

资料来源：根据搜狐新闻《津巴布韦严重通货膨胀》整理。

请讨论：津巴布韦的通货膨胀是由什么因素造成的？和我国民国时期的通货膨胀的性质是一样的吗？对老百姓而言通货膨胀带来了什么？提出治理通货膨胀的对策并以报告形式提交。

拓展阅读

中国改革开放以来四次通货膨胀及其原因

1949—1978 年，我国实行了近 30 年的计划经济体制。20 世纪 70 年代末，中国迈开了经济体制改革的步伐。回首改革开放 40 多年来，中国经历了四次较为严重的通货膨胀，具体如下：

（一）1985—1987 年的通货膨胀

1984 年中国开始城市经济体制改革，物价从 1985 年迅速暴涨。到 1987 年，三年间物价上涨率累计比 1984 年上涨 23.7%. 此次通货膨胀原因可总结如下：

第一，全社会固定资产投资增长过快，总需求膨胀，经济发展过热，效率却不高；第二，货币供应量过大，导致货币贬值。1984 年，各商业银行为扩大下一年贷款规模，大量发放贷款，此做法对经济的影响于 1985 年才表现出来；1984 年确立了社会主义商品经济的改革目标，推动了投资的扩大。

（二）1988—1989 年的通货膨胀

1988 年，中国商品零售价出现了新一轮暴涨，物价上涨幅度继续扩大。当年零售物价指数 CPI 高达 18.5%，又创了新高。通货膨胀加剧的原因可归纳为：

第一，全社会固定资产投资增长过快，规模过大，超过了国力能够承受的范围；第二，国家财政严重赤字，中央银行连年超经济发行货币。这引发了物价的猛烈上涨，货币急剧贬值；第三，价格改革，各种商品的市场价格迅速上涨，引发了挤兑银行存款和抢购风潮的现象，导致了物价暴涨和银行存款的大幅减少。

（三）1993—1994 年的通货膨胀

1992 年春邓小平南方谈话后，中国经济进入了一个新的加速发展时期，与此同时，带来新一轮物价上涨。其原因可归结如下：

第一，宏观调控政策由紧向松，刺激投资增加，经济过热；第二，农产品价格的大幅度上涨，推动整体物价水平上升；第三，1994 年初外汇体制改革，人民币汇率贬值，助推了 1994 年的通货膨胀率攀升。

（四）2007—2008 年的通货膨胀

2007—2008 年，中国又出现了新一轮的通货膨胀现象。2007 年猪肉、粮油等必需品价格上涨幅度大，直接影响 CPI 连续在 5% 以上高位运行。其原因可总结为：

第一，2007 年下半年，国家对股市、房地产进行调整，释放了大量流动性资金，对物价形成重大冲击；第二，国际粮价、原油价格的普遍上涨，带动了国内一系列产品成本上升。

资料来源：韦春北．财经类课程思政案例教学设计与应用．北京：经济管理出版社，2019.

单元感悟

知识方面：

____

____

素养方面：

____

____

【模块知识自测】

1. 下列人员属于失业人员的是（　　）。

A. 因病在家休养者　　B. 半日工

C. 被老板解雇者　　D. 对薪水不满意待业在家的大学毕业生

2. 由于经济萧条而形成的失业属于（　　）。

A. 摩擦性失业　　B. 结构性失业　　C. 周期性失业　　D. 永久性失业

3. 在经济学中，关于充分就业的含义是指（　　）。

A. 社会劳动力 100% 就业

B. 所有有能力的劳动力都能随时找到适当的工作

C. 并非劳动力 100% 就业，至少要排除摩擦性失业和自愿失业

D. 西方国家一般认为 10% 以下的失业率为充分就业

4. 某人由于彩电行业不景气而失去工作，这种失业属于（　　）。

A. 摩擦性失业　　B. 结构性失业　　C. 周期性失业　　D. 永久性失业

5. 失业率是指失业人数占（　　）的比率。

A. 全部人口数

B. 全部处于劳动年龄而且有劳动能力人数

C. 全部劳动力人数

D. 就业人数

6. 以下关于自然失业率的说法错误的是（　　）。

A. 自然失业率经济社会在正常情况下的失业率

B. 自然失业率等于 0

C. 自然失业率大于 0

D. 自然失业率是劳动市场处于供求稳定状态时的失业率

7. 下列关于奥肯定律的说法中正确的是（　　）。

A. 失业率和物价水平之间高度正相关的关系

B. 失业率和物价水平之间高度负相关的关系

C. 失业率和实际国内生产总值之间高度正相关的关系

D. 失业率和实际国内生产总值之间高度负相关的关系

8. 下列关于通货膨胀的表述中，不正确的是（　　）。

A. 通货膨胀是物价持续上涨　　B. 通货膨胀是物价总水平的上涨

C. 通货膨胀是指物价的上涨　　D. 通货膨胀是纸币流通所特有的

9. 在充分就业的情况下，（　　）最可能导致通货膨胀。

A. 出口减少　　B. 进口增加

C. 工资不变但劳动生产率提高　　D. 税收不变但政府支出扩大

10. 通货膨胀会使得下列哪些群体受益（　　）。

A. 债权人　　B. 债务人　　C. 工资收入者　　D. 退休人员

【知识梳理】

请大家通过复习，梳理出本模块的知识脉络图。

模块九

探究经济增长与周期波动

【知识目标】

1. 了解经济增长和经济发展的含义。
2. 了解经济周期的含义。
3. 了解经济周期的分类和成因。

【能力目标】

1. 学会观察社会中的经济周期与经济增长现象。
2. 学会运用经济周期相关理论研判宏观经济运行情况。

【思政目标】

1. 引导学生分析改革开放以来中国经济增长的动力和源泉。
2. 引导学生分析“稳增长”对实现中国繁荣富强和中国梦的促进作用。

【故事导入】

20 世纪 30 年代初的经济灾难称为大萧条，是美国历史上最大的经济下降。从 1929 年到 1933 年，美国实际 GDP 下降了 27%，失业率从 3% 上升到 25%。同时，在这四年中，物价水平下降了 22%。在这一时期，许多其他国家也经历了类似的产量与物价下降。经济史学家一直在争论大萧条的原因，但大多数解释集中在总需求的大幅度减少上。

许多经济学家主要抱怨货币供给的减少：从 1929 年到 1933 年，货币供给减少了

28%。另一些经济学家提出了总需求崩溃的其他理由。例如，在这一时期股票价格下降了90%左右，减少了家庭财富，从而也减少了消费者支出。此外，银行的问题也阻止了一些企业获得为投资项目进行的筹资，而且，这就压抑了投资支出。当然，在大萧条时期，所有这些因素共同发生作用紧缩了总需求。

第二个重大时期是20世纪40年代初。这次事件显而易见的原因是“二战”。随着美国在海外进行战争，联邦政府不得不把更多的资源用于军事。从1939年到1944年，美国政府的物资与服务购买几乎增加了5倍。总需求这种巨大扩张几乎使经济中物品与服务的生产翻了一番，并使物价水平上升了20%。失业率从1939年的17%下降到1944年的1%——美国历史上最低的失业水平。

单元一 为什么现在的生活比二十年前好了？

【情景教学】

一、准备教学道具

准备视频《GDP增速十年来首次突破8%！秒懂2021中国经济成绩单》。（视频网址：https://www.sohu.com/a/517419607_121275979）

二、教学目的

通过观看视频，学生能够认识到经济增长的主要衡量标准是什么以及经济增长意味着什么。

三、教学活动组织

1. 为学生播放视频。
2. 观看视频后，学生分组讨论说明从视频中得到了哪些信息，又有什么疑问。

四、活动总结

1. 请思考什么是经济增长？表示经济增长的指标有哪些？
2. 如何实现经济增长？

【故事导入】

你比最富的美国人还富吗？

《美国传统》杂志曾公布各个时期最富的美国人的名单。第一位是生活于1839—1937年的石油企业家约翰·D. 洛克菲勒。根据该杂志的计算，他的财富相当于今天的2 000亿美元，几乎是今天最富的美国软件企业家比尔·盖茨的3倍。

尽管洛克菲勒拥有巨额的财富，但他并没有享受到现在我们认为理所当然的许多便利。他无法看电视，无法玩电子游戏，无法上互联网，无法发电子邮件。在炎热的夏天，他无法用空调让家里凉爽下来。在他一生的大部分时间中，他无法乘汽车或飞机旅行，也无法给朋友和家人打电话。如果他生了病，他也无法使用许多药物，比如抗生素——今天医生经常用它来延长患者的生命和提高他们的生活质量。

现在想一想，有人要让你在以后的生活中放弃洛克菲勒没有享受到的所有现代便利，他得给你多少钱呢？你会为2 000亿美元这样做吗？也许不会。如果你不会这么做，是否就可以说，你的状况比所谓的美国最富的人约翰·D. 洛克菲勒还好呢？

资料来源：曼昆. 经济学原理. 7版. 北京：北京大学出版社，2015.

【经济学原理】

一、经济增长的概念

（一）经济增长的概念

一般说来，经济增长是指一个国家或地区生产商品和服务能力的增长。如果考虑到人口增加和价格的变动情况，经济增长还应包括人均福利的增长。美国经济学家库兹涅茨给经济增长下了一个经典的定义：一个国家的经济增长，可以定义为给居民提供种类日益繁多的经济产品的能力长期上升，这种不断增长的能力是建立在先进技术以及所需要的制度和思想意识之相应的调整的基础上的。

这个定义包含了三层内涵。

第一，经济增长集中表现在经济实力的增长上，而这种经济实力的增长就是商品和服务总量的增加，即国民生产总值的增加。如果考虑到人口的增加和价格的变动，也可以说是人均实际国民生产总值的增加。因此，经济增长的最简单定义就是人均实际国民生产总值的增长。

第二，技术进步是实现经济增长的必要条件。即只有依靠技术进步，经济增长才是可能的。在影响经济增长的各种因素中，技术进步是第一位的。

第三，经济增长的充分条件是制度与意识的相应调整。即只有社会制度与意识形态适合于经济增长的需要，技术进步才能发挥作用，经济增长才是可能的。

（二）经济增长的成本与收益

经济增长的好处并不是财富增加了幸福，而是财富增加了人们选择的范围。随着经济的增长，商品与服务的总量都在增加，人们就业的机会也随之增多，从而人们的收入也随之增长。因为经济的增长，收入的增多，人们具有更多自由的空闲时间，人们所得到的服务也会增加。

在资源缺少的世界里，几乎没有一件事情是可以不用付出代价即可获得的。经济增长也不例外。如果不付出代价就可以获得上述好处，几乎人人都会赞成。人们在获得这些收益的同时个人和社会都为此付出了一定的代价，如社会环境的污染，自然界的退化，以及人们精神上的高度紧张，人们对社会制度的变迁不适应等，均可以看作是经济增长的成本。其中，主要体现在环境的污染方面。

（三）经济增长的衡量

衡量经济增长一般使用经济增长率指标。经济增长率是指实际国民生产总值的增长率，如果排除价格波动的影响，实际上就是产量的增长率。这里，产量既可以表示为经济的总产量，也可以表示为人均产量。

下面向大家介绍两年间的增长率的计算方法。

若以 Y_t 表示 t 时期的总产量，Y_{t-1} 表示 $t-1$ 期的总产量，则总产量意义上的增长率可以表示为：

$$G_t=\frac{Y_t-Y_{t-1}}{Y_{t-1}} \tag{9-1}$$

式（9-1）中，G_t 表示总产量意义下的经济增长率。

若用 y_t 表示 t 时期的人均产量，y_{t-1} 表示 $t-1$ 期的人均产量，则人均产量意义上的增长率可以表示为：

$$g_t=\frac{y_t-y_{t-1}}{y_{t-1}} \tag{9-2}$$

式（9-2）中，g_t 表示人均产量意义下的经济增长率。

二、经济发展

（一）经济发展的概念

经济发展一般是指一个国家或地区随着经济增长而出现的经济、社会和政治的整体演进和改善，它是连续的动态的，伴随着生产结构、分配结构和消费结构变化的经济增长过程。

具体地说，经济发展的内涵包括三个方面：第一，经济数量的增长，即一个国家或地区产品和服务通过增加投入或提高效率获得更多的产出，构成经济发展的物质基础；第二，经济结构的优化，即一个国家或地区投入结构、产出结构、分配结构、消费结构以及人口结构等各种结构的协调和优化，是经济发展的必然环节；第三，经济质量的提高，即一个国家或地区经济效益水平、社会和个人福利水平、居民实际生活质量、经济稳定程度、自然生态环境改善程度以及政治、文化和人的现代化，是经济发展的最终标志。

（二）经济增长与经济发展的关系

经济发展与经济增长是两个既紧密联系又不完全相同的概念。

1. 联系

发展总是伴随着增长，没有增长的发展是不可能的。但是，增长并不一定代表发展，没有发展的增长是不可取的。

第一，经济增长包含在经济发展之中，持续稳定的经济增长是促进经济发展的基本动力。如果没有产出量的一定增长，一个国家或地区的经济发展便失去物质基础。没有增长便不会有发展，一定阶段的经济发展，总是表现为经济增长的一定状态。

第二，经济发展是经济增长的延伸和扩展，人类经济生活的每一历史性进展，又总会带来更高水平的经济增长。西方经济学只是强调经济发展与经济增长的区别，认为经济发展是发展中国家由不发达到发达的过程中的问题，而发达国家面临的不是经济发展而是经济增长问题。这种观点是片面的。其实，无论发达国家或发展中国家，都既有经济增长问题，又有结构变动、社会制度和思想文化等方面的经济发展问题。

第三，经济增长主要表现为量的增长，经济发展不仅有量的增长，更注重质的提高。经济增长了不一定就有经济发展，有时会出现有增长而无发展。

2. 区别

第一，从性质上看，增长是一个数量概念，发展是一个质量概念，发展是反映一个社会经济发展水平的综合性概念。

第二，从范围上看，增长是仅指经济总量的持续增加和经济结构的变化；发展则不仅涉及经济领域，它还是一个国家的人民的观念和社会习俗的变革，这一变革使得该国人民具有能力去持续地增加该国的实际总产值。

第三，从原因上看，增长是由于投入量的增加所致的或是生产效率提高的结果；而发展不但具有这些因素，还包括了产品构成的变化和生产过程中各种投入量所做贡献的相对变化等情况。

第四，从时间上看，增长是一个静态结果；而发展是一个动态的过程，具有连续的和渐进的特征。

第五，从研究的方向看，宏观经济学研究经济增长的问题，发展经济学研究经济发展的问题。

互动训练

资料分析——改革开放以来我国经济增长因素分析

项目要求：

1. 以小组为单位，分工收集改革开放以来我国经济增长的相关资料。
2. 整理资料，并通过折线图的形式表现出这期间对应的数据变化趋势。

3. 根据变化趋势，结合国情阐述不同阶段推动我国经济增长的主要因素。
4. 将所得到的结论制作用于报告的 PPT，小组间交流分享。
5. 教师点评、归纳总结。

学以致用

请搜集“亚洲四小龙”经济增长奇迹的资料，谈谈什么是经济增长的源泉？我国目前实现经济增长的主要途径有哪些？你个人认为我国经济增长在将来主要靠什么来实现？

拓展阅读

党的二十大报告指出，高质量发展是全面建设社会主义现代化国家的首要任务。发展是党执政兴国的第一要务。要坚持以推动高质量发展为主题，把实施扩大内需战略同深化供给侧结构性改革有机结合起来，增强国内大循环内生动力和可靠性，提升国际循环质量和水平，加快建设现代化经济体系，着力提高全要素生产率，着力提升产业链供应链韧性和安全水平，着力推进城乡融合和区域协调发展，推动经济实现质的有效提升和量的合理增长。

为什么说高质量发展是全面建设社会主义现代化国家的首要任务？中央改革办分管日常工作的副主任、国家发展改革委副主任穆虹表示，改革开放以来，我们始终将发展作为解决一切问题的基础和关键，从发展是硬道理到发展是执政兴国第一要务、从科学发展观到新发展理念，我们党的发展理念随着发展阶段、发展任务的变化，不断与时俱进、丰富创新。进入新时代，我国社会主要矛盾已经转化为人民日益增长的美好生活需要和不平衡不充分的发展之间的矛盾，发展中的矛盾和问题更多体现在发展质量上。

穆虹强调，贯彻新发展理念、推动高质量发展，是关系现代化建设全局的一场深刻变革，不再简单以生产总值增长率论英雄，而是要实现创新成为第一动力、协调成为内生特点、绿色成为普遍形态、开放成为必由之路、共享成为根本目的的高质量发展。因此，这次党的二十大报告把发展质量摆在更突出的位置，经济、社会、文化、生态等各方面都要体现高质量发展的要求。

党的二十大报告把高质量发展明确作为全面建设社会主义现代化国家的首要任务，进一步凸显了发展质量的全局和长远意义。同时，对如何推动高质量发展作出战略部署。

穆虹说，一是加快构建新发展格局；二是坚定实施创新驱动发展战略，向创新要动力；三是构建高水平社会主义市场经济体制，向改革要活力；四是全面推进乡村振兴；五是着力推进区域协调发展；六是推进高水平对外开放。

坚持三大战略。科教兴国战略、人才强国战略、创新驱动发展战略都是党中央提出的需要长期坚持的国家重大战略，也都是事关现代化建设高质量发展的关键问题。立足新时代新征程党的历史使命，党中央从突出创新在我国现代化建设全局中的核心地位出发，将科技、教育、人才放在党的二十大报告第五部分进行统筹部署，集中表达。

穆虹表示，党的二十大报告按照习近平总书记加强系统观念的要求，第一次把三大战略摆放在一起，是一个创新，有其深义。这一新的摆布，既坚持了教育、科技、人才是全面建设社会主义现代化国家的基础性、战略性支撑，又强调了三者之间的有机联系，通过协同配合、系统集成，共同塑造发展的新动能新优势。

穆虹介绍，这三大战略共同服务于创新型国家的建设。一是要坚持教育优先发展。全面贯彻党的教育方针，落实立德树人的根本任务，培养德智体美劳全面发展的社会主义建设者和接班人。坚持以人民为中心发展教育，加快建设高质量教育体系，促进教育公平，促进人的全面发展，提高国民整体素质。

二是坚持创新驱动。健全新型举国体制，加强基础研究，推进关键核心技术攻关和自主创新，完善科技创新体系，加快实现高水平科技自立自强。

三是坚持人才是第一资源。完善人才战略布局，加快建设国家战略人才力量，深化人才发展体制机制改革，培养造就大批德才兼备的高素质人才，聚天下英才而用之。

资料来源：节选自祝嫣然《解读二十大报告：高质量发展是首要任务》（第一财经，2022-10-24）。

根据以上内容，谈谈你对党的二十大报告中提出的“高质量发展”的认识。

单元感悟

知识方面：

____

____

素养方面：

____

____

单元二　为什么经济发展时好时坏呢？

【情景教学】

一、准备教学道具

准备视频《【复旦讲堂】袁志刚：全球经济非均衡背景下的中国经济周期波动》。（视频网址：http://v.youku.com/v_show/id_XMzI1NTAxNDMy.html）

二、教学目的

通过观看视频和讨论让学生了解经济发展具有周期性，并初步认识经济发展的周期性规律。

三、教学活动组织

1. 为学生播放视频。

2. 观看视频后，学生分组讨论分析视频，说明从视频中得到了哪些信息，又有什么疑问。

四、活动总结

1. 请学生思考什么是经济周期？经济周期具有哪些阶段？

2. 中国目前处在什么样的经济周期？

【故事导入】

经济周期

1977 年以来，我国经济的周期性波动大致可以划分为以下六个周期。

第一个周期（1977—1981 年）。经济增长率从 1978 年的高峰 11.7%，降为 1979 年的 7.6%、1980 年的 7.8%、1981 年的 5.2%，经济转入健康发展的轨道。在这个周期内，从 1978 年的高峰到 1981 年的低谷，经济增长率波动的落差为 6.5 个百分点；上升阶段 2 年，下降阶段 3 年，共 5 年。

第二个周期（1982—1986 年）。这一期间，由于国家信贷的放松，企业自主权的扩大，1982 年、1983 年，经济回升，经济增长率分别回升到 9.1% 和 10.9%。1984 年，经济增长率远远超出 11%，达到 15.2% 的高峰，经济再次出现过热，1985 年经济过热局面没有控制住，经济增长率仍为 13.5%。针对经济过热，进行了改革开放以来的第二次紧缩性宏观调控。1986 年的经济增长率为 8.8%。在这个周期内，从 1984 年的高峰到 1986 年的低谷，经济增长率波动的落差为 6.4 个百分点；上升阶段 3 年，下降阶段 2 年，共 5 年。

第三个周期（1987—1990 年）。第二次紧缩型宏观调控并没有完全到位，1987 年，经济增长率又超出 11%，达到 11.6% 的高峰。1988 年，经济增长率仅略有下落，为 11.3%。1989 年开始进行治理整顿，1989 年、1990 年，经济增长率分别降至 4.1% 和 3.8%。在这个周期内，从 1987 年的高峰到 1990 年的低谷，经济增长率波动的落差为 7.8 个百分点；上升阶段 1 年，下降阶段 3 年，共 4 年。

第四个周期（1991—2001 年）。1991 年，经济增长率回升到 9.2%，进入了新一轮经济周期的上升阶段。在这种态势下，1992 年初，邓小平同志南方谈话为我国改革开放和现代化建设事业打开了一个新的局面。在这种情况下，经济增长很快冲出10%，达到14.2%的高峰。1993年上半年，延续过热态势。针对经济过热，进行了改革开放以来的第四次紧缩性宏观调控。经过三年多以整顿金融秩序为重点、治理通货膨胀为首要任务的宏观调控，1996年成功地实现了“软着陆”，经济增长率回落到10%以内，为9.6%。1997—2001年，我国经济增长率保持在一个“七上八下”的相对平稳的位势上。

在1991—2001年的这个周期内，从高峰（1992年）到最低谷（1999年），经济增长率波动的落差为7.1个百分点；上升阶段2年，下降阶段9年，共11年。

第五个周期（1992—2010年）。2002年，经济增长率回升到8.3%，2003年，上升到9.5%，经济处于新一轮经济周期的上升阶段，2004年全年的经济增长率为10.1%，突破了10%的警戒线，2005年到2007年，我国的经济又连续三年保持了高速增长的态势，经济增长率分别高达10.4%、10.7%和11.4%。到2008年适逢美国次贷危机引发的全球金融危机的爆发，我们的经济也受到了很大的冲击，经济增长率开始出现下滑，2009年金融危机的影响进一步加大，经济增长率也持续到8.7%。2010的经济增长率为10.3%，表明我国经济开始走出美国次贷危机的影响，开始进入新一轮的增长。

第六个周期（2011年至今）。2009年推出4万亿刺激计划之后，2010年GDP增速达到了10.6%的高点。在此之后，GDP增速几乎呈现单向递减。2012年增速降至8%以下。2014年，党中央提出中国经济增长进入了新常态。2015年增速降至7%以下，同年12月，中央经济工作会议提出了供给侧结构性改革。2016年4月10日，《人民日报》权威人士指出，中国经济增长从高速向中高速换挡，中国经济增长进入L型，政策要保持定力。

【经济学原理】

一、经济周期的概念

经济周期（Business Cycle, Trade Cycle）亦称为经济循环和商业循环，是指经济处于生产和再生产过程中周期性出现的经济扩张与经济紧缩交替更迭、循环往复的一种现象。

美国经济学家米契尔和伯恩斯给经济周期下了这样一个比较完整的定义：经济周期主要是按照商业企业来组织经济活动的国家的总体经济活动中所出现的一种波动，一个周期由几乎同时在许多经济活动中所发生的扩张，随之而来的同样普遍的衰退、收缩和与下一个周期的扩张阶段所相连的复苏所组成，这种变化反复出现，但并不是定时的；经济周期的持续时间在一年以上到十年或更长。它们不再分为具有接近自己的振幅的类似特征的更短周期。

现代经济分析中，把经济周期分为四个阶段：繁荣（Boom）、衰退（Recession）、萧条（Depression）和复苏（Recovery）。其中繁荣和萧条是经济周期的两个主要的阶段，衰退和复苏是两个过渡阶段。在图 9-1 中，纵轴 Y 代表国民收入，横轴 T 代表时间（年份），我们可以看到 GDP 长期来看是呈增长趋势的，如图 9-1 中 N 曲线所示，但在不同的时期，国民经济活动总处在一个特定的阶段。A 为顶峰，A—B 为衰退，B—C 为萧条，C 为谷底，C—D 为复苏，D—E 为繁荣，E 为顶峰。A—E 即为一个周期，A—C 即为衰退与萧条，就是收缩阶段；C—E 即为复苏与繁荣，就是扩张阶段。收缩阶段总的经济趋势是下降，扩张阶段总的经济趋势是上升。

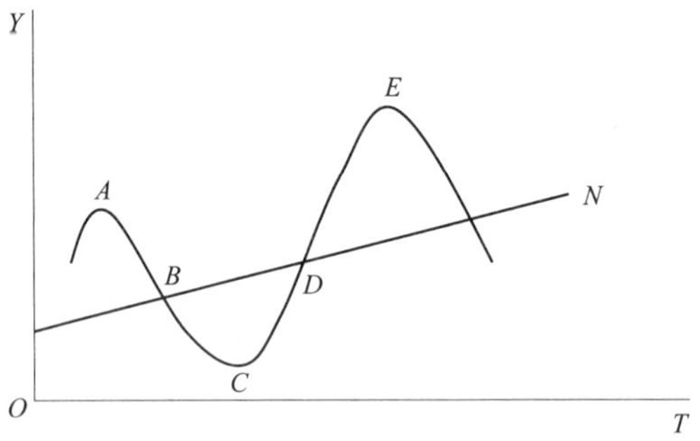

图 9-1　经济周期

（一）衰退

衰退是周期波峰过去，经济开始向下滑坡。根据美国的情况，国内生产总值连续两季下降，即进入衰退时期。在衰退期间，需求萎缩，从而生产和就业下降。就业下降导致家庭收入减少，又导致需求进一步萎缩，利润也随着下降，企业经营困难。在繁荣时期经济情况看好时所进行的投资，现在已变得无利可图了，投资急剧降至最低水平。衰退情况严重时，大量生产能力闲置起来，磨损报废设备暂不需添补重置，就可应付生产的需要。

（二）萧条

萧条是经济周期接近低谷的部分。其特点是：劳动力失业率高，公众消费水平下降，企业生产能力大量闲置，存货积压，利润低甚至亏损，企业对前景缺乏信心，不愿冒新投资的风险。

（三）复苏

当复苏开始时，也就是已经到了周期的最低点。促使复苏的因素是多种多样的。例如，大批机器多年磨损需要更换，存货减少需要补充，企业订单增加；就业、收入和消费支出都增加了，生产销售增加以后，利润随着增加。经济前景看好，投资的乐观主义代替了萧条时的悲观主义。由于需求增加，生产的顺利扩大基本上是由萧条时闲置的生产能力和解雇后又返回工厂的工人所完成的。

（四）繁荣

繁荣是周期的波峰。在繁荣时期，现有生产设备业已充分利用。劳动力，特别是技术熟练劳动力已感缺乏。主要原材料也开始感到供应不足。由于这些原因，增产的困难越来越大。这时只有增加投资，扩大生产能力才能增加产量。投资建设需要时间，生产的增加满足不了需求的增长，价格不断上涨，生产要素需求的急剧增长促使要素成本上升，但由于商品价格也同时上涨，企业生产仍有较为丰厚利润可图。由于经济前景看好，投资量可能超过现有销售水平。

二、经济周期的类型

根据一个经济周期的长短，经济周期可分为长周期、中周期和短周期。

长周期又叫长波，是指长度为50年左右的经济周期。这一划分是苏联经济学家康德拉季耶夫于1926年提出的，故长周期还可称为康德拉季耶夫周期。

中周期又叫中波，是指长度平均为8至10年的经济周期。关于中周期的研究较早。1860年，法国经济学家朱格拉系统地分析了这种周期，故中周期还可称为朱格拉周期。

短周期又叫短波，是指长度平均约40个月的经济周期。短周期由美国经济学家基钦于1923年提出的，所以，短周期还可称为基钦周期。

三、经济周期波动的原因

对导致经济周期性波动的原因，西方经济学家做了不少探讨。

早期的研究以马尔萨斯与西斯蒙第等为代表，近代以霍布森为代表的学者们，持消费不足的观点。他们认为，收入分配不均，产生富人储蓄过度，致使消费品需求无法赶上消费品供给的增长，引起经济萧条，最终导致经济波动。

以哈耶克、密塞斯和卡塞尔为代表的经济学家们认为，投资过度，造成了重生产资本品的产业、轻生产消费品的产业，从而导致产业结构的失衡，引起经济周期性的波动。

以庇古、凯恩斯为代表的经济学家则持心理预期论的观点。他们认为，由于生产者对经济繁荣、衰退、萧条、复苏阶段的不同心理预期，引发了经济周期性的波动。

经济学家杰文斯认为，太阳黑子的出现导致农业减产，进而波及互有联系的工业、商业等产业，对购买力、投资等方面产生消极影响，从而引起整个社会经济的萧条。太阳黑子的周期出现，致使国家经济的波动及相应的周期产生。

以霍特里为首的经济学家认为，银行交替地扩张与收缩信用，产生了流通中货币数量的增加与减少，由此引发了经济周期的产生。

经济学家熊彼特、汉森等人认为，创新引发了旧的均衡的破坏和向新的均衡的过渡。持续不断的创新，会产生持续不断的新的平衡，从而引发一次又一次经济周期的产生。

盖拉斯基、杜夫特以及诺德豪斯等经济学家持政治说观点。他们中有的人认为，由于政府为阻止周期性的通货膨胀而采取了相应的紧缩措施，人为地制造了一次停滞和衰退，从而引起经济的周期波动。有的人认为，每届到期的政府为了树立良好的政府业绩以争取选民而采取了扩张性的经济政策，以谋求连任；新一届政府上台后就要采取经济紧缩政策，以消除经济扩张政策所带来的经济问题，由于政府的选举与产生具有周期性，因此经济也出了相应的周期。

以萨缪尔森、希克斯等为代表的经济学家，运用乘数和加速系数的交互作用，来解释经济周期运动的产生。

综合以上各种不同的周期理论，大致可以分为外部因素说和内部因素说两大类，诸如太阳黑子、科技创新、政府行为等属外部因素，心理预期、消费投资以及乘数—加速数作用等属于内部因素。

互动训练

数据分析——通过经济增长率分析经济周期

项目要求：

1. 仔细阅读上节课查找的有关改革开放以来我国经济增长的相关资料。收集资料中相关年份的经济增长率数据。
2. 以小组为单位，整理数据，并画出这期间内我国的经济周期活动图。
3. 在活动图中找出其中一个有代表性的经济周期，划分其各个阶段并说明理由。
4. 小组派代表将分析结果进行展示。
5. 教师适时进行点评、归纳总结。

学以致用

正处于转型中的中国经济面临着巨大的挑战，但有一些企业在各项经济数据暴跌的经济周期“下半场”却实现逆势上涨。相关研究者接受中国经济时报记者采访时认为，抓住“时代动力”、运用“明天思维”、掌握“增长双轮”，企业就能获取新的增长红利，走出增长放缓甚至业绩下滑的困境，实现裂变式增长，从而一举逆袭。

比如，下沉市场的电商巨头拼多多，股价从30美元左右一度拉升到87美元，市值也超过了1 000亿美元，创造了历史新高。无独有偶，字节跳动在2020年也传出在一级市场估值超过1 000亿美元的消息。第三方数据显示，2020年3月，字节跳动的旗舰产品抖音的月活跃用户数量达到5.18亿，同比增长14.7%，月人均使用时长1 709分钟，同比增长72.5%，也创造了历史新高。

实际上，在经济周期下半场，今日头条、抖音、拼多多、快手、映客、火箭网、盒马鲜生、超级物种等企业不但没有出现业绩下滑，反而业绩暴增，不断突破自己，实现“从1到*N*”的指数级增长，这给我们很多有益的启示。（节选自金台咨询）

根据以上资料，思考并讨论如果你是企业经营者，如何应对经济的周期性变动？

拓展阅读

中国经济增长速度放缓将会成为经济发展的“新常态”

经济增长减速已经成为全球现象，因而也成为财经界的一个热门话题以及经济学界一个引人入胜的研究课题。对于中国而言，自20世纪70年代末实施改革开放政策以来，中国经济实现了长达30余年的高速增长，1978—2011年年均增长率为9.9%，虽然其间有过多次经济波动，增长速度降到较低水平的情况也出现过数次（如在1982年经济增长速度超过9%以后，1989年和1990年均低于8%)，但从绝大多数年份以及总体来看，这时期的高速经济增长是史无前例的。鉴于中国政府过去始终把"保八"（保证经济增长速度不低于8%）作为实际经济增长的目标底线，因此，可以把持续低于8%的起始年份作为经济显著减速的转折点。在2012年和2013年增长率降到7.7%以后，2014年和2015年又分别降到7.3%和6.9%，此后，2016—2019年经济增长率分别为6.7%、6.9%、6.6%、6.1%，2020年受全球疫情影响，经济实际增长率约为2.3%。近年来，中国经济由高速增长转变为中高速增长，这正是习近平总书记所说的经济发展"新常态"的重要表现。

在总体减速的同时，中国经济增长构成发生了一定的积极变化。首先，三次产业之间，特别是第二产业和第三产业的增长关系更加符合发展规律。总体而言，改革开放以来，第二产业增长快于第三产业，但在经济增长减速的情况下，第二产业减速幅度大于第三产业，2014年第三产业增长对GDP贡献率首次超过50%，成为经济增长的主要引擎。其次，地区之间特别是东部、中部、西部地区之间的增长趋于更加平衡。在按地区分解GDP增长率贡献率的情况下，东部地区减速发生得较早，并且减速的趋势是一直持续的，与此同时，得益于国家实施一系列区域发展战略，中部、西部地区经济增长速度及其贡献率自2000年以来持续提升，地区差距趋于缩小。然而，正是随着中部、西部地区从2012年开始减速，才使得整体经济增长率降到8%以下。

从长期看，经济增长速度呈现出一定的规律性：随着人均收入水平的提高，助推经济较快增长的"低垂的果子"会逐渐减少，经济发展在更高阶段上只能取得相对较低的增长速度。因此，经济发展"新常态"是中国经济向更高水平跃升的必经阶段。

资料来源：韦春北．财经类课程思政案例教学设计与应用．北京：经济管理出版社，2019.

单元感悟

知识方面：

____

____

素养方面：

____

____

【模块知识自测】

1. 经济增长的最基本特征是（　　）。

A. 国民生产总值的增加　　　　B. 技术进步

C. 制度与意识的相应调整　　D. 以上三个都是

2. 经济增长一般用（　）指标表示。

A. 平均工资　　B. GDP 或人均 GDP

C. 平均预期寿命　　D. 财政收入

3. 新古典经济增长理论模型的重要结论：（　）是长期人均实际 GDP 增长的关键。

A. 生产率增长　　B. 国土面积　　C. 人口总数　　D. 自然资源禀赋

4. 经济周期的阶段顺序为（　）。

A. 繁荣、复苏、衰退、萧条　　B. 繁荣、萧条、衰退、复苏

C. 繁荣、衰退、萧条、复苏　　D. 繁荣、衰退、复苏、萧条

5. 经济周期中的顶峰是（　）。

A. 繁荣阶段过渡到衰退阶段的转折点

B. 繁荣阶段过渡到危机阶段的转折点

C. 危机阶段过渡到复苏阶段的转折点

D. 繁荣阶段过渡到危机阶段的转折点

6. 经济周期的中心是（　）。

A. 利率波动　　B. 通胀率波动　　C. 国民收入波动　　D. 就业率波动

7. 中周期的每一个周期为（　）。

A. 8～9 年　　B. 8～10 年　　C. 10～11 年　　D. 3～5 年

8. 经济周期中的萧条阶段的特征是（　）。

A. 国民收入与经济活动低于正常水平

B. 国民收入与经济活动等于正常水平低

C. 国民收入与经济活动高于正常水平

D. 生产迅速增加，投资增加，信用扩张

9. 当某一社会经济处于经济周期的扩张阶段时，（　）。

A. 经济的生产能力超过它的消费需求

B. 总需求逐渐增长，但没有超过总供给

C. 存货的增加与需求的减少相联系

D. 总需求超过总供给

10. 乘数原理和加速原理的关系是（　）。

A. 乘数原理说明国民收入的决定，加速原理说明投资的决定

B. 乘数原理和加速原理都说明投资的决定

C. 乘数原理解释经济如何步入繁荣，加速原理说明经济怎样陷入萧条

D. 只有乘数作用时国民收入的变动比乘数与加速作用相结合时的变动要更大一些

【知识梳理】

请大家通过复习，梳理出本模块的知识脉络图。

模块十

打好经济政策“组合拳”

【知识目标】

1. 掌握宏观经济政策目标。
2. 了解财政政策及其目标，熟练掌握财政政策工具的种类。
3. 掌握货币政策及其目标，熟练掌握货币政策工具的种类。

【能力目标】

1. 能够分析国家有关财政政策实施的原因与目标。
2. 能够分析中国人民银行出台的货币政策的原因与效果。
3. 准确解读政府工作报告。

【思政目标】

1. 理解我国实施积极的财政政策和稳健的货币政策。
2. 结合宏观经济政策的目标深层分析当前我国推进供给侧结构性改革。

【故事导入】

美国经济学家保罗·克鲁格曼在《萧条经济学的回归》一书中曾经讲了一个故事：有一家国会山保姆合作社，是由一些主要在美国国会工作的年轻夫妇成立的组织，他们愿意彼此之间充当保姆，照顾其他人的孩子。这家公司较大，有150对夫妇，这意味着它有足够的保姆，可以使这个公司运转起来，特别是让各个成员有活可干，也意味着这不是一件无足轻重的照顾孩子的游戏。

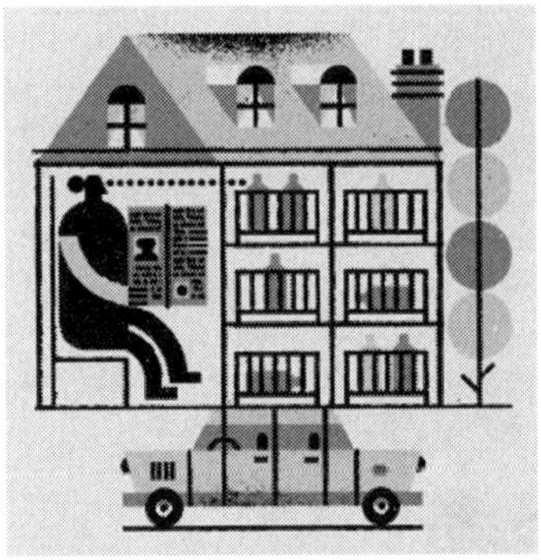

与其他许多的机构（以及其他的实物交换计划）一样，国会山保姆公司通过印刷临时票券来解决问题：每做 1 个小时的保姆工作（即照顾别人的孩子）可以得到 1 个单位的票券。在照顾别人的孩子时，担任保姆的夫妇可以从对方获得相应的票券。这套制度设计得很科学，可以自动保证每对夫妇照顾别人孩子的时间，与别人照顾自己孩子的时间刚好相等。

但事情并不那么简单。人们发现这个制度需要相当数量的票券来流通。连续有几个晚上空闲、又没有外出计划的夫妇，要为未来积累一些票券，这种积累行为意味着其他人储蓄的票券会相应地减少，因为其他人要把孩子送过来照顾。时间一长，每对夫妇都要积累足够票券，以方便自己外出时可以利用。而国会山保姆公司印制票券的过程很复杂，夫妇们在加入公司时可以得到一些票券，但在离开时必须偿还；同时，人们还要以票券的形式向管理公司的人员支付工资，等等。这里面的具体细节不重要，关键是到一定的时间以后，流通中的票券就不够了，少到无法满足会员需求的程度了。

这个结果很突然。那些觉得自己积累的票券不够的夫妇，都急于帮别人照顾孩子，自己不愿意再外出。由于一对夫妇外出，就意味着给别人提供照顾孩子的机会，夫妇们不愿意外出就意味着保姆的工作越来越少；这又反过来造成了夫妇们更加不愿意外出，如此循环，保姆工作就更少了……于是，保姆公司的运作进入了衰退。

这个故事告诉我们：商业周期可能与实质经济的强弱无关，好的经济也可能出现周期问题。为什么保姆公司会陷入衰退？不是因为公司成员的工作不好；也不是什么“腐败”或“任人唯亲”之类的问题；更不是因为什么保姆技术问题。问题不在于保姆公司的生产能力，而只在于缺少“有效需求”：太少的人消费实际的产出（即照顾孩子的时间）了，因为人们都想积蓄现金（即保姆票券）。

在这种情况下，如何解决问题呢？有政法界人士认为需要采取直接行动：通过一条规定，要求每对夫妇每个月至少出去两次；但是另一种经济界的意见逐渐占了上风：印刷更多的票券，增加票券供应。结果却是戏剧性的：票券积蓄越多的人，越愿意外出，令保姆工作越来越多，导致更多的人愿意外出，如此等等，最后保姆公司的运转恢复了正常，而保姆公司的产出——照顾孩子的小时数，也出现了大幅增加。同样，这不是因为公司成员的工作改善了，也不是公司实施了某种结构性的改革；只是因为流通中的货币简单地增加了。将这个故事拿到真实经济中就是：简单地印制钞票就可以治疗衰退。

这些增加票券供应的措施在现实经济中就是宏观经济政策的一种。这些措施将会对需求产生刺激作用，从而避免经济大幅波动。本模块我们将学习宏观经济政策的内容及其作用原理。

【情景教学】

一、准备教学道具

准备“财政政策”视频和“货币政策”视频。

二、教学目的

通过观看视频，学生能够思考什么是财政政策？什么是货币政策？什么是积极的财政政策？什么是稳健的货币政策？

三、教学活动组织

1. 请同学们观看视频。
2. 分组讨论：视频分别讲了什么问题？出现了哪些你看不懂的概念？
3. 请针对看不懂的概念做一下思考，说一说你的理解。

四、活动总结

1. 老师总结财政政策和货币政策的概念。
2. 老师简要介绍何时适用扩张性的财政政策和货币政策，何时适用紧缩的财政政策和货币政策。

【故事导入】

白宫的凯恩斯主义者

1961 年，当一个记者问肯尼迪总统为什么主张减税时，肯尼迪答道：“为了刺激经济。难道你不记得你学的经济学了吗?”肯尼迪的政策实际上依据的是财政政策分析。他的目标是实行减税，从而增加消费支出，扩大总需求，增加经济中的生产和就业。

在选择这种政策时，肯尼迪依靠了他的经济顾问小组。这个小组包括极为著名的经济学家詹姆斯·托宾和罗伯特·索洛，他们后来都由于对经济学的贡献而获得了诺贝尔奖。在 20 世纪 40 年代作为学生时，这些经济学家都深入地研究过当时刚出版几年的凯恩斯的《就业、利息和货币通论》。当肯尼迪的顾问提出减税时，他们就是在把凯恩斯的思想付诸实践。

虽然税收变动对总需求有潜在的影响，但也有其他影响。特别是，通过改变人们面临的激励，税收还会改变产品与服务的供给。肯尼迪建议的一部分是投资税收减免，它给投资于新资本的企业减税。高投资不仅直接刺激了总需求，而且也增加了经济中长期的生产能力。因此，通过较高的总需求增加生产的短期目标与通过较高的总供给增加生产的长期目标是连在一起的。实际上，当肯尼迪提出的减税最终在 1964 年实施时，它促成了一个经济高速增长的时期。

自从 1964 年减税以来，决策者不时地主张把财政政策作为控制总需求的工具。例如，巴拉克·奥巴马总统在 2009 年进入椭圆形工作室时，他正面临着进入衰退的美国经济。他的第一个政策建议就是一个包括大幅度增加政府支出的刺激提案。

资料来源：曼昆．经济学原理．7 版．北京：北京大学出版社，2015.

【经济学原理】

一、宏观经济政策目标

经济学界通常认为，宏观经济政策的目标一般包括充分就业、价格稳定、经济增长和国际收支平衡四大目标。在每一个特定的时期，宏观经济政策目标的侧重点有所不同，但是通常要顾及整体目标的实现。

充分就业不是指人人都有工作，通常反映的是包含劳动在内的一切生产要素都能以愿意接受的价格参与生产活动的状态。由于测量各种经济资源参与经济活动的程度非常困难，所以通常以失业率的高低作为衡量充分就业与否的指标。在市场经济条件下，实现完全就业是不可能的，因为摩擦性失业和自愿失业总是存在。

价格稳定是指社会的总价格水平呈现相对稳定状态。价格总水平通常用价格指数来表示。价格指数是表示若干种商品价格水平的指数，根据所计算商品范围的差别，可以分为消费物价指数（CPI）、批发物价指数（PPI）和国民生产总值折算数。消费物价指数又叫零售物价指数，是衡量不同时期居民个人消费商品和服务价格变化的指标。批发物价指数是衡量不同时期资本品和消费品批发价格变化的指标。国民生产总值折算数，则是衡量所有商品和服务价格变化的指标。价格稳定作为宏观经济政策的目标，与 20 世纪 60 年代以来通货膨胀在西方国家日趋严重，特别是 70 年代后期出现的经济“滞胀”现象有关。同样，价格稳定并非各种商品的价格固定不变，因为适度的通货膨胀通常认为有利于经济的发展。

经济增长是指一定时期内经济持续均衡增长。即在一个时期内经济社会所生产的人均产量或者人均收入的增长，它要求维持一个较高的经济增长率的同时，还要培育经济持续增长的能力。一般认为，经济增长与就业目标是一致的。由于人口的自然增长和劳动生产率的不断提高，一个国家如果不能保持一定的经济增长就无法实现充分就业。

国际收支平衡是指一国净出口与净资本进出相等而形成的平衡。“二战”之后，随着国际经济交往的日益广泛和深入，如何实现国际收支平衡日渐成为开放经济国家面临的重要课题。一国的国际收支状况不仅反映了这个国家的对外经济交往情况，还反映出该国经济的稳定程度。国际收支失衡必然影响国内经济的运行，对国内的价格水平、就业状况等产生冲击。日本、英国以及东南亚国家的经济发展都曾经因为国际收支失衡而受到影响。美国的国际收支失衡也是当前全球范围内的美元贬值重要原因。但是国际经济问题不是本书讨论的重点。

以上提到的四大目标是经过“二战”后几十年的发展演变而形成的。这些政策目标之间既存在互补性，又存在矛盾和冲突。例如，充分就业与经济增长存在一致性的一面，也有矛盾的一面。因为经济增长一方面会提供更多的就业机会，有利于充分就业；同时，经济增长中的技术进步又会导致资本对劳动的替代，相对地缩小对劳动的需求，由此引起文化技术水平低的工人失业。充分就业和物价稳定是矛盾的。因为要实现充分就业，就必须运用扩张性的财政政策和货币政策，而这些政策又会由于财政赤字的增加和货币量的增加而导致通货膨胀。充分就业和国际收支平衡也存在矛盾。因为充分就业必然导致实现国民收入增加，从而使得社会需求增加，以致进口增加，国际收支状况恶化。

宏观经济目标之间的矛盾，使得政策制定者必须在四个目标之间确定优先次序，或者对这些政策目标进行协调。政策制定者在确定宏观经济目标时，既要受到自己对各项政策目标重要程度的理解的影响，又要考虑国内外各种政治因素的制约，同时，还要考虑社会的可接受程度。因此在不同的环境下，就产生了不同的宏观经济政策。例如，凯恩斯主义经济学家比较重视充分就业和经济增长，这是因为凯恩斯主义诞生的时期正是美国遇到 1929 年大危机的时期，此时社会最严重的问题就是工人的大量失业和经济下滑的问题；而货币主义诞生于 20 世纪 70 年代的美国，此时西方社会正遭受“石油危机”导致的经济“滞胀”，通货膨胀成为当时最严重的经济问题，所以货币主义比较重视物价稳定。

二、宏观经济政策的诞生与发展

宏观经济政策诞生于 20 世纪 30 年代。在此之前，西方经济学界奉行自由经济。那个时代，可以说只有微观经济学，尽管有多种学派，但“看不见的手”让每个学习经济学的人都认为经济本身都有完全自我调节的能力。所以大家认为在经济方面“什么都不管的政府就是好政府”。

但是 20 世纪 30 年代的经济危机迫使各国政府走上了国家干预经济的道路。凯恩斯发表的《就业、利息与货币通论》，正是要为这种干预提供依据。这也宣告了宏观经济学的诞生。宏观经济学诞生之后，宏观经济政策就一直处于“多干预”和“少干预”之间徘徊。

从宏观经济学诞生到“二战”之前属于宏观经济政策的试验阶段，这期间政府尝试干预宏观经济并取得了极大的成功，最典型当属美国总统罗斯福的“新政”。“二战”之后，英国政府于 1944 年发表的《就业政策白皮书》和美国政府于 1946 年通过的《就业法》都把实现充分就业和促进经济繁荣作为政府的基本职责。这标志着国家开始全面干预宏观经济。此时是凯恩斯主义发展的高潮时期，其间政府主要的宏观经济政策工具是财政政策和货币政策。

20 世纪 70 年代，“石油危机”爆发，导致西方经济进入了高通货膨胀和经济停滞并现的“滞胀”时期，迫使大家对于政府干涉经济的政策进行反思。此时诞生的货币主义、供给学派等理论学派反对政府对经济的干涉，此后 80 年代的美国里根政府采取减少政府干预的宏观经济政策，使美国经济恢复了活力。

20 世纪 90 年代的美国克林顿政府虽然认同政府对经济政策的干预，但是克林顿既反对完全自由放任的政府，又反对过度干预的政府，而是走“第三条道路”。所以克林顿政府大力推行政府投资干预，支持信息技术设施建设的同时，却在贸易等领域奉行自由主义。此后的小布什政府虽然奉行“小政府，大社会”的原则，但是也从未放弃对经济的干预政策，尤其是 2007 年“次贷危机”爆发之后，其甚至采用直接干预的方式帮助受困银行和贷款者度过危机。

总之，宏观经济政策从诞生到现在，经历了由近乎完全不干预到近乎全面干预，再到有侧重地干预的过程。现在的宏观经济早已经成为一种混合经济，也就是其基础依然是利用市场机制来调节经济，但是政府的宏观调控已经成为市场调节的一种不可或缺的补充。就政府调控而言，也不是一成不变的。有时国家干预会少一些，有时国家干预会多一些，而且在不同时期和不同环境下干预的侧重点也是不一样的，但是国家干预的存在却是不变的。

三、财政政策

财政政策（Fiscal Policy）一般是指政府通过改变财政收入和支出来影响社会总需求，以便最终影响就业和国民收入的宏观经济政策。

在凯恩斯主义之前，财政政策的目的是为政府的各项开支筹集资金，以实现财政收支平衡。它的影响主要限于收入分配和资源在私人部门与公共部门之间的配置。凯恩斯主义出现之后，财政政策被作为需求管理的重要工具，以实现既定的宏观经济政策目标。

（一）财政政策的构成

财政政策通常由财政收入政策和财政支出政策两部分构成。

政府的财政收入来源主要是税收和公债。税收此处可以看作一般税收、政府罚没资产以及政府参与具体经济活动收益的统称，其中，一般税收占有最主要的地位。一般税收根据课税对象可以分为所得税、财产税和货物税。所得税包括个人所得税和企业所得税。在西方国家，所得税在政府收入中占有很大比例。财产税则是对不动产，即土地和土地上的建筑物等征收的税。遗产税也属于财产税。所得税和财产税通常采用累进制，即税率随收入和财产的增加而增高。这两种税赋都由纳税人自己承担而不能转嫁给他人，故又称为直接税。货物税又称为流转税，是对流通和消费等环节中买卖的商品和服务总额征税，税种包括增值税、营业税、消费税等。这些税收通常最终都要通过加价的方式转嫁给最终消费者，所以又称为间接税。这些税收通常按固定税率征收，故称为比例税。财政政策中的税收政策通常通过加税、减税、退税等方式实现。

在政府的经济活动中，收入有可能小于支出，于是就会产生公债。公债也是政府财政收入的一个重要组成部分。但公债不同于税收，它是政府运用信用筹集政府资金的一种方式，需要还本付息。公债原本是西方国家政府用来弥补政府支出和税收之间差额的一种权宜手段。现在公债的发行不仅为了应付政府的支出，而且也成为调节货币供给的重要手段。政府公债的发行，一方面能够增加财政收入，使政府有能力完成政府投资；另一方面又能对货币市场的扩张和紧缩起到一定的调节作用，从而影响国民经济水平。

财政支出则包括政府购买、政府投资和政府转移支付三部分。政府购买支出是指各级政府购买服务和物品的支出。如购买军需品，科技、教育开支，机关购买办公用品，政府公务员报酬及维持治安支出。政府投资在发达的市场经济国家只包括公共工程投资和国家特殊重大项目的固定资产投资和存货投资。但是在我国，政府投资的领域要宽泛得多。转移支付是政府在社会福利保险、贫困救济和失业救济金、农业补贴及退伍军人津贴等方面的支出。政府购买和政府投资直接构成社会总需求，影响国民收入水平。而转移支付则通过增加居民收入来刺激居民消费需求，进而影响国民收入水平。

（二）相机抉择的财政政策

相机抉择的财政政策（Discretionary Fiscal Policy）又称为斟酌使用或权衡性的财政政策，是指政府根据经济运行的状况逆经济波动方向所采取的变动财政收入支出水平的政策。

相机抉择的财政政策的关键在于“逆经济波动方向而动”。在经济萧条时期，总需求小于总供给，经济中存在失业，政府通过扩张性的财政政策来刺激总需求。此时政府增加政府购买、扩大政府投资并增加转移支付以及降低税率减少税收。政府购买与政府投资的增加直接扩大社会需求，而转移支付增加和减税增加了居民收入，鼓励了消费以扩大总需求，如图 10-1 中的 IS_1 所示。

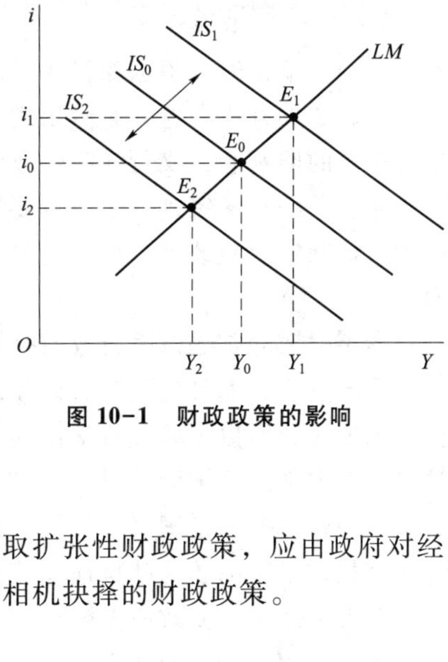

图 10-1　财政政策的影响

在经济过热时期，总需求大于总供给，经济中存在通货膨胀，政府通过紧缩性的财政政策来抑制总需求。此时政府削减政府购买、降低政府投资并减少转移支付和提高税率增加税收。政府购买与政府投资的减少直接减少社会需求，而转移支付的减少和增税减少了居民收入，压制消费以抑制总需求，如图 10-1 中的 IS_2 所示。

究竟什么时候采取紧缩性财政政策，什么时候采取扩张性财政政策，应由政府对经济发展的形势加以分析权衡，斟酌使用，故而被称作相机抉择的财政政策。

（三）财政政策中的内在稳定器

财政政策中的某些政策具有自动调节社会总需求，使经济稳定的机制和作用，因此这些政策工具被称作财政政策中的内在稳定器（Built-in Stabilizers）或者自动稳定器。

这些政策以政府税收与转移支付最为明显。例如，在经济繁荣或者过热时，国民收入增加，个人收入也增加，一部分公众进入高收入阶层，从而进入较高的纳税阶层，累进制税率更使得税收增加的比例大于收入增加的比例，能够达到抑制公众可支配收入的过快提高，使总支出的扩张得以自动限制，从而抑制通货膨胀和经济过快增长的作用。与此同时，由于经济繁荣，失业率低，失业补贴和其他社会福利支出自然会减少，而同时社会保险金征收增加，从而抑制可支配收入和消费的过快增长，同样也可减轻通货膨胀的压力。反之，经济衰退或萧条时，国民收入减少，个人收入亦减少，一部分公众进入低收入阶层，从而进入较低的纳税阶层，累进制税率可使税收减少的比例大于收入减少的比例，达到抑制公众可支配收入减少过多，使总支出的下降得到自动限制，从而抑制经济衰退的作用。同时，由于经济萧条，失业率增高，社会保险金征收减少，而失业补贴金和其他社会福利支出增加，可以起到抑制经济衰退或刺激经济复苏的作用。

另外，政府的农产品价格保护制度也具有内在稳定器的功能。当经济处于衰退或萧条时，国民收入下降，农产品价格下跌，政府采取保护价收购农产品，使农民收入不至于下降过快，维持农民的收入水平和生活消费水平，以保护社会总需求，缓和经济的波动；反之，当经济处于繁荣或过热时，国民收入增加，农产品价格上涨，政府采取抛售库存农产品的措施，防止价格大幅上涨，此时农民收入受到抑制，亦能达到限制社会总需求，缓和经济波动的作用。

虽然内在稳定器具有缓解经济波动的作用，但是这种内在稳定器调节经济的作用是十分有限的。它只能减轻萧条或通货膨胀的程度，并不能改变经济萧条或通货膨胀的总趋势，只能对财政政策起到自动配合的作用，并不能代替财政政策。因此，仍需政府有意识地运用相机抉择的财政政策来调节经济，从而调节总需求，实现稳定经济的目标。

（四）赤字财政政策

在经济萧条时，根据相机抉择的财政政策，为了克服萧条、消灭失业，政府必然减少税收、增加开支，这样必然出现财政赤字。凯恩斯认为，财政政策应该放弃以前追求收支平衡的旧观念，实行赤字财政政策，为实现充分就业服务。20 世纪 60 年代美国的凯恩斯主义经济学家进一步强调要把财政政策从害怕赤字的框架下解放出来，以充分就业为目标制定财政政策，而不管是否有赤字。这样，赤字财政成为财政政策的一项重要内容。

赤字财政通常是以发行政府公债的形式完成的。传统经济学者认为，赤字财政增加了人民的负担，而且随着政府借债的延续，赤字负担也一代一代传递下去，人民的负担会持续增大。所以古典经济学派的亚当·斯密和大卫·李嘉图等是反对赤字财政的。但是凯恩斯主义的经济学家认为，赤字财政政策不仅是必要的，而且是可能的。这是因为：第一，债务人是国家，债权人是公众，国家与公众的根本利益是一致的；第二，政府的政权是稳定的，这就保证了债务的偿还是有保证的，不会引起信用危机；第三，债务用于发展经济，使政府能够获得更多的税收，从而有能力偿还债务，弥补赤字。这就是一般所说的“公债哲学”。

在赤字财政政策的操作过程中，政府发行公债之后，并不直接卖给公众和企业，因为这有可能减少公众与厂商的消费和投资，使赤字政策起不到刺激经济的作用。公债通常被卖给中央银行，由中央银行向财政部支付货币，财政部就可以用这些货币来完成各项支出，刺激经济。同时，中央银行购买的政府公债，可以作为发行货币的准备金，也可以在金融市场上卖出。这就成了后面我们要讲的货币政策的一部分。

赤字政策被各国政府接受并应用到实际宏观经济政策中来经历了一个较长的过程。在 20 世纪 50 年代，美国奉行“补偿性的财政政策”，即在经济萧条时增加政府开支，减少税收，使财政有赤字；而在经济繁荣时期减少政府支出，增加税收，使财政有盈余，从而达到长期的财政预算平衡。因为此时的财政平衡通常在一个经济周期内实现，所以又叫作周期财政平衡理论。从1952年到1960年，美国有5年存在财政赤字，3年有财政盈余，赤字最多时也就是125亿美元。从20世纪60年代开始，为了实现充分就业，美国政府开始实行大规模的赤字财政政策，使财政赤字迅速增加。1992年，美国财政赤字达到2 920亿美元的高位，占当年国内生产总值的51.5%。克林顿政府时期，采取“供需并重”的经济政策，将削减赤字、平衡预算放在非常重要的位置，并于1998年实现财政盈余。小布什总统任内，财政赤字再次升高，2004年达到4 130亿美元的新高，此后逐渐降低，2007年美国的财政赤字为1 628亿美元。但是次贷危机之后，为刺激经济复苏，美国政府财政赤字再次升高。但总体看来，赤字财政政策并非完全不顾财政赤字的盲目增加，而是将实现财政平衡的周期大大放宽，从而将短期政策的重点转移到抑制经济过度波动上来。

（五）财政政策的挤出效应

财政政策在调节宏观经济中发挥作用的同时，还存在挤出效用。财政政策的挤出效用是指由于政府开支增加所引起的私人投资和消费减少的效应。它被用来说明政府扩大财政支出，目的在于扩张总需求，但结果总需求中政府支出部分扩大了，私人支出反而减少这种现象。这是因为，政府开支的增加刺激了物品与服务的总需求，在总供给还没有来得及调整的前提下，总需求的增加必然引起商品和服务价格的上涨，价格水平的上升意味着货币实际需求增加，在货币供给不变的前提下，这必然会使利率上升，而较高的利率往往会减少投资支出，从而阻止了总需求的增加。政府支出的增加“挤占”了私人的投资与消费。挤出效应的存在增加了相机抉择的财政政策实施的难度。

财政支出在多大程度上挤占私人投资和消费，要看资源的利用情况。在长期内，经济已经处于充分就业的状态下，财政支出增加将完全挤占私人投资和消费，财政政策的挤出效应明显。在短期内没有实现充分就业的经济中，财政政策的挤出效应相对微弱，其取决于支出乘数作用的大小、投资需求对利率的敏感程度以及货币需求对国民收入的敏感程度等因素。

四、货币政策

凯恩斯主义的需求管理中除了财政政策外，还包括货币政策。货币政策（Monetary Policy）通常被认为是中央银行为实现既定的宏观经济目标，而运用各种货币政策工具调节货币的供给和需求，进而影响投资和整个宏观经济运行的宏观经济政策。货币政策和财政政策的最终目的是一致的，就是通过影响社会总需求来实现对宏观经济的调控。但是财政政策对总需求的影响是直接的，其中没有任何中间变量；而货币政策则还要通过货币供给或需求的变化，进而间接影响总需求。

货币政策在宏观经济政策中的作用是不断加强的。凯恩斯最初认为利用降低利息率来刺激私人投资的效果是有限的，所以主张宏观经济政策的重点在于财政政策，尤其是大规模的公共工程投资。20世纪60年代之后，美国的凯恩斯主义经济学家主张货币政策和财政政策同样重要。70年代后期，由于通货膨胀严重，西方各国更加重视货币政策，甚至采用了货币主义经济学家所主张的控制货币供给量的政策。当前，货币政策在各国的宏观经济政策之中占有极其重要的地位。

（一）货币政策基础知识

由于货币政策要通过银行制度来实现，所以在学习货币政策之前，有必要先了解一下货币和银行方面的基础知识。其中主要包括现代银行体系、金融市场、商业银行创造货币的机制和货币乘数等。

在现代市场经济中，银行体系主要是由中央银行和商业银行构成的，另外还有保险公司、信用协会以及各种基金等其他金融中介机构。

中央银行是一个国家最高的金融管理机关。它一般相对独立于其他政府经济管理部门，统筹管理全国金融活动，实施货币政策以影响经济。当今世界几乎所有国家都设立了中央银行，例如，美国的中央银行是美国联邦储备委员会，英国是英格兰银行，中国则是中国人民银行。欧元区由于实现了货币统一，所以采用欧元的各国同有一个中央银行，就是位于德国法兰克福的欧洲中央银行。

一般认为，中央银行具有三项基本职能：第一，发行货币。一般国家通常赋予中央银行集中与垄断货币发行的特权，成为国家唯一的货币发行机构（部分国家硬辅币的铸造与发行由财政部负责）。第二，担任中央政府和商业银行的银行。中央银行通常代国家管理国库，政府的税收和其他收入存入中央银行，且中央银行通过发行国库券和公债来管理政府的借款；同时中央银行接受商业银行上缴的存款，作为准备金，并且在必要时对商业银行发放贷款，支持商业银行的运作。第三，执行国家货币政策管理功能。中央银行通常相对独立地负责制定和执行国家的货币政策，实现对宏观经济的调控。

商业银行是指吸收公众存款、发放贷款和办理结算为其基本业务的银行。商业银行是区别于中央银行的。它是一个以盈利为目的，以多种金融负债筹集资金，多种金融资产为经营对象，具有信用创造功能的金融机构。商业银行没有货币的发行权，商业银行属于金融领域的一个重要机构。

金融市场（Financial Market）是指资金供应者和资金需求者双方通过信用工具进行交易而融通资金的市场，广言之，是实现货币借贷和资金融通、办理各种票据和有价证券交易活动的市场。中央银行在金融市场上公开买进和卖出政府债券的公开市场业务行为是实现中央银行货币政策功能的重要工具。

金融市场的构成十分复杂，它是由许多不同的市场组成的一个庞大体系。但是，一般根据金融市场上交易工具的期限，把金融市场分为货币市场和资本市场两大类。货币市场是融通短期资金的市场，资本市场是融通长期资金的市场。货币市场和资本市场又可以进一步分为若干不同的子市场。货币市场包括金融同业拆借市场、回购协议市场、商业票据市场、银行承兑汇票市场、短期政府债券市场、大面额可转让存单市场等。资本市场包括中长期信贷市场和证券市场。中长期信贷市场是金融机构与工商企业之间的贷款市场；证券市场是通过证券的发行与交易进行融资的市场，包括债券市场、股票市场、基金市场、保险市场、融资租赁市场等。

金融市场的形态有两种：一种是有形市场，即交易者集中在有固定地点和交易设施的场所内进行交易的市场，证券交易所就是典型的有形市场；另一种是无形市场，即交易者分散在不同地点（机构）或采用电信手段进行交易的市场，如场外交易市场和全球外汇市场就属于无形市场。

商业银行的货币创造（Money Creation）机制是指商业银行在吸收存款的基础上发放贷款，在支票的流通和转账结算基础上，贷款可以转化为存款，在存款不提取的情况下，就增加了商业银行的资金来源，最后，整个银行体系可以形成数倍于原始存款的派生存款。

商业银行进行货币创造的两个必备条件是：可以经营存款业务和贷款业务，在这两种业务的不断循环进行下才能够进行货币创造。不能从事存款业务，则货币创造无从产生；不能从事贷款业务，则无从向社会公众提供存款的资金渠道。两个条件缺一不可。其他金融机构（如保险公司、基金公司等）虽具有筹集资金和资金运用的业务，但均不能经营存款业务和贷款业务，不具备货币创造的条件，从而没有货币创造的功能。

商业银行存款货币创造的机制或过程简言之，就是银行将吸收的存款发放贷款后，接受贷款的客户并不完全支取现金甚至完全不支取现金，而是转入其银行存款账户，以转移存款的方式进行支付使用。这样，由原来那笔存款经贷款后又形成一笔新的存款，增加了商业银行的资金来源，最后会使整个银行体系的存款加倍形成。

假设某企业将 10 万元现金存入 A 银行，A 银行以 20% 比例保留存款准备金 2 万元，其余 8 万元用以发放贷款，某客户接受 A 银行贷款 8 万元后用于支付在 B 银行开户的某企业贷款，又引起 B 银行的存款增加 8 万元，B 银行以 20% 比例保留存款准备金 1.6 万元，其余的 6.4 万元用以发放贷款，那么，由 B 银行安排的这笔 6.4 万元的贷款又可以形成在另一家银行开户的某企业的存款。如此类推，从 A 银行到 B 银行，再到 C 银行、D 银行等，持续不断地由存款到贷款，再由贷款到存款，就会产生如表 10-1 所列的结果。

表 10-1　商业银行创造货币的机制

银　行	存款（万元）	存款准备金（20%）	贷　款
A	10（原始）	2	8
B	8	1.6	6.4
C	6.4	1.28	5.12
D	5.12	1.024	4.096
…	…	…	…
合计	10+8+6.4+…=50	2+1.6+1.28+…=10	8+6.4+5.12+…=40

在银行系统中，把商业银行起初接受客户的现金所形成的存款称为原始存款，把通过发放贷款等资产业务创造的存款，称为派生存款。简单观察表 10-1 就可发现，经过派生后的存款总额实际上是原始存款的一定倍数，其倍数值正好为准备金比率的倒数。

在现代银行制度下，所有经营活期存款业务的商业银行都在中央银行开有存款账户，银行的支票清算都通过这一账户进行。各银行在中央银行账户上的存款称为准备金存款。中央银行规定，各商业银行必须按法定的比率将存款总额中的一部分上缴到中央银行，这种比率叫法定存款准备金率（Required Reserves Rate）。

如果将上例中的 A、B、C 等各银行的留存准备金比例看作法定存款准备金率，存款派生的倍数则为法定存款准备金率的倒数。如果用 R_d 代表最初的存款，D 代表存款总额，即创造出的货币，r 代表法定存款准备金率（$0<r<1$），则商业银行创造出的货币量的公式为：

$$D=\frac{R_d}{r} \tag{10-1}$$

例如，有一笔最初的存款为 100 万美元，此时的法定准备金率为 10%，则该笔存款存入银行后创造出的货币量为：

$$D=\frac{R_d}{r}=\frac{100}{10\%}=1\ 000\text{（万美元）}$$

这也就是说，在商业银行经营活期存款业务并广泛实行支票流通的条件下，银行体系可以创造派生存款，但是，这种创造能力并不是无限的，或者说，经过派生后的银行存款总量与原始存款之间的倍数是有限的。因为，商业银行的原始存款可用于发放贷款的部分是有限的，它要受到必须上缴的法定准备金比例的限制，该比率越高，存款派生的倍数越小。

实际上，除了上缴的法定准备金以外，银行往往还要自留必要的准备金（通常称为超额准备金），以应付客户提现的要求，这个比率越高，存款派生的倍数也越小。另外，客户在取得贷款后，不一定全部以存款转账形式支用，往往有一部分要提取现金，被提取的部分显然没有形成派生存款，可视为存款派生过程中的现金漏损，现金漏损越多，派生存款越少。

需要提醒的是，商业银行创造货币的功能不能简单理解为单纯的货币供给扩张。当原始存款减少时，银行系统的存款总量也会呈倍数紧缩，其原理与扩张过程是一样的，只是方向相反而已。

商业银行创造货币的机制说明了如果中央银行发行 1 元的钞票，而实际的货币增加量并不是 1 元，因为这 1 元的钞票被存入商业银行的情况下，还会创造出新的货币量。我们通常用货币乘数（Money Multiplier）来说明中央银行发行的货币量所引起的实际货币供给量增加的倍数。中央银行发行的货币为基础货币，由于这种货币具有创造出更多货币量的能力，因此是一种高能量或者说活动力强大的货币，故又称为高能货币。如果用 H 来表示高能货币，用 M 来代表增加一单位高能货币所增加的货币供给量，则货币乘数 mm 的公式为：

$$mm=\frac{M}{H} \tag{10-2}$$

假如中央银行发行了 1 个单位高能货币，社会货币供给量增加了 3 个单位，即货币乘数为 3。同样根据已知的货币乘数和中央银行发行的高能货币的数量也可以计算出货币供给量会增加多少。货币乘数取决于居民手中所持现金与存款的比例，以及商业银行实际准备金率的大小。分析货币政策时，理解货币乘数的概念非常重要。

（二）凯恩斯主义货币政策

根据前面所学习的*IS-LM*模型我们知道，实际利息率的变动会对投资产生重要影响，进而影响社会总需求和国民收入。这就是凯恩斯主义货币政策的理论基础。

凯恩斯主义的货币政策通过影响货币供给来实现对实际利息率的影响。因为影响实际利息率变动的因素是货币的供给和需求，货币的需求由市场决定，而货币的供给则可以由政府控制。所以政府可以通过控制货币的供给量来调控利率，进而影响社会总需求和国民收入。

凯恩斯主义货币政策的工具主要有三个：公开市场业务、再贴现率政策和准备金率政策。现实中，各国中央银行也是经常采用这三个货币政策工具来调控经济的。

公开市场业务（Open Market Operations）指的是中央银行在金融市场上买卖政府债券来控制货币供给进而影响利率的政策行为。中央银行买卖的有价证券主要是政府短期债券，交易对象的主体主要是商业银行。因此，公开市场业务作为中央银行货币政策工具，其作用机制主要是通过买卖商业银行所持有的政府债券，改变其超额准备金，影响其货币创造能力，达到收缩或扩张货币供应量的目的。当经济中有必要收缩货币时，中央银行就卖出有价证券；而当经济中有必要扩张货币时，中央银行就买进有价证券。

在中央银行的一般性货币政策工具中，公开市场业务通常被认为是最重要、最常用和效果最理想的工具。因为公开市场业务有明显的优点。在操作中，中央银行比较主动，调节也有很大的弹性，证券的买卖方向、买卖数量以及种类都由央行自行确定，并且，由于其操作具有隐蔽性，不容易引起告示效应，对经济的震动比较小，另外，万一情况出现变化，央行还可以迅速进行反向操作。

然而，公开市场业务是否能充分发挥其作用取决于如下5个条件：第一，要有发达的金融市场，尤其是国债市场要有相当规模，国债种类齐全，为社会各阶层广泛持有。第二，中央银行有较强的资金实力，本身持有相当数量的证券，主要是国债，否则它就没有足够的调节力量。第三，商业银行的资产结构中，国债的持有占相当比重。第四，利率要有一定程度的灵活性。第五，必须有其他政策工具的配合。总之，公开市场业务由于其本身的优越性，已经在宏观经济调控中显示了越来越重要的作用。

再贴现率政策（Rediscount Policy）是中央银行通过调整再贴现率来影响货币供给的行为和政策。贴现是居民或企业为得到现金而把未到期的商业票据向商业银行要求兑换，并同意扣除利息的行为。再贴现则是商业银行将其持有的未到期票据向中央银行申请贴现的行为。再贴现意味着商业银行向中央银行借款，从而增加了货币投放，直接增加货币供应量。

再贴现率实际就是中央银行向商业银行的放贷利率。再贴现率的高低不仅直接决定再贴现额的高低，而且会间接影响商业银行的再贴现需求，从而整体影响再贴现规模。因为一方面，再贴现率的高低直接决定再贴现成本，再贴现率提高，再贴现成本上升，自然影响再贴现需求，反之亦然；另一方面，再贴现率变动，在一定程度上反映了中央银行的政策意向，因而具有一种告示作用：提高再贴现率，呈现紧缩意向，反之，呈现扩张意向，这特别对短期市场利率具有较强的导向作用。

再贴现率政策具有调节灵活的优点，但不宜于频繁变动，否则容易给人以政策意向不明确印象，使商业银行无所适从。此外，再贴现率的调节空间有限，且贴现行为的主动权掌握在商业银行手中，如果商业银行出于其他原因对再贴现率缺乏敏感性，则再贴现率的调节作用将大打折扣，甚至失效。另外，再贴现率作为官方利率，它的变动也会影响到实际利率水平，使实际利率与之同方向变动。

准备金率政策（Required Reserves Policy）是中央银行通过调整法定准备金率来影响货币供给的行为和政策。除了法定准备金之外，商业银行还必须留存一定的货币以应付日常运营和储户的现金需求，这部分叫作超额存款准备金（Excess Deposit Reserve）。存款准备金占金融机构存款总额的比例则叫作存款准备金率。

在存款准备金制度下，金融机构不能将其吸收的存款全部用于发放贷款，必须保留一定的资金即存款准备金，以备客户提款的需要，因此存款准备金制度有利于保证金融机构对客户的正常支付。

随着金融制度的发展，存款准备金逐步演变为重要的货币政策工具。当中央银行降低存款准备金率时，金融机构可用于贷款的资金增加，货币供应总量也相应增加；反之，货币供应总量将相应减少。而银行创造货币的机制又把这种效应放大，进而对货币供应总量产生巨大影响。

从理论上讲，变动存款准备金率是中央银行调整货币供给量最简单的办法。然而，该政策的作用十分猛烈，一旦准备金率变动，所有商业银行的货币供给都必须扩大或收缩。另外，准备金率的频繁变动，会使商业银行和所有金融机构的正常信贷业务受到干扰而无所适从。因此，该政策也应当谨慎使用。

实际宏观经济决策中，上述三种货币政策工具经常配合使用。在经济萧条时，总需求小于总供给，为了刺激总需求，就要运用扩张性的货币政策。中央银行会采取在公开市场业务中买进政府债券，降低贴现率并放松贴现条件，降低存款准备金率等政策，以增加货币供给，降低实际利息率，刺激总需求与国民收入增长，如图 10-2 中 LM_1 所示。在经济过热时，总需求大于总供给，为了抑制总需求，就要运用紧缩性的货币政策。中央银行会采取在公开市场业务中卖出政府债券，提高贴现率并严格贴现条件，提高存款准备金率等政策，以减少货币供给，提高实际利息率，抑制总需求和国民收入放缓，如图 10-2 中 LM_2 所示。

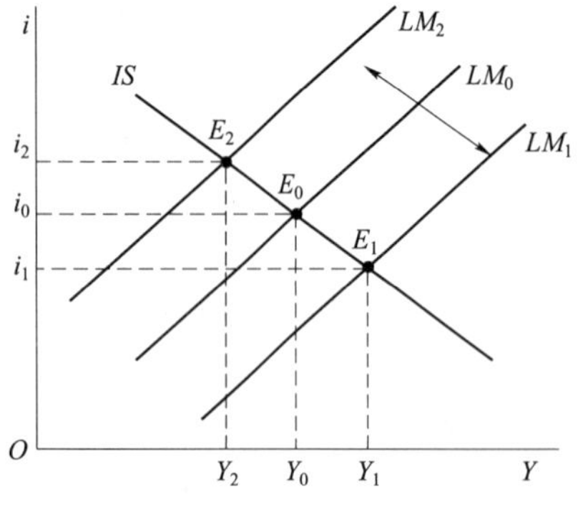

图 10-2　凯恩斯货币政策产生的影响

（三）货币主义货币政策

凯恩斯主义创立之初，其货币政策并未得到重视，20 世纪 50 年代之前，美联储甚至都不能独立于美国财政部制定货币政策。直到 60 年代，美国开始运用扩张性的货币政策刺激经济。但是扩张性的货币政策加之扩张性财政政策导致了通货膨胀率的上升，从 1965 年的 2.3% 上升到 1969 年的 6.1%。这进一步促成了 70 年代“滞胀”的发生。70 年代中期之后美国实际上放弃了凯恩斯主义的货币政策，取而代之的是货币主义的货币政策。所以我们有必要介绍一下货币主义的货币政策。

货币主义是伴随着凯恩斯主义政策的盛行和由此导致的通货膨胀持续上升而诞生的，其代表人物为 1976 年的诺贝尔经济学奖得主、芝加哥大学教授米尔顿·弗里德曼。

货币主义强调货币政策在抑制通货膨胀过程中的重要作用。但是货币主义的货币政策和凯恩斯主义的货币政策是截然不同的。首先，货币主义货币政策的理论基础是现代货币数量论，认为货币量会直接影响国民收入与价格水平；而凯恩斯主义认为货币量会影响利率，然后通过利率影响国民收入和价格水平。其次，货币主义强烈反对凯恩斯主义的经济干预政策，主张只把货币存量控制作为唯一的政策工具，实行一种“单一规则”的货币政策。这就是由政府公开宣布一个在长期内固定不变的货币增长率，这个增长率应该是在保证物价水平稳定不变的条件下，与预计的实际国民收入在长期内会有的平均增长率相一致。最后，货币主义与凯恩斯主义的货币政策的政策目标不同。凯恩斯主义认为高就业水平是有效利用社会资源的保证，所以解决失业问题，实现充分就业应该成为包括货币政策在内的宏观经济政策的重要目标。但是货币主义放弃了实现充分就业的目标，认为高就业水平恰恰可以被认为是没有最好地利用社会资源的一个标志，所以货币政策的最主要目标应该是避免通货膨胀。

货币主义产生成长于西方国家高通货膨胀时期，在 20 世纪 70 年代发生“滞胀”之后达到鼎盛。80 年代美国、英国等国家的货币政策大量吸收了货币主义的观点，并取得了很大的成功。在当前各国的货币政策之中，货币主义依然在发挥着重要影响。

互动训练

课堂讨论——精读政府工作报告，展望经济发展趋势

项目要求：

1. 教师组织全体学生查阅《2025 年政府工作报告》。
2. 学生精读报告，分别找出报告中提及财政政策、货币政策的内容。
3. 以小组为单位，共同分析报告中提及的宏观经济政策将会带给我国经济的影响。
4. 集思广益，共同展望中国经济发展的未来。
5. 教师适时进行点评、归纳总结。

学以致用

2023 年，为应对全球经济复苏放缓和国内经济结构调整的双重挑战，我国积极运用财政政策和货币政策组合拳，推动经济稳步发展。例如，财政政策方面，我国大幅增加专项债券额度，用于支持重大基础设施建设项目，如交通、能源和新型城镇化；同时，通过减税降费政策扶持中小微企业，激发市场活力。货币政策方面，中国人民银行多次下调存款准备金率，释放流动性，并灵活运用中期借贷便利（MLF）和公开市场操作，保持市场资金面的稳定，助力经济增长。

请查阅相关资料，结合 2023 年我国经济形势和上述财政、货币政策的实施背景，总结这些政策的具体内容和实际效果，分析其对经济增长、就业改善以及产业升级的影响。撰写一篇 1 000 字左右的小论文，探讨财政政策与货币政策是如何相辅相成推动我国经济高质量发展的。

拓展阅读

为什么强调要健全宏观经济治理体系

党的二十大报告强调，健全宏观经济治理体系，发挥国家发展规划的战略导向作用，加强财政政策和货币政策协调配合，着力扩大内需，增强消费对经济发展的基础性作用和投资对优化供给结构的关键作用。“宏观经济治理体系”作为习近平经济思想的重要组成部分，是对宏观调控理念与思路的重要创新。在党的全国代表大会报告中予以提出，对于推动高质量发展、构建高水平社会主义市场经济体制具有极其重要的指导意义。

2020 年 5 月，《中共中央 国务院关于新时代加快完善社会主义市场经济体制的意见》提出“宏观经济治理”概念，指出要“完善宏观经济治理体制”“进一步提高宏观经济治理能力”。“十四五”规划纲要赋予“宏观调控”更加丰富的内涵，首次提出“目标优化、分工合理、高效协同的宏观经济治理体系”。这意味着，中央将宏观经济政策框架纳入了国家治理体系和治理能力现代化全局中加以系统谋划。

从“宏观调控”到“宏观经济治理”，重心从“调控”转移到“治理”上，宏观经济治理体系特征日益清晰。就目标体系而言，宏观经济治理体系不仅兼顾了传统宏观调控关注的经济增长与经济结构等基本目标，而且囊括了民生保障与生态治理等重点内容；就治理方式而言，宏观经济治理体系要求从全局出发、从系统出发，在多重治理目标中寻求动态平衡。

高质量发展对健全宏观经济治理体系提出新要求。高质量发展是党的二十大确立的全面建设社会主义现代化国家的首要任务。高质量发展以创新为动力，要求宏观经济治理体系积极营造鼓励创新的制度环境，着力破除一切不利于创新的体制机制障碍，加强对基础性创新的支持。以协调为特点，要求宏观经济治理体系尊重客观经济规律，在战略全局上处理好国内大循环与国内国际双循环的关系、改革发展稳定的关系、政府与市场的关系、中央与地方的关系、人与自然的关系、城乡区域等各方面关系。以绿色为本底，要求宏观经济治理体系坚持人与自然和谐共生，通过制度安排、法律规范、政策支持走资源节约型和环境友好型发展道路，促进经济社会发展全面绿色转型。以开放为途径，要求宏观经济治理体系积极参与并推动经济全球化，主动开展各国之间协调沟通，提出中国方案，彰显大国担当。以共享为目的，要求宏观经济治理体系坚持以人民为中心的发展思想，着力补齐民生短板，增进人民福祉，使全体人民共享经济社会发展成果。

资料来源：蒲实. 为什么强调要健全宏观经济治理体系. 学习时报，2022-11-23.

单元感悟

知识方面：

____

____

素养方面：

____

____

【模块知识自测】

1. 宏观经济政策的目标不包括（　　）。

A. 充分就业　　B. 物价稳定

C. 经济增长　　D. 政府预算收支平衡

2. 财政政策（　　）。

A. 涉及财政支出和财政收入　　B. 包括创造工作岗位计划

C. 包括最低工资立法　　D. 包括失业保险计划

3. （　　）不是经济中的内在稳定器。

A. 累进税率　　B. 政府开支直接随国民收入水平变动

C. 社会保障支出和失业保险　　D. 农业支持方案

4. 当法定准备金为20%，商业银行最初所吸收的存款为3 000元时，银行所能创造的货币总量为（　　）元。

A. 20 000　　B. 80 000　　C. 15 000　　D. 60 000

5. 中央银行最常用的政策工具是（　　）。

A. 法定准备率　　B. 公开市场业务　　C. 再贴现率　　D. 道义劝告

6. 若实行削减个人所得税率和增加实际国防开支的政策，在短期内将导致（　　）。

A. 总供给减少，物价上涨　　B. 增加总需求从而增加国民收入

C. 总需求减少从而减少国民收入　　D. 因政策相互矛盾而使结果不确定

7. 下列属于紧缩货币政策工具的是（　　）。

A. 提高贴现率　　B. 增加货币供给

C. 降低法定准备金率　　D. 中央银行买入政府债券

8. 凯恩斯主义者通常认为（　　）。

A. 货币政策和财政政策同样有效　　B. 财政政策比货币政策有效

C. 货币政策比财政政策有效　　D. 货币政策和财政政策同样无效

9. 货币主义者通常认为（　　）。

A. 货币政策和财政政策同样有效　　B. 财政政策比货币政策有效

C. 货币政策比财政政策有效　　D. 货币政策和财政政策同样无效

10. 下列情况中，增加货币供给不会影响均衡收入的是（　　）。

A. *LM* 曲线陡峭，而 *IS* 曲线平缓　　B. *LM* 曲线陡峭，*IS* 曲线也陡峭

C. *LM* 曲线平缓，而 *IS* 垂直　　D. *LM* 曲线和 *IS* 曲线一样平缓

【知识梳理】

请大家通过复习，梳理出本模块的知识脉络图。

参 考 文 献

1. ［美］多恩布什，费希尔，斯塔兹. 宏观经济学. 7 版. 北京：中国人民大学出版社，2000.

2. ［美］曼昆. 经济学原理. 北京：北京大学出版社，2020.

3. 梁小民. 西方经济学教程. 修订版. 北京：中国统计出版社，1998.

4. ［美］保罗·克鲁格曼. 萧条经济学的回归. 北京：中国人民大学出版社，1999.

5. 梁小民. 微观经济学纵横谈. 北京：生活·读书·新知三联书店，2000.

6. 臧良运. 西方经济学. 北京：科学出版社，2008.

7. 李海东. 经济学基础. 北京：机械工业出版社，2008.

8. 刘华，李克国. 经济学案例教程. 大连：大连理工大学出版社，2007.

9. 杨灿明. 经济学实验教程. 北京：经济科学出版社，2010.

10. 丁娟娟. 微观经济学教程. 北京：清华大学出版社，北京交通大学出版社，2007.

11. 张红智. 西方经济学. 北京：对外经济贸易大学出版社，2009.

12. 高鸿业. 西方经济学. 3 版. 北京：中国人民大学出版社，2004.

13. 梁小民. 西方经济学基础教程. 北京：北京大学出版社，2004.

14. ［美］保罗·萨缪尔森. 经济学. 18 版. 北京：人民邮电出版社，2008.

15. ［美］大卫·R. 哈克斯. 曼昆经济学原理学习指南. 北京：北京大学出版社，2004.

16. 时应峰. 经济学基础. 北京：人民邮电出版社，2012.

17. 陈福明. 经济学基础. 3 版. 北京：高等教育出版社，2011.

18. 王爱红，刘东波. 经济学基础. 北京：机械工业出版社，2015.

19. 刘华玲. 经济学基础项目化教程. 北京：中国时代经济出版社，2014.

20. 唐友清. 经济学基础. 北京：中国经济出版社，2013.

21. 陈伟，顾子元. 经济学基础. 北京：国防工业出版社，2012.

22. 关剑，王鸣华. 经济学基础教程. 北京：电子工业出版社，2014.

23. 郑晓云，王茜. 经济学基础及应用. 北京：中国轻工业出版社，2013.

24. 王书暐，谭福河. 经济学基础. 上海：上海财经大学出版社，2013.

25. 连有，曾嘉，伦墨华. 经济学基础. 南京：南京大学出版社，2014.

26. 邓先娥，汪芳. 经济学基础. 3 版. 北京：人民邮电出版社，2019.

27. 骆俊，汪飙. 经济学基础. 成都：西南财经大学出版社，2018.

28. 张建伟. 经济学基础. 北京：人民邮电出版社，2015.

29. 杨洁. 经济学基础. 2 版. 北京：人民邮电出版社，2015.

30. 张维迎. 经济学原理. 西安：西北大学出版社，2015.

31. 李实. 中国收入分配研究报告. 北京：社会科学文献出版社，2013.